KB052552

스페인어를 공용어로 사용하는 국가

유럽	스페인	España
중남미	멕시코	México
	쿠바	Cuba
	도미니카공화국	República Dominicana
	푸에르토리코	Puerto Rico
	과테말라	Guatemala
	엘살바도르	El Salvador
	온두라스	Honduras
	니카라과	Nicaragua
	코스타리카	Costa Rica
	파나마	Panamá
	베네수엘라	Venezuela
	콜롬비아	Colombia
	에콰도르	Ecuador
	페루	Perú
	볼리비아	Bolivia
	칠레	Chile
	파라과이	Paraguay
	우루과이	Uruguay
	아르헨티나	Argentina
아프리카	적도 기니	Guinea Ecuatorial

초보자를 위한
컴팩트
스페인어
단어

최사라 엮음

머리말

스페인어는 요즘 전공어로서뿐만 아니라 취미 교양 언어로서도 인기가 대단합니다. 많은 사람들이 아메리카 지역을 여행하기 위해 '여행 스페인어'를 배웁니다. 우리나라와 스페인어권 국가들 사이에 경제 • 문화 협력이 가속화됨에 따라 앞으로 스페인어의 인기는 더욱 높아질 전망입니다. 이러한 상황을 반영하여 스페인어 교재도 다양하게 출간되어 있습니다. 서점에 가 보면 회화, 문법, 단어 등 여러 스페인어 교재를 찾아볼 수 있습니다. 그중에서 이 책은 스페인어를 처음 접하는 초보자를 위한 단어장입니다. 사실 가장 좋은 단어장은 본인이 직접 공부하면서 만드는 것입니다. 모르는 단어가 나오면 그 단어가 사용된 맥락까지 함께 적어놓고 꾸준히 외우는 것이 가장 좋습니다. 하지만 처음부터 그렇게 공부하는 것은 쉽지 않을 뿐더러 시간이 부족한 경우도 많습니다.
그래서 이 단어장을 만들었습니다. 많은 시간을 투자해 공부할 여유가 없는 분, 스페인어를 배우고 싶은데 어떻게 시작해야 할지 모르는 분들께 이 단어장을 추천합니다. 이 책은 저 또한 새롭게 공부하는 입장에서 집필했습니다. 재미와 실용성을 담보하기 위해 뉴스나 실생활에서 접할 수 있는 문장들을 선별하여 예문으로 담았습니다. 차근차근 여유 있는 마음으로 꾸준히 익히다 보면 어느새 공부해 둔 스페인어가 귀에 들리고 눈에 들어오는 날이 올 것입니다. 언어를 재미있고 쉽게 배우는 법에 관한 여러 가지 조언들이 있지만 제가 추천하는 방법은 가장 기본적인 것, 바로 '반복과 암기'입니다. 이 단어장이 담고 있는 단어들만 완전히 암기한다면 당신의 스페인어 실력은 저절로 향상되어 있을 것입니다.

♣ 스페인어 발음

스페인어 발음은 지역과 나라별로 차이가 크며, 무엇이 표준이라 단정할 수는 없습니다. 본문에서는 중남미에서 두루 사용하는 규칙을 바탕으로 알파벳 발음을 실었습니다. 초보자의 이해를 돕기 위해 한글로 스페인어 발음을 적었습니다. 단어장 공부를 통해 어느 정도 발음 규칙을 익힌 후에는 인터넷 등을 통해 원어민의 발음으로 단어를 인지하기 바랍니다.

♣ 스페인어 문법

스페인어 문법은 우리에게 생소한 것이 많습니다. 특히 재귀 표현이 그렇습니다. lavar는 '무엇을 씻는다'는 타동사이기 때문에, '내가 (나를) 씻는다'는 표현을 할 때는 반드시 me lavo라고 표현해야 합니다. 이렇게 반드시 재귀형으로 사용해야 하는 동사는 본문에서 원형 뒤에 (se)를 붙여 표기하였습니다. 알고 나면 쉽게 사용할 수 있지만 모르면 실수할 수밖에 없는 표현입니다. 이 책은 단어장이지만 단어를 공부하기 위해 필요한 기초적인 문법들도 함께 담았습니다. 이 책을 통해 기초를 다진 후, 시중에 나와 있는 여러 문법 교재들이나 인터넷 강의 등을 통해 심화 학습하면 훨씬 수월하게 스페인어 실력을 향상시키실 수 있을 것입니다.

♣ 여성형과 남성형

스페인어는 성과 수를 구분하는 언어입니다. 이 책에서는 여성형과 남성형을 동시에 기재하였습니다.

♣ TIP

영상 : 스페인어권 노래를 듣고 따라 부르며 공부하는 것을 추천합니다. 영화 예고편, 광고 등의 짧은 영상을 보며 들리는 대로 받아쓰는 것도 좋습니다.
팟캐스트 : 중급 이상의 수준이 되면, 스페인어권에서 운영하는 라디오나 팟캐스트로 듣기 연습을 하는 것도 좋습니다.

이 책이 여러분의 공부에 조금이나마 도움이 되었으면 합니다.

2016년 7월

최사라

목차

스페인어 + 한국어 단어

한국어 + 스페인어 단어

부록 | 기본 용어

Mayúscula 대문자	Minúscula 소문자	알파벳 읽기
A	a	a 아
B	b	be 베
C	c	ce 쎄
D	d	de 데
E	e	e 에
F	f	efe 에페 (영어의 f 발음과 같은 ㅍ)
G	g	ge 헤 (목을 긁는 것 같은 ㅎ)
H	h	hache 아체 (스페인어에서 h는 묵음 : Habana 아바나)
I	i	i 이 ('아이'로 읽지 않고 '이'로 발음 : mi amor 미 아모르)
J	j	jota 호따 (목을 긁는 것 같은 ㅎ)
K	k	ka 까
L	l	ele 엘레
M	m	eme 에메
N	n	ene 에네
Ñ	ñ	eñe 에녜

Minúscula 대문자	Mayúscula 소문자	알파벳 읽기
O	o	o 오
P	p	pe 뻬
Q	q	cu 꾸
R	r	erre 에ㄹ레 (혀를 굴려 내는 소리). 1. R이 단어 앞에 있을 때 예 rosa ㄹ로사 2. RR일 때는 혀를 굴린다. 예 ferrocarril 페ㄹ로까ㄹ릴 3. 위의 1, 2가 아닌 경우는 혀를 굴리지 않는다. 예 ordenador 오르데나도르
S	s	ese 에세
T	t	te 떼
U	u	u 우
V	v	uve 우베 (영어에서의 v 발음이 아니라 b 와 같은 ㅂ)
W	w	uve doble 우베 도블레
X	x	equis 에끼스
Y	y	ye 예
Z	z	zeta 쎄따 (영어에서의 z발음이 아니라 ㅆ : zara 싸라, 지역에 따라 θ 로 발음하기도 함.)

복합문자	ch	ㅊ
	ll	ㅇ (ㅈ과 비슷한 ㅇ)
	rr	ㄹㄹ

★ 참고 ★

Ga	가	
Ge	헤	gue : '게'로 발음 guerra 게ㄹ라 **전쟁**
Gi	히	gui : '기'로 발음 guitarra 기따ㄹ라 **기타**
Go	고	
Gu	구	
Ca	까	
Ce	쎄	Que : '꿰'가 아니라 '께'로 발음 *Quesadilla 께사디야
Ci	씨	Qui : '뀌'가 아니라 '끼'로 발음 Don Quijote 돈 끼호떼
Co	꼬	
Cu	꾸	

강세

[1] 모음과 N, S로 끝나는 단어일 경우, 뒤에서 두 번째 모음에 강세가 있다.

Corea 꼬레아
2 1

Joven 호벤
2 1

[2] 그 외에는 뒤에서 첫 번째 모음에 강세가 있다.

Abril 아브릴
1

[3] 불규칙한 경우, 띨데(악센트) 표시된 부분에 강세가 있다.

Jardín 하르딘

[4] 명사의 수가 바뀌어도 강세 위치는 그대로이다.

Joven 호벤 : 복수가 되어도 강세는 '호'에 있어야 한다. 그런데 복수형 jovenes의 경우 강세 규칙에 따르면 (s로 끝나는 단어는 뒤에서 두 번째 모음에 강세가 온다) '베'에 강세가 생긴다. 이를 막고, '호'에 강세를 유지하기 위해 띨데(악센트)를 찍어준다. Jóvenes (○) / Jovenes (×)

▶ 스페인어 모음

- **강모음** : a, e, o
- **약모음** : i, u
- **이중모음** (강모음+약모음 / 약모음+강모음 / 약모음+약모음)
  a. 강세는 강모음에, 약+약의 경우 뒤에 있는 약모음에 있다.
  b. 이중모음은 모음 하나로 취급한다.

- **강모음+약모음**
  예 Auge **아**우헤
  모음 e로 끝났기 때문에 뒤에서 두 번째 모음인 au(이중모음 : 강+약), 그 중 강모음인 a에 강세.

- **약모음+강모음**
  예 Agua **아**구아
  모음 ua(이중모음 : 약+강)로 끝났기 때문에 뒤에서 두 번째 모음인 A에 강세.

- **약모음+약모음**
  예 Ruido ㄹ루**이**도
  모음 o로 끝났기 때문에 뒤에서 두 번째 모음인 ui(이중모음 : 약+약)에 강세. u와 i가 둘다 약모음이기에 뒤에 있는 i에 강세.

★ 참고 ★ **강모음+강모음**

예 idea 이**데**아 : e와 a는 붙어 있지만 둘 다 강모음이다. 모음 a로 끝난 단어이기 때문에 뒤에서 두 번째 모음인 e에 강세가 있다.

▶ 명사의 성

스페인어의 명사는 보통 남성명사와 여성명사로 나뉜다.

- **명사의 성 구별하기**
  - a로 끝나는 명사는 대부분 여성이다.

    예외) -o로 끝나지만 여성명사인 경우 :

    la mano 손　　la foto(grafía) 사진
  - ión으로 끝나는 명사는 대부분 여성이다.

    la revolución 혁명　　la constitución 구성, 헌법(대문자로 시작할 경우)
  - o로 끝나는 명사와 요일/달은 대부분 남성이다.

    el marzo 3월　　el martes 화요일

- **자연의 성을 따라 남성명사와 여성명사가 구분되기도 한다.**

  un hombre 남성　　una mujer 여성

  un abuelo 할아버지　　una abuela 할머니

  un hijo 아들　　una hija 딸

  un coreano 한국 남자　　una coreana 한국 여성

- **형용사는 성에 따라 변한다.**

  Él es guapo 그는 잘생겼다.

  Ella es guapa 그녀는 예쁘다.

- **형용사에 –mente가 붙어 부사를 만들 때는 여성형 형용사를 사용한다.**

  Únicamente 유일하게

  Lentamente 느리게

▶ 명사의 수

- **복수형 만들기:** 일반적으로 단수명사에 s를 붙인다.

  la coreana 한국 여자 las coreanas 한국 여자들

- **남녀가 섞여 있는 복수일 때는 보통 남성형 복수로 받는다.**

  los coreanos 한국 사람들

- **z로 끝나는 단어는 z를 c로 바꾸고 es를 붙인다.**

  el lápiz 연필 los lápices 연필들

- **자음으로 끝나는 단어 뒤에는 es를 붙인다.**

  la nación 민족, 나라 las naciones 민족들, 나라들

- **짝이 있는 명사들은 보통 복수로 사용된다.**

  las tijeras 가위

▶ 스페인어 관사

la boca 입 / **las manos** 두 손

el ojo 눈 / **los brazos** 양팔

un amigo 친구 / **una nota** 메모

정관사	단수	el(남성), la(여성),	the
	복수	los(남성), las(여성)	
부정관사	단수	un(남성), una(여성)	one, a
	복수	unos(남성), unas(여성)	some

▶ 소유형용사

소유형용사의 성수는 수식 받는 명사에 따라 달라진다.

• 소유형용사

		소유물			
소유자		**단수**		**복수**	
		남성	**여성**	**남성**	**여성**
단수	1인칭	mi		mis	
	2인칭	tu		tus	
	3인칭	su		sus	
복수	1인칭	nuestro	nuestra	nuestros	nuestras
	2인칭	vuestro	vuestra	vuestros	vuestras
	3인칭	su		sus	

mi casa 내 집
mis casas 내 집들
tu casa 네 집
tus casas 네 집들
su casa 그의(그들의) 집
sus casas 그의(그들의) 집들
nuestro auto 우리 차
nuestra casa 우리 집
nuestros autos 우리 차들
nuestras casas 우리 집들
vuestro auto 너희 차
vuestra casa 너희 집
vuestros autos 너희 차들
vuestras casas 너희 집들

• 소유대명사/소유형용사

소유자		소유물			
		단수		복수	
		남성	여성	남성	여성
단수	1인칭	mío	mía	míos	mías
	2인칭	tuyo	tuya	tuyos	tuyas
	3인칭	suyo	suya	suyos	suyas
복수	1인칭	nuestro	nuestra	nuestros	nuestras
	2인칭	vuestro	vuestra	vuestros	vuestras
	3인칭	suyo	suya	suyos	suyas

La casa mía 내 집(mi casa보다 더 강한 소유의 느낌)
Es la (casa) mía. 내 것(집)이야.(문맥에 따라 명사를 생략하기도 한다.)

▶ 직접/간접 목적격

인칭대명사	직접목적격	간접목적격
Yo	Me	Me
Tú	Te	Te
Usted	Lo/La	Le
Él	Lo	Le
Ella	La	Le
Nosotros / tras	Nos	Nos
Vosotros / tras	Os	Os
Ustedes	Los/Las	Les
Ellos	Los	Les
Ellas	las	Les

• 직접목적격 예문

Me	Carlos me ama mucho. 카를로스는 나를 무척 사랑해.
Te	Te amo. 나는 너를 사랑해.
Lo	¿Tienes el periódico? 신문 가지고 있니? Sí, lo tengo. 응. 그것을 가지고 있어.
La	Leí una buena novela. La encontré en la biblioteca. 나는 좋은 소설을 읽었어. 도서관에서 그것을 발견했어.
Nos	Él nos ama. 그는 우리를 사랑해.
Las	Ellas no estaban allí. Nadie las vio. 그녀들은 그곳에 없었어. 아무도 그녀들을 보지 못했어.
Los	Necesito los libros. Los vi en la librería. 나는 그 책들이 필요해. 나는 그것들을 서점에서 봤어.

• 간접목적격 예문

Me	Carlos me dio un beso. 카를로스는 내게 뽀뽀했어.
Te	Ya te lo dije. 이미 내가 네게 말했잖아.
Le	Le voy a dar el libro. 그(녀)에게 책을 줄 거야. → Se lo voy a dar. 그(녀)에게 그것을 줄 거야. (간접목적격 le는 직접목적격 대명사 앞에 나오면 se로 바뀐다.)
Nos	Él nos dio un regalo. 그는 우리에게 선물을 줬다.
Les	Les di un regalo a las hijas de mi amigo. 내 친구의 딸들에게 선물을 줬다.

| SECTION 01 |

스페인어 + 한국어 단어

A

a veces	아 베쎄스		때때로, 가끔
abajo	아바호		아래로, 밑으로
abandonar	아반도나르		버리다, 포기하다
	El médico no debe abandonar a paciente. 의사는 환자를 포기하면 안 된다.		
abandono	아반도노	m	방치, 포기, 기권
abarcar	아바르까르		포함하다, ~까지 미치다
abeja	아베하	f	벌(蜂), 꿀벌
abertura	아베르뚜라	f	간격, 갈라진 틈, 입구
abierto/ta	아비에르또/따		열린, 공개된
ablandar	아블란다르		부드럽게 하다, 진정시키다
	Ablanda zapatos nuevos. 새 신발을 부드럽게 만든다.		
abogado/da	아보가도/다	mf	변호사, 법률가
abrasar	아브라사르		(불에) 태우다, (식물을) 마르게 하다
abrazar	아브라싸르		포옹하다, 포함하다
abrazo	아브라쏘	m	포옹, 껴안기
abreviatura	아브레비아뚜라	f	생략형, 약칭
abrigar	아브리가르		지키다, 보호하다

abrigo	아브리고	(m) 코트, 외투, 보호
abril	아브릴	4월
abrir	아브리르	열다, 켜다
	Quiero abrir una cuenta bancaria. 은행계좌를 만들고 싶어요.	
absoluto/ta	압솔루또/따	절대적인, 완전한
	*참고: absolutamente 완전히, 절대적으로	
	Es necesario absolutamente. 그것은 꼭 필요해요.	
absolver	압솔베르	석방하다, 무죄 선고하다
absorbente	압소르벤떼	흡수하는, 흡수력이 좋은
absorber	압소르베르	흡수하다, 소비하다
abstracto/ta	압스뜨락또/따	추상적인, 이론적인
absurdo/da	압수르도/다	불합리한, 바보 같은
abuela	아부엘라	(f) 할머니, 조모
abuelo	아부엘로	(m) 할아버지, 조부
	El abuelo vuelve mañana. 할아버지는 내일 돌아오신다.	
abuelos	아부엘로스	(mpl) 조부모
abundancia	아분단씨아	(f) 풍부, 다량, 부유
abundante	아분단떼	풍부한, 많은
abundar	아분다르	풍부하다, 많다
aburrido/da	아부ㄹ리도/다	지루한, 질린

A B C D E F G H I J K L M

¿Estás aburrido? 너 지루하니?

aburrir	아부ㄹ리르		지루하게 하다, 질리게 하다
abusar	아부사르		남용하다, 악용하다
abuso	아부소		남용, 악용
acá	아까		여기로, 이쪽으로
acabar	아까바르		끝내다, 완성시키다
academia	아까데미아	*f*	협회, 전문학교
acantilado	아깐띨라도	*m*	절벽
acaso	아까소		어쩌면, 혹시나
acceder	아쎄데르		동의하다, 들어주다
acceso	악쎄소	*m*	출입, 접근, 접촉
accesorios	악쎄소리오스	*m*	잡화
accidental	악씨덴딸		우연한, 의외의
accidente	악씨덴떼	*m*	사고, 의외의 일
acción	악씨온	*f*	행동, 활동, 작용 Me gusta el cine de acción. 나는 액션영화를 좋아한다.
aceite	아쎄이떼	*m*	식용유, 올리브유
acelerar	아쎌레라르		가속하다, 촉진시키다
acento	아쎈또	*m*	말투, 사투리
acentuar	아쎈뚜아르		강조하다, 강화하다

aceptación	아셉따씨온	*f*	수락, 승낙
aceptar	아셉따르		받아들이다, 인수하다
	No se aceptó su petición. 그의 요청은 받아들여지지 않았다.		
acera	아쎄라	*f*	인도, 보도
acerca de	아쎄르까 데		~에 관하여
acercar	아쎄르까르		접근시키다, 가까이 하다
acero	아쎄로	*m*	강철, 용기
achacar	아차까르		~탓으로 하다, 책임을 전가하다
ácido/da	아씨도/다		시다, 신맛 나는
	El limón es ácido. 레몬은 시다.		
acierto	아씨에르또	*m*	적중, 정답, 성공
aclamar	아끌라마르		갈채를 보내다
aclaración	아끌라라씨온	*f*	해명, 밝히는 것
aclarar	아끌라라르		해명하다, 밝히다
aclaratorio/ria	아끌라라또리오/리아		해명하는, 설명의
acné	아끄네	*m*	여드름
acoger	아꼬헤르		환영하다, 수용하다
acogida	아꼬히다	*f*	환영, 평판
acometer	아꼬메떼르		습격하다, 덮치다
acomodar	아꼬모다르		적응시키다, 적합하게 하다

acompañado/da	아꼼빠냐도/다		동반된, 첨부된
acompañamiento	아꼼빠냐미엔또	m	안주, 동행
acompañante	아꼼빠냔떼	m	함께 가는, 동행하는 초시계
acompañar	아꼼빠냐르		동행하다, 함께 가다
	Te voy a acompañar. 내가 너와 함께 갈게.		
aconsejar	아꼰세하르		충고하다, 조언하다
acontecer	아꼰떼쎄르		일어나다, 발생하다
acontecimiento	아꼰떼씨미엔또	m	중대한 사건, 큰일
acordar	아꼬르다르		결정하다, 합의하다
acostar(se)	아코스따르		잠자리에 들다
	A : ¿A qué hora te acuestas? 너는 몇 시에 잠드니? B : Me acuesto a las 11:00 de la noche. 11시에 잠들어.		
acostumbrado/da	아꼬스뚬브라도/다		습관이 된, 익숙해진
acostumbrar	아꼬스뚬브라르		익숙하게 하다, 길들이다
acrecentar	아끄레센따르		늘리다, 증가시키다
acreditar	아끄레디따르		신용을 주다, 보증하다
actitud	악띠뚣	f	태도
actividad	악띠비닫	f	활동, 작용
activo/va	악띠보/바		활동적인

	*en activo 현역의		
acto	악또	m	행위, 행사
	hacer acto de presencia 모습을 나타내다		
actor	악또르	m	남자 배우
actriz	악뜨리스	f	여배우
actuación	악뚜아씨온	f	연기, 연주, 행위
actual	악뚜알		현재의, 현대의
actualidad	악뚜알리닫	f	현재, 현실
actualizar	악뚜알리싸르		현대화하다, 현실화하다
actualmente	악뚜알멘떼		현재, 목하
	Actualmente, no tengo trabajo. 현재 나는 직업이 없다.		
actuar	악뚜아르		근무하다, 일하다
acudir	아꾸디르		향하다, 다니다
acuerdo	아꾸에르도	m	거래
acumular	아꾸물라르		축적시키다, 쌓아가다
acusación	아꾸사씨온	f	고발, 고소
acusado/da	아꾸사도/다		현저한, 눈에 띄는
acusar	아꾸사르		고발하다, 비난하다
adaptación	아답따씨온	f	적응, 순응, 각색
adaptar	아답따르		적합[응]시키다

adecuado/da	아데꾸아도/다		적합한, 타당한
adelantar	아델란따르		앞에 내다, 전진하다
adelante	아델란떼		앞으로, 앞에
adelanto	아델란또	m	전진, 진보
adelgazar	아델가싸르		얇게 하다, 가늘게 하다
ademán	아데만	m	신호, 몸짓, 태도
además	아데마스		게다가, 더욱이
adentro	아덴뜨로		속으로, 안으로
adherir	아드에리르		붙이다, 접착시키다
adiós	아디오스		안녕히!, 그럼 다음에!
adivinación	아디비나씨온	f	예언, 점술
adivinanza	아디비난싸	f	수수께끼, 퀴즈
adivinar	아디비나르		간파하다, (문제를) 풀다
adjunto/ta	아드훈또/따		첨부한, 동봉한
administración	아드미니스뜨라씨온	f	경영, 관리 Estudio administración de empresa. 경영학 전공입니다.
administrador/ra	아드미니스뜨라도르/라	mf	관리자
administrativo/va	아드미니스뜨라띠보/바		경영의, 관리의
admirable	아드미라블레		감탄할 만한, 훌륭한
admirablemente	아드미라블레멘떼		훌륭하게, 멋지게

admiración	아드미라씨온	f	감탄
admirar	아드미라르		감탄하다, 칭찬하다
admisible	아드미시블레		용인할 수 있는, 받아들여지는
admisión	아드미시온	f	입학허가, 합격, 채용
admitir	아드미띠르		입장[입학]을 허가하다
adolescencia	아돌레스쎈시아	f	청년기, 사춘기
adolescente	아돌레스쎈떼		청춘기의, 젊은
adonde	아돈데		~인 곳으로, ~하는 곳으로

Iremos adonde nadie pueda llegar.
아무도 닿지 못할 곳으로 가자.

adopción	아돕씨온	f	채용, 채택
adoptar	아돕따르		채용하다, 받아들이다
adoración	아도라씨온	f	숭배, 예배
adorar	아도라르		숭배하다, 열애하다
adornar	아도르나르		장식하다

¿Cómo adorna su casa en Navidad?
당신은 크리스마스에 집 장식을 어떻게 하나요?

adorno	아도르노	m	장식, 치장
adquirir	아드끼리르		획득하다, 입수하다
adquisición	아드끼시씨온	f	취득, 구입
aduana	아두아나	f	세관
aduanero/ra	아두아네로/라	mf	세관의, 관세의 (남,여) 세관

A B C D E F G H I J K L M

A

adulto	아둘또	mf	성인, 어른
adulto/ta	아둘또/따		성숙한
advertencia	아드베르뗀시아	f	충고, 경고
advertir	아드베르띠르		알아채다, 눈치채다
aéreo/a	아에레오/아		공기의, 기체의
aeróbic	아에로빅	f	에어로빅
aeródromo	아에로드로모	m	비행장
aeropuerto	아에로뿌에르또	m	공항
afán	아판	m	열망, 의욕
	Tengo afán de saberlo. 그것을 알고 싶어!		
afanoso/sa	아파노소/사		열심인, 괴로운
afectado/da	아펙따도/다		~의 영향을 받은
	Sur de la capital, el más afectado por la tormenta. 수도 남부, 태풍의 영향을 가장 많이 받은 곳.		
afectar	아펙따르		영향을 미치다
afecto/ta	아펙또/따		좋아하는, 경도된
afectuoso/sa	아펙뚜오소/사		애정이 깊은
afeitar(se)	아페이따르		면도하다, 깎다
aficionado	아피씨오나도		애호하는, 열중한
afilado	아필라도		예리한, 가는

afilar	아필라르	갈다, 뾰족하게 하다
afirmación	아피르마씨온	ⓕ 주장, 단언 Use afirmaciones para manifestar su deseo. 소망을 말할 때는 단언하세요.
afirmar	아피르마르	단언하다, 언명하다
aflojar	아플로하르	완화하다, 늦추다
afortunadamente	아포르뚜나다멘떼	다행히도, 운좋게
afortunado/da	아포르뚜나도/다	행운의, 운좋은
africano/na	아프리까노/나	아프리카(인)의
afrontar	아프론따르	직면하다, 맞서다
afuera	아푸에라	밖에, 밖으로
agachar	아가차르	(머리를) 숙이다, 웅크리다
agalla	아가야	ⓕ (마디에 생기는) 혹
agarrar	아가ㄹ라르	붙잡다, 획득하다
agencia	아헨씨아	ⓕ 대리점, 지점
agenda	아헨다	ⓕ 수첩, 일기, 의제 No suelo utilizar la agenda. 나는 다이어리를 별로 쓰지 않는다.
agente	아헨떼	작용하는, 요인의
agilidad	아힐리닫	ⓕ 민첩성, 예민함
agitación	아히따씨온	ⓕ 선동, 동요
agitar	아히따르	흔들다, 섞다

agosto	아고스또	8월, 수확기
agotado/da	아고따도/다	녹초가 된
agotar	아고따르	다 쓰다, 다 팔다, 소모시키다
agradable	아그라다블레	즐거운, 유쾌한
agradar	아그라다르	마음에 들다, 바람직하다
agradecer	아그라데쎄르	감사하다, 호의에 답하다 Le agradezco mucho. 당신께 정말 감사합니다.
agradecido/da	아그라데씨도/다	감사하는, 보답하는
agradecimiento	아그라데씨미엔또	m 감사, 고마움
agrado	아그라도	m 기쁨, 즐거움
agresión	아그레시온	f 폭행, 습격, 공격
agregar	아그레가르	추가하다, 첨부하다
agrícola	아그리꼴라	농업의, 농경의
agricultor/ra	아그리꿀또르/라	mf 농부 Mi padre es agricultor. 아버지께서는 농부이시다.
agricultura	아그리꿀뚜라	f 농업, 농경
agrio/gria	아그리오/그리아	신맛 나는; 신랄한
agrupación	아그루빠씨온	그룹 분류, 조편성
agrupar	아그루빠르	(그룹으로) 모으다, 나누다
agua	아구아	f 물, 용액, 즙

¿Podría beber un poco de agua?
물 좀 마실 수 있을까요?

단어	발음	품사	뜻
aguantar	아구안따르		인내하다, 참다
aguardar	아구아르다르		기다리다, 오기를 기다리다
agudeza	아구데싸	f	예리함, 재치, 통찰력
agudo/da	아구도/다		예리한, 뾰족한
aguijón	아기혼	m	(곤충의) 침, 가시
águila	아길라	f	독수리
aguja	아구하	f	바늘
agujero	아구헤로	m	구멍, 결손
ah	아		(놀람, 실망, 동정의 감탄사) 오!
ahí	아이		거기에, 거기로; 그때
ahijado/da	아이하도/다		양자가 된
ahogar	아오가르		질식[익사]시키다
ahora	아오라		지금, 현재

Ahora estudio español.
지금 스페인어를 공부합니다.

단어	발음	품사	뜻
ahorcar	아오르까르		교수형시키다
ahorrar	아오ㄹ라르		저축하다
ahorro	아오ㄹ로	m	저축, 예금
airado/da	아이라도/다		화난, 분개한
aire	아이레	m	공기, 대기

aislado/da	아이슬라도/다		격리된, 고립된
aislar	아이슬라르		고립시키다, 격리시키다
ajedrez	아헤드레스	*m*	체스
ajeno/na	아헤노/나		타인의, 무관한
	ajeno a su voluntad 그의 의지와 무관하게		
ajo	아호	*m*	마늘
ajustado/da	아후스따도/다		꼭 끼는, 타이트한
ajustar	아후스따르		꼭 맞게 하다, 조정하다
ala	알라	*f*	(새, 곤충의) 날개
alabanza	알라반싸	*f*	찬사, 칭송
alabar	알라바르		칭찬하다, 칭송하다
	Alaba a Dios. 신을 찬양합니다.		
alambre	알람브레	*m*	철사, 전선
álamo	알라모	*m*	포플러
alargar	알라르가르		길게 하다, 연장하다
alarma	알라르마	*f*	경보, 불안
alarmante	알라르만떼		걱정되는, 마음에 걸리는
alba	알바	*f*	새벽, 여명
albaricoque	알바리꼬께	*m*	살구
alborotar	알보로따르		소란을 피우다, 선동하다

alboroto	알보로또	m	소동, 폭동
alcalde	알깔데		시장(市長), 구청장
alcance	알깐쎄	m	유효 범위, 닿는 거리
alcanzar	알깐싸르		도달하다, 손이 닿다
	Le faltan 4 mil firmas para alcanzar la cantidad requerida. 요구된 서명량에 이르려면 4천 명의 서명이 더 필요합니다.		
alcázar	알까싸르	m	왕궁, 성채
alcohol	알꼬올	m	술, 주류
alcohólico	알꼬올리꼬	mf	알코올성의, 알코올 중독
aldea	알데아	f	마을, 촌락
aldeano/na	알데아노/나		마을의, 시골의
alegrar	알레그라르		기쁘게 하다, 밝게 하다
alegre	알레그레		쾌활한, 밝은
	Ella está alegre. 그녀는 기뻐.		
alegría	알레그리아	f	기쁨, 즐거움
alemán/ alemana	알레만/알레마나		독일(어)의
Alemania	알레마니아		독일
alentar	알렌따르		격려하다, 용기를 주다
alergia	알레르히아	f	알레르기 반응
aleta	알레따	f	지느러미

alfa	알파	ⓕ 그리스어 알파벳 첫 글자 (A, α)
alfabeto	알파베또	ⓜ 알파벳, 기호체계
alfiler	알필레르	ⓜ 핀, 고정 침
alfombra	알폼브라	ⓕ 카펫, 양탄자
alga	알가	ⓕ 해조류, 해초
algo	알고	뭔가, 어떤 것, 약간
	¿Hay algo para mí? 뭐 날 위한 게 있니?	
algodón	알고돈	ⓜ 솜, 면, 탈지면
algodonoso/sa	알고도노소/사	솜 같은, 푹신한
alguien	알기엔	누군가, 어떤 사람
alguno/na	알구노/나	어떤~, 몇몇의
	El 50% de la población sufre de alguna alergia. 인구의 50%는 어떤 종류든 알레르기에 시달린다.	
alhaja	알라하	ⓕ 보석, 소중한 사람
alianza	알리안싸	ⓕ 동맹, 협정
aliar	알리아르	동맹시키다, 결합시키다
alicate	알리까떼	ⓜ 펜치
aliento	알리엔또	ⓜ 호흡, 숨
alimentar	알리멘따르	영양[음식]을 주다
alimenticio/cia	알리멘띠씨오/씨아	음식[식품]의

Sara: Juan, ¿Desayunaste? ¿Cuál es tu comida favorita entre las típicas coreanas?
후안, 아침 먹었니? 네가 제일 좋아하는 한국 전통 음식은 뭐야?

Juan: Es Bibimbap. ¿Lo probaste?
비빔밥이야. 먹어 봤어?

Sara: Nunca he probado, ¿en dónde puedo comerlo?
아니 아직, 어디서 먹을 수 있어?

Juan: En cualquier restaurante puedes, pero Jeon-ju es la provincia más conocida por Bibimbap.
아무 식당에서나 가능해. 그렇지만 비빔밥으로 대표적인 지방은 전주야.

Sara: Quiero probarlo.
먹어보고 싶다.

Juan: Si quieres, vale la pena ir a Jeon-ju, que tiene mucha comida rica.
원한다면, 전주에 가 볼만 해. 거기는 맛있는 음식이 많거든.

Sara: Entonces, vamos a ir a Jeon-ju ahora mismo y cenamos allí.
그럼, 지금 당장 전주에 가자. 그리고 그곳에서 저녁 먹자.

alimento	알리멘또	ⓜ	식품, 음식
alivio	알리비오	ⓜ	(통증의) 완화, 경감
allá	아야		저쪽으로, 저편에
	Allá arriba hay muchas cajas. 저 위에 상자가 많다.		
allí	아이		저쪽에[으로]
alma	알마	ⓕ	혼, 정신, 마음
almacén	알마쎈	ⓜ	창고, 저장고
almacenar	알마쎄나르		창고에 넣다, 보관하다
almeja	알메하	ⓕ	대합
almendra	알멘드라	ⓕ	아몬드
almohada	알모아다	ⓜ	베개
almorzar	알모르싸르		점심 먹다
almuerzo	알무에르쏘	ⓜ	점심 식사, 간식
	A las 12:00 en punto almuerzo. 나는 12시 정각에 점심을 먹는다.		
alojamiento	알로하미엔또	ⓜ	숙박소, 숙박시설
alojar(se)	알로하르		숙박하다, 묵다
alondra	알론드라	ⓕ	종달새
alquilamiento	알낄라미엔또	ⓜ	임대
alquiler	알낄레르	ⓜ	집세
alrededor	알레데도르		주변에, 주위에

	Alrededor de 200 euros. 약 200유로		
altar	알따르	m	제단, 성단
alta tensión	알따 뗀시온	f	고혈압
altavoz	알따보쓰	m	스피커
alteración	알떼라씨온	f	변화, 변경
alterar	알떼라르		바꾸다, 변화시키다
alternar	알떼르나르		교체하다, 교대로 나타나다
altitud	알띠뚣	f	고도
alto/ta	알또/따		큰, 높은, 커다란
altura	알뚜라	f	높이, 키, 신장
alumbrar	알룸브라르	f	조명하다, 비추다
alumno/na	알룸노/나	mf	학생, 제자
alzar	알싸르		올리다, 들어올리다
ama	아마	f	주부, 부인
amabilidad	아마빌리닫	f	친절
	Gracias por su amabilidad. 당신의 친절에 감사드립니다.		
amable	아마블레		친절한, 상냥한
amado/da	아마도/다		사랑하는, 사랑받는
amanecer	아마네쎄르		동이 트다
amante	아만떼		사랑하는, 애정 깊은

amar	아마르		사랑하다, 좋아하다
amargar	아마르가르		쓴, 맛없는
amargo/ga	아마르고/가		쓰다, 쓴맛 나는
amargura	아마르구라	f	괴로움, 슬픔
amarillo/lla	아마리요/야		노랑의
		m	노란색
ámbar	암바르	m	호박(琥珀)
ambición	암비씨온	f	야심, 야망
ambiente	암비엔떼	m	환경, 분위기
	Todo ciudadano tiene derecho a un ambiente sano. 모든 시민은 건강한 환경에서 살 권리가 있다.		
ámbito	암비또	m	구역, 분야
ambos/bas	암보스/바스		양쪽의, 쌍방의
ambulancia	암불란씨아	f	구급차
amenaza	아메나싸	f	협박, 위협
amenazar	아메나싸르		협박하다, ~할 것 같다
ameno/na	아메노/나		쾌적한, 유쾌한
americano/na	아메리까노/나		(라틴) 아메리카의, 미국의
amigo/ga	아미고/가	mf	친구, 벗, 자네
amistad	아미스딷	f	우정, 우호, 친선
amistoso/sa	아미스또소/사		우호적인, 우정이 깃든

amo/ma	아모/마	mf	주인, 소유자
amor	아모르	m	사랑, 애정, 애호
amoroso/sa	아모로소/사		애정이 깃든, 사랑스러운
	padre amoroso 자애로운 아버지		
amortización	아모르띠싸씨온	f	상환, 변제
amparar	암빠라르		보호하다, 감싸다
amparo	암빠로	m	보호, 원조
ampliación	암쁠리아씨온	f	확장, 연장
amplio/plia	암쁠리오/쁠리아		넓은, 광범위한
amplitud	암쁠리뚣	f	넓이, 폭, 공간
ampolla	암뽀야	f	물집, 기포
	Tengo una ampolla en el pie por ponerme zapatos nuevos. 새 구두를 신었더니 발에 물집이 생겼다.		
análisis	아날리시스	m	분석, 분해
analizar	아날리싸르		분석하다, 분해하다
analogía	아날로히아	f	유사, 유추
análogo/ga	아날로고/가		유사한, 비슷한
anarquía	아나르끼아	f	무정부(상태)
anárquico/ca	아나르끼꼬/까		무정부(상태)의
anarquismo	아나르끼스모	m	무정부주의, 대혼란
anatomía	아나또미아	f	해부학, 분석

La anatomía del cerebro 뇌 해부

ancho/cha	안초/차		폭 넓은
		m	폭, 넓이
anciano/na	안씨아노/나	mf	노인
ancla	앙끌라	f	닻
andador/ra	안다도르/도라	mf	빠르게 걷는 사람
	*andador m. 보행기		
andar	안다르		걷다, 걸어가다, 이동하다
andén	안덴	m	플랫폼, 부두
anécdota	아넥도따	f	일화, 비화
ángel	앙헬	m	천사, 매력
angosto/ta	앙고스또/따		폭이 좁은
anguila	앙길라	f	장어
angustia	앙구스띠아	f	고민, 고통, 걱정
anhelo	앙엘로	m	강한 소망, 열망
anillo	아니요	m	반지, 고리 모양
	Es mi anillo de compromiso. 그건 내 약혼 반지야.		
animación	아니마씨온	f	활기, 활력
animado/da	아니마도/다		활기 있는, 생명이 있는
animal	아니말	m	동물
animar	아니마르		격려하다, 힘을 주다

ánimo	아니모	m	혼, 마음
animoso/sa	아니모소/사		~에 용감한, 의욕적인
aniversario	아니베르사리오	m	기념일
anoche	아노체		어젯밤
	Anoche no dormí. 어제 잠을 못 잤어.		
anónimo/ma	아노니모/마		익명의, 무명의
anormal	아노르말		이상한, 보통이 아닌
anotar	아노따르		적어 두다, 주를 달다
ansia	안시아	f	강한 욕구, 갈망
ansiar	안시아르		갈망하다
ansiedad	안시에닫	f	불안, 초조
ansioso/sa	안시오소/사		걱정하여, 생각해 내어
	Estaba ansioso por el gol. 골을 넣고 싶어 안달했다.		
ante	안떼		앞에서, ~을 직면하여
anteayer	안떼아예르		그저께
	Mis padres se han ido de viaje a España anteayer. 부모님은 그저께 스페인으로 여행을 떠났어요.		
antecedente	안떼쎄덴떼		선행하는, 앞장서는
anteceder	안떼쎄데르		선행하다, 앞장서다
antelación	안뗄라씨온	f	선행, 앞에 옴

antena	안떼나	ⓕ 더듬이
antepasado/da	안떼빠사도/다	ⓜⓕ 조상
anterior	안떼리오르	(시간, 순서) 앞의, 이전의
anterioridad	안떼리오리닫	ⓕ 앞선 것, 우선
antes	안떼스	이전에, 전에
anticipación	안띠씨빠씨온	ⓕ 미리 하는 일, 앞당김
anticipar	안띠씨빠르	(예정보다) 앞당기다, 일찍하다
anticuado/da	안띠꾸아도/다	케케묵은, 낡아빠진
antigüedad	안띠구에닫	ⓕ 옛날, 오래됨
antiguo/gua	안띠구오/구아	고대의, 옛날의
antipatía	안띠빠띠아	ⓕ 반감, 혐오
antipático/ca	안띠빠띠꼬/까	느낌이 나쁜, 마음에 안 드는
antojo	안또호	ⓜ 변덕(스러움), 충동
antónimo/ma	안또니모/마	반대말의 ⓜ 반대말 El antónimo de virtud es vicio. 미덕의 반대말은 악덕이다.
anual	아누알	1년의, 연간의
anular	아눌라르	취소하다, 무효로 하다
anunciación	아눈씨아씨온	ⓕ 알림, 예고
anunciar	아눈씨아르	알리다, 통보하다

Word	Pronunciation	Gender	Meaning
anuncio	아눈씨오	f	알림, 통보, 광고
añadir	아냐디르		부언하다, 첨언하다
año	아뇨	f	1년, 연령, 학년
apagar	아빠가르		끄다, 진정시키다 Apaga la luz. 불 꺼.
aparador	아빠라도르	m	찬장, 협탁
aparato	아빠라또	m	기구, 장치
aparcamiento	아빠르까미엔또	m	주차장, 주차 No he encontrado plaza de aparcamiento. 나는 주차장을 찾지 못했어.
aparecer	아빠레쎄르		나타나다, 출현하다
aparentar	아빠렌따르		가장(假裝)하다, ~로 보이게 하다
aparente	아빠렌떼		외견상의, 그럴싸해 보이는
aparentemente	아빠렌떼멘떼		겉보기엔, 외견상으로는
aparición	아빠리씨온	f	출현, 나타남, 출판
apariencia	아빠리엔씨아	f	외모, 풍채
apartado/da	아빠르따도/다		분리된, 떨어진, 다른
apartamento	아빠르따멘또	m	아파트 Yo vivo en un apartamento. 나는 아파트에 삽니다.
apartar	아빠르따르		멀리하다, 내쫓다, 제거하다
aparte	아빠르떼		따로, 나누어, 별도로

A B C D E F G H I J K L M

apasionar	아빠시오나르		흥분시키다, 열중케 하다
apegar(se)	아뻬가르		집착하다, 애착을 갖다
apelar	아뻴라르		의지하다, 호소하다
apellido	아뻬이도	m	성(姓)
apenas	아뻬나스		거의 ~않다, 겨우, 막 ~했을 때

* No comió apenas. 그는 거의 먹지 않았어.

* Por la ventana apenas entraba el sol. 창으로 해가 거의 들지 않아.

* Hemos llegado apenas hace una semana. 우리는 겨우 일주일 전에 도착했어.

* Apenas bajé a la calle, se puso a llover. 길에 내리자마자 비가 내렸어.

apéndice	아뻰디쎄	m	부록
aperitivo	아뻬리띠보	m	애피타이저
apertura	아뻬르뚜라	f	여는 것, 개시, 개회
apetito	아뻬띠또	m	식욕
apetitoso/sa	아뻬띠또소/사		식욕을 돋구는, 맛있어 보이는
aplaudir	아쁠라우디르		칭찬하다, 갈채를 보내다
aplauso	아쁠라우소	m	박수갈채

Recibir con un cerrado aplauso. 우레와 같은 박수로 맞이하다.

aplazar	아쁠라싸르		연기하다, 미루다
aplicación	아쁠리까씨온	f	적용, 응용

aplicado/da	아쁠리까도/다	부지런한, 근면한, 응용의
aplicar	아쁠리까르	적용하다, 응용하다
apoderar	아뽀데라르	~에게 권한[대리권]을 주다
apoderar(se) de		~을 사로잡다 Cuando la alegría se apodera del ser humano 즐거움이 인간을 사로잡을 때
aportación	아뽀르따씨온	ⓕ 공헌, 출자
aportar	아뽀르따르	가져오다, 일으키다
apostar	아뽀스따르	걸다, 도박하다
apóstol	아뽀스똘	ⓜ 사도, 전도자
apoyar	아뽀야르	기대다, 세우다
apoyo	아뽀요	ⓜ 지지, 원조, 뒷받침
apreciable	아쁘레씨아블레	눈에 띌 정도의, 가치 있는
apreciación	아쁘레씨아씨온	ⓕ 평가, 감정(鑑定), 판단
apreciar	아쁘레씨아르	평가하다, 감정(鑑定)하다
aprender	아쁘렌데르	배우다, 익히다 Ejerciciros para aprender español 스페인어를 배우기 위한 연습문제
aprendiz	아쁘렌디쓰	ⓜⓕ 견습, 초보자
apresurar	아쁘레수라르	서두르다, 재촉하다
apretado	아쁘레따도	팽팽한, 갑갑한
apretar	아쁘레따르	꽉 쥐다, 압박하다

A B C D E F G H I J K L M

aprieto	아쁘리에또	m	궁지, 곤경, 조이기
aprisa	아쁘리사		재빨리, 서둘러
aprobación	아쁘로바씨온	f	가결, 승인
aprobado/da	아쁘로바도/다		승인된, 허가된
aprobar	아쁘로바르		승인하다, 동의하다
aprovechar	아쁘로베차르		이용하다, 활용하다
aproximación	아쁘록씨마씨온	f	근사치, 접근
aproximadamente	아쁘록씨마다멘떼		대략, 대충
aproximar	아쁘록씨마르		접근시키다, 다가가다
apuesta	아뿌에스따	f	내기, 도박
apuntar	아뿐따르		겨냥하다, 가리키다, 메모하다
apunte	아뿐떼	m	메모, 각서
apurar	아뿌라르		전부 사용하다, 비우다 *apurar(se) 서둘다 No te apures. 서두르지 마.
apuro	아뿌로	m	당황, 곤경, 궁지
aquel	아껠		(공간적, 심리적으로 먼 것을 가리킬 때) 저, 그
aquí	아끼		여기로[에] Ya no vivo aquí. 나는 이제 여기 살지 않아.
árabe	아라베		아랍(인)의
araña	아라냐	f	거미

arañazo	아라냐쏘	*m* 긁기, 할큄, 스친 상처
arar	아라르	*m* 아프리카 낙엽송
arbitrario/ria	아르비뜨라리오/리아	독단적인, 멋대로 하는
	El expresidente es arbitrario. 전직 대통령은 제멋대로야.	
arbitrariedad	아르비뜨라리에닫	독단, 전횡
árbol	아르볼	*m* 나무, 수목
arca	아르까	*f* (덮개 있는) 큰 상자
	*arca de Noé 노아의 방주	
arcaico/ca	아르까이꼬/까	옛날의
arce	아르쎄	*m* 단풍나무
archipiélago	아르치삐엘라고	*m* 군도, 제도
archivo	아르치보	*m* 기록보관소, 사료관
arco	아르꼬	*m* 아치, 활
arco iris	아르꼬 이리스	*m* 무지개
arder	아르데르	불타다, 연소하다
	Arde de cólera. 분노로 불타다.	
ardiente	아르디엔떼	불타는, 뜨거운
ardilla	아르디야	*f* 다람쥐
ardor	아르도르	*m* 혹서, 열
área	아레아	*f* 넓이, 면적

arena	아레나	*f*	모래
Argentina	아르헨띠나		아르헨티나(나라 이름)
argentino/na	아르헨띠노/나		아르헨티나(인)의
argumento	아르구멘또	*m*	논거, 줄거리
árido/da	아리도/다		건조한, 불모의
aristocracia	아리스또끄라씨아	*f*	(집합적) 귀족, 특권 계층
aristócrata	아리스또끄라따	*mf*	귀족, 엘리트
aristocrático/ca	아리스또끄라띠꼬/까		귀족의, 귀족적인
arma	아르마	*f*	무기, 부대

La cultura es un arma.
문화는 일종의 무기다.
(arma는 여성명사이지만 a로 시작하기 때문에 발음상의 문제로 관사 una가 아닌 un을, la가 아닌 el을 사용한다.)

armada	아르마다	*f*	해군, 함대
armar	아르마르		무장시키다, 준비하다
armario	아르마리오	*m*	옷장
armonía	아르모니아	*f*	조화, 하모니, 화합
aroma	아로마	*m*	향기, 방향
arqueología	아르께올로히아	*f*	고고학
arquitecto/ta	아르끼떽또/따	*mf*	건축가
arquitectura	아르끼떽뚜라	*f*	건축학[술]
arrancar	아ㄹ랑까르		뿌리째 뽑다, 뽑아내다

단어	발음	성	뜻
arranque	아ㄹ랑께	m	시동, 시작, 격발
arrastrar	아ㄹ라스뜨라르		끌다, 끌고 가다
arreglar	아ㄹ레글라르		정리(정돈)하다, 수리하다
arreglo	아ㄹ레글로	m	수리, 정리, 해결
arrendar	아ㄹ렌다르		임대하다, 임차하다
arrepentimiento	아ㄹ레뻰띠미엔또	m	후회
arrepentir(se)	아ㄹ레뻰띠르		후회하다
	No me arrepiento de haberme casado con Juan. 나는 후안과 결혼한 것을 후회하지 않아.		
arriba	아ㄹ리바		위로, 위쪽으로, (책에서) 앞쪽으로
arrimar	아ㄹ리마르		가까이하다, 가까이 대다
arrojar	아ㄹ로하르		던지다, 내던지다
arroyo	아ㄹ로요	m	개울, 개천
arroz	아ㄹ로쓰	m	쌀, 벼
arroz al curry	아ㄹ로스 알 꾸리	m	카레라이스
	A mi hermana no le gusta el arroz al curry. 내 동생은 카레라이스를 싫어한다.		
arruga	아ㄹ루가	f	주름
arruinar	아ㄹ루이나르		파괴하다, 파산시키다
arte	아르떼	m	미술
artesanía	아르떼사니아	f	공예품, 공예 기술

articulación	아르띠꿀라씨온	f	관절, 연결
artículo	아르띠꿀로	m	기사, 논설, 상품
artificial	아르띠피시알		인공의, 인위적인
artificio	아르띠피씨오	m	장치, 기법
artillería	아르띠예리아	f	대포
artista	아르띠스따	mf	예술가, 연예인 ¿Por qué curioseamos la vida de los artistas? 연예인의 사생활이 왜 궁금할까요?
artístico/ca	아르띠스띠꼬/까		예술(가)의
as	아스	m	에이스(A), 일인자
asalariado/da	아살라리아도/다	mf	월급쟁이, 월급을 받는
asaltar	아살따르		공격하다, 습격하다
asalto	아살또	m	강도, 공격, 급습
asamblea	아삼블레아	f	회의, 집회
asar	아사르		태우다, 굽다
ascender	아스쎈데르		오르다, 올라가다
ascenso	아스쎈소	m	승진, 승격
ascensor	아스쎈소르	m	엘리베이터
asco	아스꼬	m	혐오감, 불쾌, 반감
asear	아세아르		깨끗이하다, 청소하다
asegurar	아세구라르		확보하다, 확실한 것으로 하다

asemejar	아세메하르		~에 비유하다, ~에 비슷하게 하다
	Se asemeja a una flor entreabierta flotando en el agua. 물 위에 반쯤 핀 꽃과 비슷하다.		
asentar	아센따르		앉히다, 임명하다
asesinar	아세시나르		암살하다, 없애다
asesinato	아세시나또	m	암살, 살인
asesino	아세시노	mf	암살자, 살인범, 자객
asesino/na	아세시노/나		살인하는, 적의가 있는
asesor/ra	아세소르/라	mf	고문, 상담역
así	아시		이렇게
Asia	아시아		아시아
asiduo/dua	아시두오/두아		단골의, 꼼꼼한, 정확한
asiento	아시엔또	m	좌석
asignatura	아시그나뚜라	f	과목
	Mi asignatura favorita es biología. 내가 제일 좋아하는 과목은 생물입니다.		
asimilar	아시밀라르		동격으로 다루다, 동일시하다, (지식 등을) 소화 흡수하다
asimismo	아시미스모		마찬가지로, 똑같이
asir	아시르		붙잡다, 고집하다
asistencia	아시스뗀씨아	f	출석, 간호
asistir	아시스띠르		출석하다, 얼굴을 내밀다
asno/na	아스노/나	mf	나귀, 바보

asociación	아소씨아씨온	f	협회, 연합
asociado/da	아소씨아도/다		협력한, 참가한
asomar	아소마르		엿보다, 나타나다

Por su seguridad, no se asome por la ventana.
안전을 위해 창문 밖을 내다보지 마세요.

asombrar	아솜브라르		놀라게 하다, 경악케 하다
asombro	아솜브로	m	놀람, 경악
asombroso/sa	아솜브로소/사		놀랄만한
aspecto	아스뻭또	m	외모, 경치
áspero/ra	아스뻬로/라		(촉감이) 거친, 떫은
aspiración	아스삐라씨온	f	숨을 들이쉼, 소망
aspiradora	아스삐라도라	f	진공청소기

Pasa la aspiradora una o dos veces por semana. 주 1~2회 청소기를 밀어라.

aspirante	아스삐란떼	mf	지원자, 응모자
aspirar	아스삐라르		빨아들이다
astro	아스뜨로	m	천체, 별
astronauta	아스뜨로나우따	mf	우주비행사

Quiero ser un astronauta.
나는 우주비행사가 되고 싶어요.

astronomía	아스뜨로노미아	f	천문학
astuto/ta	아스뚜또/따		영리한, 교활한

asumir	아수**미**르		(책임, 일을) 받아들이다, 짊어지다
asunto	아**순**또	m	사항, 문제, 사건
asustadizo/za	아수스따**디**쏘/싸		겁쟁이의, 겁 많은
asustar	아수스**따**르		겁주다, 놀라게 하다
atacar	아따**까**르		공격하다, 해치다
	Muchos animales atacan solo por hambre. 많은 동물들은 배가 고플 때만 공격한다.		
atajo	아**따**호		지름길, 빠른 방법
ataque	아**따**께	m	공격, 습격
atar	아**따**르		연결시키다, 묶다
ataúd	아따**욷**	m	관(棺)
atención	아뗀씨**온**	f	주의(력), 주목
atender	아뗀**데**르		주의를 기울이다, 경청하다
atento/ta	아**뗀**또/따		주의 깊은, 친절한
ateo/a	아**떼**오/아		무신론(자)의
aterrizaje	아떼ㄹ리**싸**헤	m	착륙
aterrizar	아떼ㄹ리**싸**르		착륙하다
atleta	아뜰**레**따	mf	운동선수, 스포츠맨
atmósfera	앗**모**스페라	f	대기(大氣)
atómico/ca	아**또**미꼬/까		원자(력)의
átomo	**아**또모	m	원자, 미량

atracción	아뜨락씨온	*f*	끌어당김, 매력적인 것
atractivo/va	아뜨락띠보/바		매력적인, 사람을 끄는
	Eres muy atractivo. 너는 무척 매력적이야.		
atraer	아뜨라에르		끌어당기다, 매혹하다
atrás	아뜨라스		뒤에, 나중에
atrasar	아뜨라사르		늦추다, 지체시키다
atravesar	아뜨라베사르		횡단하다, 건너다
atrever(se)	아뜨레베르		감히 ~하다
atrevimiento	아뜨레비미엔또	*m*	뻔뻔스러운 것, 대담
atribuir	아뜨리부이르		귀착시키다, ~에 돌리다
atrocidad	아뜨로씨닫	*f*	잔혹성, 잔혹 행위
atropellar	아뜨로뻬야르		(차가) 치다, 밟다
atropello	아뜨로뻬요	*m*	치는 것, 밀침
atroz	아뜨로쓰		심한, 잔학한
atún	아뚠	*m*	참치
	Me gusta la sopa de kimchi que lleva atún. 난 참치를 넣은 김치찌개가 좋아.		
audacia	아우다씨아	*f*	대담함, 용감함, 뻔뻔스러움
audaz	아우다쓰		대담한, 무모한
audiencia	아우디엔시아	*f*	관객; 알현, 접견
auditor/ra	아우디또르/라	*mf*	사무관, 사법관

auditorio	아우디또리오	m	강당
auge	아우헤	m	절정, 정점
augusto	아우구스또		위엄 있는, 장엄한
aula	아울라	f	교실, 강의실
aumentar	아우멘따르		늘리다, 증가시키다
aumento	아우멘또	m	증가, 증대, 상승
aun	아운		~조차, ~라도

Aprobaron todos, aun los que no estudian nunca.
모두 동의했어. 공부를 일절 하지 않는 애들까지도.

aún	아운		아직(~아니다)

Aún no lograron su meta.
그들은 아직 목표를 이루지 못했다.

aunque	아운께		그렇지만, 설사 ~라 해도

Aunque llueva mañana, partiremos.
설사 내일 비가 온다 해도 출발하겠습니다.

aurora	아우로라	f	여명, 서광
ausencia	아우센씨아	f	결근, 부재
ausente	아우센떼		결석한, 부재의
Australia	아우스뜨랄리아		호주
auténtico/ca	아우뗀띠꼬/까		진짜의, 진실의

Eres el periodista auténtico.
너는 진짜 신문기자야.

auto	아우또	m	판결, 선고

autobús	아우또**부**스	m	버스
automático/ca	아우또**마**띠꼬/까		자동의, 무의식적인
automóvil	아우또**모**빌	m	자동차
autónomo/ma	아우또노모/마	mf	프리랜서
autor/ra	아우**또**르/라	mf	저자, 작가
autorización	아우또리싸씨온	f	권한, 허가증
autorizar	아우또리**싸**르		허가하다, ~할 권한을 ~에게 주다
auxiliar	아욱씰리**아**르		보조의, 보좌하는
auxilio	아욱**씰**리오	m	도움, 원조
avance	아**반**쎄	m	전진, 진보
avanzar	아반**싸**르		전진하다, 진보하다
avaricia	아바**리**씨아	f	탐욕, 인색함 La avaricia es uno de los pecados capitales. 탐욕은 주요 죄악 중 하나야.
avaro/ra	아**바**로/라		탐욕적인, 인색한
ave	**아**베	f	새, 조류
avenida	아베**니**다	f	대로, 가로수길
aventura	아벤**뚜**라	f	모험, 도박
aventurar	아벤뚜**라**르		위험을 무릅쓰다, 희생시키다
aventurero	아벤뚜**레**로		모험을 즐기는, 대담한
avería	아베**리**아	f	고장, 파손

averiguación	아베리구아씨온	f	조사, 수사, 점검
averiguar	아베리구아르		조사하다, 확인하다
avestruz	아베스뜨루스	m	타조
aviación	아비아씨온	f	비행, 항공
avidez	아비데쓰	f	탐욕, 욕망
ávido/da	아비도/다		갈망하는, 탐욕스러운
avión	아비온	m	비행기
	El avión solar despegó desde Hawai. 태양광 비행기가 하와이에서 이륙했다.		
avisar	아비사르		알리다, 통보하다
aviso	아비소	m	알림, 통보, 예고
ay	아이		(놀람, 아픔, 슬픔) 아!, 오!
ayer	아예르		어제, 이전
ayuda	아유다	f	도움, 원조
ayudante	아유단떼	mf	조수, 보조원
ayudar	아유다르		돕다, 거들다
	Yo te ayudo. 내가 널 도와줄게.		
ayuno	아유노	m	단식, 금식
ayuntamiento	아윤따미엔또	m	(시의) 자치단체, 시청
azafato/ta	아싸파또/따	mf	스튜어디스, 승무원
azalea	아쌀레아	f	진달래

azar	아싸르	m	우연
azaroso/sa	아싸로소/사		위험한, 모험적인, 불운한
azotea	아쏘떼아	f	옥상
azúcar	아쑤까르	m	설탕, 당(糖)
	Han bajado los precios del azúcar. 설탕값이 내렸다.		
azul	아쑬	m	파랑; 청색의

B

bacalao	바깔라오	m	(어류) 대구
bachillerato	바치예라또	m	고등학교(과정)
bailar	바일라르		춤추다
bailarín/na	바일라린/리나	mf	무용가, 댄서
baile	바일레	m	무용, 춤
baja	바하	f	하락, 저하
bajar	바하르		내리다, 줄다, 쇠퇴하다
bajo/ja	바호/하		낮은, 천박한, 저렴한; ~의 아래로
	En voz baja 낮은 목소리로		
bala	발라	f	탄환, 총탄
balance	발란쎄	m	(상업) 결산, 분석, 검토
balanza	발란싸	f	저울
ballena	바예나	f	고래
balón	발론	m	공, 기구(氣球), 풍선
baloncesto	발론쎄스또	m	농구
bambú	밤부	m	대나무
banana	바나나	f	바나나

banca	방까	ⓕ 은행업(집단명사)
banco	방꼬	ⓜ 은행, 벤치
banda	반다	ⓕ 그룹사운드, 집단
bandera	반데라	ⓕ 깃발, 국기 Levanta la bandera. 국기를 게양하다.
bandido/da	반디도/다	ⓜⓕ 악당, 사기꾼, 산적
bando	반도	ⓜ 포고, 법령; 당(黨)
bañador	바냐도르	ⓜ 수영복
bañar	바냐르	목욕시키다, 적시다
bañista	바니스따	ⓜⓕ 해수욕객, 수영객
baño	바뇨	ⓜ 목욕
bar	바르	ⓜ 술집
baraja	바라하	ⓕ 트럼프(한 세트), 다양성
barajar	바라하르	열거하다, (트럼프) 카드를 섞다
barato/ta	바라또/따	싼, 저렴한
barba	바르바	ⓕ (턱)수염 Se dejó crecer la barba. 수염이 자라지 않아.
barbacoa	바르바꼬아	ⓕ 바베큐
bárbara	바르바라	ⓕ 수염
barbaridad	바르바리닫	ⓕ 야만, 만행

bárbaro	바르바로		잔인한, 난폭한
barbero	바르베로		이발사, 미용사
barbilla	바르비야	*f*	턱
barca	바르까	*f*	보트, 작은 배
barco	바르꼬	*m*	배, 보트
	Este barco va al puerto de Barcelona. 이 배는 바르셀로나 항구로 갑니다.		
barón	바론	*m*	남작, 간부
barra	바ㄹ라	*f*	금속 막대, 몽둥이
barraca	바ㄹ라까	*f*	가건물, 바라크
barrera	바ㄹ레라	*f*	장애, 방벽
barricada	바ㄹ리까다	*f*	바리케이드, 방책
barrio	바ㄹ리오	*m*	(도시의) 지구, 지역
barro	바ㄹ로	*m*	진흙, 흙탕물
basar	바사르		근거를 두다
base	바세	*f*	토대, 기초, 근거
bastante	바스딴떼		상당한, 충분한
bastar	바스따르		충분하다
basto/ta	바스또/따		조잡한, 거친
basura	바수라	*f*	쓰레기
batalla	바따야	*f*	전투, 싸움

batallón	바따**욘**		대대, 중대
batería	바떼**리**아	f	드럼, 배터리
	Quiero recargar la batería de mi móvil. 핸드폰 충전하고 싶어요.		
batir	바**띠**르		때리다, 치다
batidora	바띠**도**라	f	믹서
batuta	바**뚜**따	f	지휘봉
bautismo	바우**띠**스모	m	(종교) 세례
bebé	베**베**	m	아기
beber	베**베**르		마시다, 지식을 얻다
bebida	베**비**다	f	음료수, 청량음료
beca	**베**까	f	장학금
beige	**베**이스	m	베이지색
béisbol	베이스볼	m	야구
belleza	베**예**싸	f	아름다움, 미인
bello/lla	**베**요/야		아름다운, 고결한
bendición	벤디씨온	f	축복, 허가
bandito/ta	벤**디**또/따		신성한, 축복받은
beneficio	베네**피**씨오	m	이익, 친절, 선행
berenjena	베렝**헤**나	f	가지
Berlín	베를린		베를린

besar	베사르		키스하다
	¡Bésame mucho! 진하게 키스해 줘요!		
beso	베소	m	키스, 입맞춤
biberón	비베론	m	젖병
Biblia	비블리아(대문자)	f	성경
biblioteca	비블리오떼까	f	도서관
bicho	비초	m	징그러운 벌레[동물]
bicicleta	비씨끌레따	f	자전거
	Ya no está la bicicleta que estaba enfrente de casa. 집앞에 세워둔 자전거가 없어졌다.		
bien	비엔		잘, 능숙하게, 제대로
bienal	비에날		격년의, 2년마다의
bienestar	비에네스따르	m	복지, 번영
bienvenido/da	비엔베니도/다		환영받는
	Bienvenido a Corea. 한국에 오신 것을 환영합니다.		
bigote	비고떼	m	콧수염
billar	비야르	m	당구
billete	비예떼	m	지폐
biografía	비오그라피아	f	전기(傳記), 일대기
biología	비올로히아	f	생물
bistec	비스텍	m	스테이크

blanco	블랑꼬	*mf*	백인
blanco/ca	블랑꼬/까		흰색의, 백인의
blancura	블랑꾸라	*f*	하얀, 순백
blando/da	블란도/다		부드러운, 관대한
blog	블로그	*m*	블로그
bloque	블로께	*m*	(거리) 블록, 연합체
blusa	블루사	*f*	블라우스
boca	보까	*f*	입, 입술
bocadillo	보까디요	*m*	보카디요(바게트를 반 잘라 여러 재료를 넣은 것) Me gusta el bocadillo de jamón y queso. 나는 하몬과 치즈 보카디요가 좋아요.
boda	보다	*f*	결혼식, 혼례
bodega	보데가	*f*	술창고, 포도주 저장소
bogavante	보가반떼	*m*	바닷가재
boina	보이나	*f*	베레모
bol	볼	*m*	그릇
bola	볼라	*f*	구슬, 공
boletín	볼레띤	*m*	정기간행물, 보고서
bolígrafo	볼리그라포	*m*	볼펜
bolos	볼로스	*mpl*	볼링
bolsa	볼사	*f*	가방, 봉지

	No dejes tu bolsa sola en la mesa. 가방만 책상 위에 두지 마.		
bolsillo	볼시요	*f*	주머니
bolso	볼소	*m*	가방, 핸드백
bomba	봄바	*f*	폭탄, 포탄
bombardeo	봄바르데오	*m*	폭격, 포격
bombero	봄베로	*n*	소방대원
bondad	본닫	*f*	선량함, 부드러움, 이점
boniato	보니아또	*m*	고구마
bonito/ta	보니또/따		예쁜, 멋진
	Es una casa muy bonita. 아주 멋진 집이네요.		
bordado	보르다도	*f*	자수(刺繡)
borde	보르데	*m*	가장자리, 변, 해변
bordo	보르도	*m*	선내, 선상
borracho/cha	보ㄹ라초/차		술에 취한, 술이 들어간
borrar	보ㄹ라르		지우다, 삭제하다
borroso/sa	보ㄹ로소/사		뿌연, 불투명한
bosque	보스께	*f*	숲
bostezar	보스떼싸르		하품하다
bostezo	보스떼쏘	*m*	하품
	El bostezo es contagioso. 하품은 전염성이 있다.		

botas	보따스	*fpl* 부츠
bote	보떼	*m* 배(船)
botella	보떼야	*f* 병(甁)
botón	보똔	*m* 단추
	*botón floral 꽃봉오리	
bóveda	보베다	*f* 궁륭, 둥근 천장
boxeo	복세오	*m* 권투
	Ella practica boxeo desde los 18 años. 그녀는 18세부터 권투를 했다.	
braga	브라가	*f* (여성) 삼각팬티 (주로 복수: bragas)
Brasil	브라실	브라질
brasileño/na	브라실레뇨/냐	브라질인(의)
bravo/va	브라보/바	용감한, 야생의
brazo	브라소	*m* 팔, 나뭇가지
breve	브레베	짧은, 간결한
brillante	브리얀떼	밝다, 화려한
brillar	브리야르	빛나다, 비치다
brillo	브리요	*m* 광채, 빛
brindar	브린다르	건배하다, 제공하다, 수여하다
	¡Vamos a brindar! 건배하자!	

brindis	브린디스	m	건배, 축배
brioso/sa	브리오소/사		힘센, 늠름한
brisa	브리사	f	산들바람, 미풍
broche	브로체	m	브로치
brócoli	브로꼴리	m	브로콜리
broma	브로마	f	농담, 장난
	Es una broma. 농담이야.		
bronce	브론쎄	m	청동
brote	브로떼	m	싹, 봉오리
brujo/ja	브루호/하	mf	마법을 거는 마법사
bruscamente	브루스까멘떼		갑자기, 돌연
brutal	브루딸		야만적인, 난폭한
bruto/to	브루또/따		난폭한, 총계의
Buda	부다	m	부처
budismo	부디스모	m	불교
budista	부디스따	mf	불교 신자, 불교의
bueno/na	부에노/나		좋은, 유용한, 능숙한
	Es bueno saberlo. 그것을 아는 건 좋은 일이야.		
bufanda	부판다	f	스카프
búho	부오	m	부엉이

B

bulto	불또	m	소포, 수하물
buque	부께	m	배, 선박
burguesía	부르게시아	f	부르주아지, 유산계급
burla	부를라	f	놀림, 조소, 농담
burlar	부를라르		속이다, 사기치다
burocracia	부로끄라씨아		관료제
burro	부ㄹ로		나귀, 천한 사람
buscar	부스까르		찾다, 검색하다

¿Vamos a buscar en la página web?
웹사이트에서 찾아볼까?

butaca	부따까	f	안락의자
buzón	부쏜	m	우편함

C

cabal	까발		공정한
	una persona cabal 공정한 사람		
cabalgar	까발가르		타다, 승마하다
caballa	까바야	*f*	고등어
caballero	까바예로	*m*	신사, 남성
caballo	까바요	*m*	말, 숫말
cabello	까베요	*m*	머리털, 두발
caber	까베르		여지가 있다, 받아들이다
cabeza	까베싸		머리(부분), 두뇌, 지력
	Tengo mucho dolor de cabeza y me mareo. 두통이 심해서 어지럽다.		
cabina	까비나	*f*	선실, 조종실
cabo	까보	*m*	끝, 말단, 가장자리
cabra	까브라	*f*	염소
cacahuete	까까우에떼	*m*	땅콩
cacerola	까쎄롤라	*f*	작은 냄비
cactus	깍뚜스	*m*	선인장
cada	까다		각각의, 매~

cadena	까데나	f	체인
caer	까에르		떨어지다, 쓰러지다
	Me caí en la calle. 나는 길에서 넘어졌다.		
cadera	까데라	f	엉덩이
café	까페	f	커피, 다방
	Hacemos tostadas y las comemos con el café. 토스터에 빵을 구워 커피랑 먹자.		
cafetería	까페떼리아	f	카페
caída	까이다	f	낙하, 추락
caja	까하	f	상자, 금고
cajero automático	까헤로 아우또마띠꼬	m	현금자동입출금기
cajero/ra	까헤로/라	mf	계산원, 은행 직원
cajón	까혼	m	서랍
calabaza	깔라바싸	f	호박
calamar	깔라마르	m	오징어
calavera	깔라베라	f	두개골
calcetín	깔쎄띤	m	양말
	Ponte los calcetines! 양말 신어!		
calculadora	깔꿀라도라	f	계산기
cálculo	깔꿀로	m	계산

caldo	깔도	*m*	수프, 과즙
calendario	깔렌다리오	*m*	달력, 일정
calentar	깔렌따르		따뜻하게 하다, 데우다, 흥분시키다
calidad	깔리닫	*f*	품질, 성능
cálido	깔리도		더운, 따스한
caliente	깔리엔떼		뜨거운, 따뜻한, 화가 난
calificación	깔리피까씨온	*f*	성적, 평가
callado	까야도		침묵하는, 얌전한
callar	까야르		침묵하다, 소리가 그치다
calle	까예	*f*	도로, 길, 거리
callejón	까예혼	*m*	골목
calma	깔마	*f*	평온, 정숙
calmante	깔만떼	*m*	진통제
calmar	깔마르		진정시키다, 완화시키다
	¡Cálmate! 진정해!		
calor	깔로르	*m*	열, 더위, 따뜻함
calumnia	깔룸니아	*f*	비방, 무고
caluroso/sa	깔루로소/사		더운, 열렬한
calvo/va	깔보/바	*mf*	대머리
calzada	깔싸다	*f*	차도, 도로

A B C D E F G H I J K L M

Diálogo

길 묻기

Sara: Discuple, estoy perdida. ¿Podría ayudarme?
실례합니다. 제가 길을 잃어서요. 도와주실 수 있으신가요?

Juan: Por supuesto, ¿qué lugar busca?
물론이죠. 어디를 찾으시나요?

Sara: ¿Dónde está la plaza mayor?
대광장이 어디죠?

Juan: Siga todo recto/derecho más allá del puente, si ve el semáforo, gire a la izquierda.
다리 너머까지 쭉 직진하고 신호등이 보이면 좌회전하세요.

Sara: ¿Cuánto tiempo se tarda andando?
걸어서 몇 분 걸리나요?

Juan: Se tarda unos diez minutos.
약 10분 정도요.

Sara: Muchas gracias por su ayuda.
도와줘서 고맙습니다.

Juan: De nada, ¡Que tenga un buen día!
아니에요. 좋은 하루 보내세요.

calzado	깔싸도	m	신발
calzado/da	깔싸도/다		신발을 신은
calzar(se)	깔싸르		(신발을) 신다
	El gato se calza las botas. 고양이가 장화를 신었다.		
calzoncillos	깔쏜씨요스	mpl	팬티
cama	까마	f	침대
cámara	까마라	f	카메라
camarada	까마라다	mf	동료, 동지
camarero/ra	까마레로/라	mf	종업원
camarón	까마론	m	새우
cambiar	깜비아르		교환하다, 바꾸다
cambio	깜비오	m	변화, 교환, 환전
	Todo cambio por ti. 모든 변화는 너로 인한 것.		
camelia	까멜리아	f	동백꽃
camello	까메요	m	낙타
caminar	까미나르		걷다, 이동하다, 흐르다
	Hoy he caminado diez kilómetros. 오늘 나는 10km를 걸었어.		
camino	까미노	m	길, 도로, 여정
camión	까미온	m	트럭
camisa	까미사	f	와이셔츠

camiseta	까미세따	f	셔츠, 내의
camisón	까미손	m	잠옷
camote	까모떼	m	고구마
campana	깜빠나	f	(교회의) 종
campanilla	깜빠니야	f	방울, 작은 종
campaña	깜빠냐	f	캠페인, 운동
	campaña política 정치 캠페인		
campañilla	깜빠니야	m	나팔꽃
campeón/na	깜뻬온/오나	mf	챔피언, 우승자
campesino/na	깜뻬시노/나		시골의, 농촌의
campo	깜뽀	m	시골, 지방, 밭
Canadá	까나다		캐나다
canal	까날	m	해협
cáncer	깐쎄르	m	암, 악성종양
canción	깐시온	f	노래, 가요
cándido/da	깐디도/다		순진한, 순수한
cangrejo	깡그레호	m	게
cansado/da	깐사도/다		피곤한, 질린
cansar	깐사르		지치게 하다, 질리게 하다
cantante	깐딴떼	mf	가수

	La canción de ese cantante es divertida. 그 가수의 노래는 아주 신나.	
cantar	깐따르	노래하다, 칭찬하다
cantidad	깐띠닫	*f* 금액, 액수
canto	깐또	*m* 노래, 가창(법)
caña	까냐	*f* (식물) 줄기, 갈대, (맥주)잔
cañon	까뇬	*m* 대포, 포신, 총신
capa	까빠	*f* 소매 없는 망토, 덮개
capacidad	까빠시닫	*f* 재능, 능력, 용량
capaz	까빠쓰	유능한, ~을 할 수 있는
	Eres capaz de todo. 너는 무엇이든 할 수 있어.	
capilla	까삐야	*f* 예배당
capital	까삐딸	*f* 수도; 주요한 *m* 자본
	Seúl es la capital de Corea del sur. 서울은 한국의 수도입니다. El capital más importante de una empresa son sus personas. 회사의 가장 중요한 자본은 그 구성원입니다.	
capitalista	까삐딸리스따	자본주의의
capitán	까삐딴	*n* 지휘관, 대장
capricho	까쁘리초	*m* 변덕, 충동
cápsula	깝술라	*f* 캡슐
cara	까라	*f* 얼굴, 표정, 표면

A B C D E F G H I J K L M

Me lavo la cara con jabón.
나는 비누로 세수한다.

carácter	까락떼르	m	성격, 인격, 성질
característica	까락떼리스띠까	f	특색, 개성
característico/ca	까락떼리스띠꼬/까		특징적인, 특유의
carbón	까르본	m	석탄
carcajada	까르까하다	f	폭소
cárcel	까르쎌	f	감옥, 형무소
cardenal	까르데날	m	추기경
carecer	까레쎄르		부족하다, 결여되다

No carecen de nada. 그들에겐 부족한 게 없어.

careta	까레따	f	마스크, 가면
carga	까르가	f	화물
cargado/da	까르가도/다		실은, 채운
cargar	까르가르		싣다, 부과하다
cargo	까르고	m	직무, 지위
carguero	까르게로	m	화물선
caricia	까리씨아	f	애무
caridad	까리닫	f	자선, 자비심
caries	까리에스	fpl	충치

Ay, tengo una caries más.
아이구, 충치가 하나 늘었네.

cariño	까리뇨	m	사랑, 애정
cariñoso/sa	까리뇨소/사		애정이 담긴, 사랑스러운
	Es una madre muy cariñosa con sus hijos. 자식들에게 무척 애정이 많은 엄마야.		
carne	까르네	f	살, 고기, 육류
carnicería	까르니쎄리아	f	정육점
caro/ra	까로/라		비싼, 소중한
carpa	까르빠	f	잉어
carpintero/ra	까르삔떼로/라	mf	목수
carrera	까ㄹ레라	f	경주, 레이스, 직업, 전공
	¿Cuál es su carrera? 전공은 뭔가요?		
carretera	까ㄹ레떼라	f	도로, 간선도로
carrito	까ㄹ리또	m	쇼핑카트
carrizo	까ㄹ리쏘	m	갈대, 억새
carro	까ㄹ로	m	(2륜)짐차, 마차, 차
carta	까르따	f	편지, 트럼프
cartel	까르뗄	m	포스터, 광고지
cartera	까르떼라	f	지갑, 서류가방
carterista	까르떼리스따	mf	소매치기
cartero/ra	까르떼로/라	mf	집배원
casa	까사	f	집, 주택, 주거,

casado/da	까사도/다	결혼한
	Estoy casado 나(남)는 결혼했어. Estoy casada 나(여)는 결혼했어.	
casamiento	까사미엔또	ⓜ 결혼(식), 혼인
casar(se)	까사르	결혼시키다, 결합하다
	Quiero casarme contigo. 당신과 결혼하고 싶어요.	
cascada	까스까다	ⓕ 폭포
casco	까스꼬	ⓜ 발굽, 선체, 헬멧
casero/ra	까세로/라	가정의, 집에서 만든
	Conejo casero 집토끼	
casi	까시	거의, 대략, 하마터면 ~할 뻔하다
casino	까시노	ⓜ 카지노, 도박
caso	까소	ⓜ 경우, 기회, 사건
casta	까스따	ⓕ 혈통, 가계, 품종
castaña	까스따냐	ⓕ 밤(栗)
castaño	까스따뇨	ⓜ 밤나무
castellano/na	까스떼야노/나	카스티야(Castilla, 스페인 중부의 옛 왕국)의
castigar	까스띠가르	처벌하다, 괴롭히다
castigo	까스띠고	ⓜ 처벌, 형벌
castillo	까스띠요	ⓜ 성, 성채
castizo/za	까스띠쏘/싸	순수한, 진짜의

단어	발음	성	뜻
casual	까수알		우연한, 우발적인
casualmente	까수알멘떼		우연히, 마침
catálogo	까딸로고	m	목록, 카탈로그
catarro	까따ㄹ로	m	코감기
catedral	까떼드랄	f	성당
	Los visitantes de la Catedral se incrementan un 25 por ciento. 성당 방문자들이 25퍼센트 늘었어.		
categoría	까떼고리아	f	등급, 계급
catolicismo	까똘리씨스모	m	천주교
católico/ca	까똘리꼬/까	mf	천주교 신자, 천주교의
catorce	까또르세		14 (숫자)
caucho	까우초	m	고무
causa	까우사	f	원인, 이유
cautivo	까우띠보	n	포로
cava	까바	f	샴페인
cavar	까바르		(괭이로) 땅을 파다
cazadora	까싸도라	f	점퍼, 재킷
cazar	까싸르		사냥하다, 수렵하다
cebo	쎄보	m	미끼
cebolla	쎄보야	f	양파

Blanca o morada, ¿cuál es la mejor cebolla?
흰색과 보라색 중 어떤 쪽이 좋은 양파야?

cebolleta	쎄보예따	*f*	파
cebra	쎄브라	*m*	얼룩말
ceder	쎄데르		양도하다, 양보하다

Cede tu asiento a quien lo necesita.
필요한 사람에게 자리를 양보하렴.

cegar	쎄가르		눈을 멀게 하다, 눈부시게 하다
ceja	쎄하	*f*	눈썹
celebración	쎌레브라씨온	*f*	의식, 거행, 집행
celebrar	쎌레브라르		축하하다, 개최하다

Celebro hoy tu cumpleaños!
오늘 너의 생일을 축하해!

celeste	쎌레스떼		하늘의
celestial	쎌레스띠알		천국의, 완벽한
celo	쎌로	*m*	질투, 시기심
celoso/sa	쎌로소/사		열심인, 질투하는
célula	쎌룰라	*f*	세포, 지부, 구성 단위
cementerio	쎄멘떼리오	*m*	(공동)묘지, 폐기장
cemento	쎄멘또	*m*	시멘트
cena	쎄나	*f*	저녁 식사
cenar	쎄나르		저녁 식사하다

	Esta noche cenamos fuera. 오늘 저녁은 외식하자.		
cenicero	쎄니세로	m	재떨이
ceniza	쎄니싸	f	재, 유골
censo	쎈소	m	인구조사, 명부
censura	쎈수라	f	검열
censurar	쎈수라르		검열하다, 삭제하다
centenar	쎈떼나르	m	100 단위로 묶은 것
centenario/ria	쎈떼나리오/리아		100세의
centésimo/ma	쎈떼시모/마		100번째의
centímetro	쎈띠메뜨로	m	센티미터(cm)
central	쎈뜨랄		중심의, 중앙의, 주요한
centro	쎈뜨로	m	시내, 가운데, 도심
	Me parece que por aquí sale el centro. 이쯤에서 번화가가 나올 거 같은데.		
ceñir	쎄니르		동여매다, 졸라매다
cepillo	쎄삐요	m	붓, 브러시
cera	쎄라	f	밀랍, 왁스
cerca	쎄르까		가까이, 근처에
	Está muy cerca de aquí. 아주 가까이에 있어요.		
cercado	쎄르까도	m	울타리를 친 땅
cerco	쎄르꼬	m	동그라미, 원, 고리

C

cerdo	쎄르도	*m*	돼지
cereal	쎄레알	*m*	곡식, 곡물
cerebral	쎄레브랄		뇌의, 지적(知的)인
cerebro	쎄레브로	*m*	두뇌, 지력
ceremonia	쎄레모니아	*f*	의식, 의례
cero	쎄로		0(영)
cerrado/da	쎄ㄹ라도/다		닫힌, 폐쇄된
cerrar	쎄ㄹ라르		닫다, 차단하다
certeza	쎄르떼싸	*f*	확신, 확실성
certificado	쎄르띠피까도	*m*	증명서
certificado/da	쎄르띠피까도/다		증명된
certificar	쎄르띠피까르		증명하다, 보증하다
cerveza	쎄르베싸	*f*	맥주 La marca mexicana de cerveza Dos Equis 멕시코 맥주 브랜드 Dos Equis
cesar	쎄사르		그치다, 중지하다
césped	쎄스뻬드	*m*	잔디
cesta	쎄스따	*f*	바구니
cesto	쎄스또	*m*	큰 바구니
champú	샴푸	*m*	샴푸
chanclas	찬끌라스	*fpl*	슬리퍼

chándal	찬달	m	운동복
chaqueta	차께따	f	재킷, 윗도리
charla	차를라	f	수다, 잡담
charlar	차를라르		잡담하다
cheque	체께	m	수표
	Emítelo en un cheque, por favor. 수표 한 장으로 발행해 주세요.		
chica	치까	f	소녀, 딸
chico	치꼬	m	소년, 아들
chillar	치야르		외치다, 새된 소리를 내다
chillón	치욘		고함치는, 날카로운 소리를 내는
chimenea	치메네아	f	굴뚝, 배기용 닥트
China	치나		중국
chincheta	친체따	f	압정
chiste	치스떼	m	농담, 웃기는 얘기
chocar	초까르		부딪치다, 충돌하다
chocolate	초꼴라떼	m	초콜릿
chófer	초페르	mf	운전 기사
choque	초께	f	충돌, 충격
chorizo	초리쏘	f	돼지 소시지
choza	초싸	f	오두막

chubasco	츄바스꼬	(m) 소나기
	Los tímidos rayos de sol que asomaron entre chubasco y chubasco. 소나기 사이 수줍게 비추었던 햇살.	
ciclo	씨끌로	(m) 주기, 순환
ciego/ga	씨에고/가	(m) 맹목적인, 안 보이는 (mf) 맹인
cielo	씨엘로	(m) 하늘, 천국
cien	씨엔	백, 100
cien mil	씨엔 밀	십만
ciencia	씨엔씨아	(f) 과학
ciento	씨엔또	100의, 백 번째
	Más vale pájaro en mano que ciento volando. 손 안의 새가 날아가는 백 마리의 새보다 귀하다.	
cierre	씨에ㄹ레	(m) 폐쇄, 닫음
ciertamente	씨에르따멘떼	확실히, 분명히
cierto/ta	씨에르또/따	확실한; 물론
ciervo	씨에르보	(m) 사슴
cifra	씨프라	(f) 숫자, 암호
cigarro	씨가ㄹ로	(m) 담배, 시가
cilantro	씰란뜨로	(m) 고수풀
cilindro	씰린드로	(m) 원기둥
cima	씨마	(f) 꼭대기, 정상

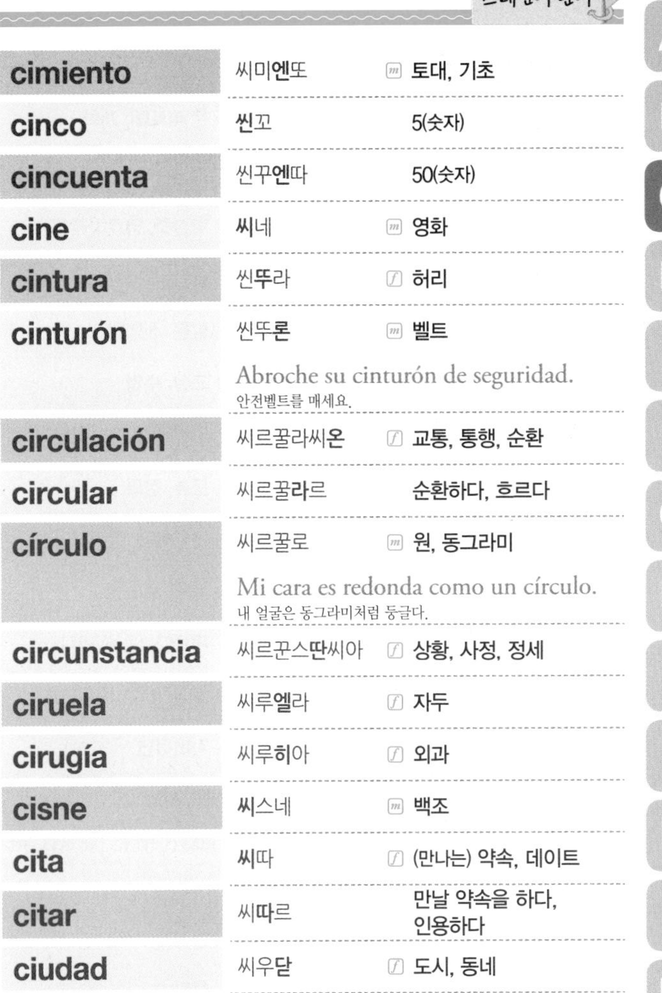

단어	발음	성	뜻
cimiento	씨미엔또	m	토대, 기초
cinco	씬꼬		5(숫자)
cincuenta	씬꾸엔따		50(숫자)
cine	씨네	m	영화
cintura	씬뚜라	f	허리
cinturón	씬뚜론	m	벨트 Abroche su cinturón de seguridad. 안전벨트를 매세요.
circulación	씨르꿀라씨온	f	교통, 통행, 순환
circular	씨르꿀라르		순환하다, 흐르다
círculo	씨르꿀로	m	원, 동그라미 Mi cara es redonda como un círculo. 내 얼굴은 동그라미처럼 둥글다.
circunstancia	씨르꾼스딴씨아	f	상황, 사정, 정세
ciruela	씨루엘라	f	자두
cirugía	씨루히아	f	외과
cisne	씨스네	m	백조
cita	씨따	f	(만나는) 약속, 데이트
citar	씨따르		만날 약속을 하다, 인용하다
ciudad	씨우닫	f	도시, 동네
ciudadano/na	씨우다다노/나	mf	도시의 시민
civil	씨빌		시민의, 국내의

	estado civil 결혼 유무		
civilización	씨빌리싸씨온	f	문명(사회), 개화
civilizar	씨빌리싸르		문명화시키다, 예의를 가르치다
claramente	끌라라멘떼		확실히, 명료하게
claridad	끌라리닫	f	밝음, 투명함, 빛
claro	끌라로		밝은, 선명한
clase	끌라세	f	교실, 수업
clásico/ca	끌라시꼬/까		고전적인, 대표적인
clasificasión	끌라시피까시온	f	분류, 정리
clasificar	끌라시피까르		분류하다, 정리하다
claustro	끌라우스뜨로	m	복도, 수도원
clavar	끌라바르		찌르다, (못을) 박다
clave	끌라베	f	열쇠, 비결, 비밀번호
clavel	끌라벨	m	카네이션
clavo	끌라보	m	못, 고뇌
	Él ha clavado un clavo en la pared con el martillo. 그는 망치로 벽에 못을 박았다.		
clérigo	끌레리고	m	성직자, 사제
clic	끌릭	m	클릭
cliente/ta	끌리엔떼/따	m/f	고객

clima	끌리마	*m*	기후, 분위기
clínica	끌리니까	*f*	의무실
club	끌룹	*m*	동호회, 클럽
cobarde	꼬바르데		겁이 많은, 비겁한
cobrar	꼬브라르		얻다, 획득하다, 징수하다
	¿Sabes cuánto te cobra tu banco por emisión de cheque adicional? 은행이 수표 발행 비용으로 네게 얼마를 징수하는지 아니?		
cobre	꼬브레	*m*	구리
cobro	꼬브로	*m*	징수, 영수
cocer	꼬쎄르		요리하다, 삶다
coche	꼬체	*m*	자동차, 차량
	¿Dónde puedo aparcar mi coche? 차를 어디 주차하죠?		
cochecito	꼬체씨또	*m*	유모차
cocina	꼬씨나	*f*	주방, 요리
cocinero/ra	꼬씨네로/라	*mf*	요리사
	Los cocineros ofrecen sus mejores recetas a través de internet. 요리사들이 인터넷을 통해 그들이 가진 최고의 레시피를 제공한다.		
cocodrilo	꼬꼬드릴로	*m*	악어
cóctel	꼭뗄	*m*	칵테일
código	꼬디고	*m*	법전, 법규
código postal	꼬디고 뽀스딸	*m*	우편번호

codo	꼬도	m	팔꿈치
coetáneo/a	꼬에따네오/아		동시대의, 현대의
coger	꼬헤르		잡다, 입수하다
coincidencia	꼬인씨덴씨아	f	우연, 우연한 만남, 일치
	¡Qué coincidencia! 이런 우연이!		
coincidir	꼬인씨디르		일치하다, 부합하다
cojo/ja	꼬호/하		절뚝거리는
col	꼴	f	양배추
cola	꼴라	f	꼬리, 뒤쪽
colaboración	꼴라보라씨온	f	협력, 공동 작업
colaborar	꼴라보라르		협력하다
colección	꼴렉씨온	f	수집, 채집
coleccionar	꼴레씨오나르		수집하다, 모으다
colectivo/va	꼴렉띠보/바		집단의, 공동의
colega	꼴레가	mf	동료, 친구
colegio	꼴레히오	m	학교, 수업
cólera	꼴레라	f	분노, 격노
colgar	꼴가르		매달다, 걸다
colina	꼴리나	f	언덕
collar	꼬야르	m	목걸이

colocación	꼴로까씨온	*f*	배치, 배열; 취직
colocar	꼴로까르		설치하다, 두다
	Coloca tu bolsa en los ganchos de seguridad. 안전고리에 가방을 걸어두렴.		
colonia	꼴로니아	*f*	식민지, 개척지
colonial	꼴로니알		식민지의
colonización	꼴로니싸씨온	*f*	식민지화
colonizador/ra	꼴로니싸도르/라	*mf*	식민자, 개척자
color	꼴로르	*m*	색깔
	El color de esta camiseta es bonito. 이 티셔츠 색상이 멋지다.		
colosal	꼴로살		거대한, 엄청난
columna	꼴룸나	*f*	원기둥, 기둥
columpio	꼴룸삐오	*m*	그네
comandante	꼬만단떼	*mf*	지휘관, (항공기) 기장
comarca	꼬마르까	*f*	지방, 지역
combate	꼼바떼	*m*	전투, 싸움
combatiente	꼼바띠엔떼	*mf*	병사, 전투원
combatir	꼼바띠르		싸우다, 투쟁하다
combinación	꼼비나씨온	*f*	결합, 배합
combinar	꼼비나르		결합시키다, 조화시키다

combustible	꼼부스띠블레		가연성의, 잘 타는
	¡Peligro! Material combustible 위험! 가연성 물질		
comedia	꼬메디아	f	코미디
comedor	꼬메도르	m	(대학, 호텔의) 식당
comentar	꼬멘따르		논평[해설]을 넣다
comentario	꼬멘따리오	m	논평, 주석
comenzar	꼬멘싸르		시작하다, 개시하다
comer	꼬메르		먹다, 소비하다
	Para comer aquí. 여기서 먹고 갈 거예요! (*to go=para llevar)		
comercial	꼬메르씨알	m	(TV, 라디오의) 광고; 상업의
comerciante	꼬메르씨안떼	mf	상인, 업자
comercio	꼬메르씨오	m	상업, 거래, 장사
comestible	꼬메스띠블레		식용의, 먹을 수 있는
cometido	꼬메띠도	m	사명, 임무, 역할
cómico/ca	꼬미꼬/까		희극의, 희극적인
comida	꼬미다	f	요리
comida marisco	꼬미다 마리스꼬	f	해산물 요리
comida rápida	꼬미다 ㄹ라삐다		패스트푸드
comienzo	꼬미엔쏘	m	시작, 개시
comisaría	꼬미사리아	f	경찰서

comisario	꼬미사리오	*n*	경찰서장, 대표자
comité	꼬미떼	*m*	위원회
commisión	꼬미씨온	*f*	수수료
como	꼬모		~처럼, ~과 같이
cómo	꼬모		어떠한, 어떻게

¿Cómo estás? (너는) 어때(잘 지내)?

comodidad	꼬모디닫	*f*	쾌적함, 편리함
comodín	꼬모딘	*m*	조커(JOKER)
cómodo	꼬모도		쾌적한, 편리한
compadecer	꼼빠데세르		동정하다, 불쌍히 여기다
compañero/ra	꼼빠녜로/라	*mf*	동료
compañía	꼼빠니아	*f*	회사; 동반자, 동료
comparable	꼼빠라블레		필적하는, 비교할 만한
comparación	꼼빠라씨온	*f*	비교, 대비
comparado/da	꼼빠라도/다		비교의, 비교한

un aumento de 7 por ciento comparado con un año antes
작년 대비 7% 증가

comparar	꼼빠라르		비교하다, 견주다
compartir	꼼빠르띠르		분배하다, 나누다
compás	꼼빠스	*m*	컴퍼스, 나침반

C

compasión	꼼빠시온	f	동정, 연민
compatriota	꼼빠뜨리오따	mf	동포, 동향인
competencia	꼼뻬뗀씨아	f	경쟁, 능력
competente	꼼뻬뗀떼		유능한, 자격 있는
competir	꼼뻬띠르		경쟁하다
complacer	꼼쁠라쎄르		기쁘게 하다
complejidad	꼼쁠레히닫	f	복잡성
complementar	꼼쁠레멘따르		보충하다, 보완하다
complementario/ria	꼼쁠레멘따리오/리아		보충의, 보완적인
complemento	꼼쁠레멘또	m	보완물, 보충
completamente	꼼쁠레따멘떼		완전히
completar	꼼쁠레따르		완성시키다
completo/ta	꼼쁠레또/따		완전한, 무결점의
complicado/da	꼼쁠리까도/다		복잡한, 다루기 힘든
complicar	꼼쁠리까르		복잡하게 하다, 어렵게 하다
componente	꼼뽀넨떼	m	성분, 구성요소
componer	꼼뽀네르		작성하다, 구성하다
composición	꼼뽀시씨온	f	구성, 구조
compra	꼼쁘라	f	쇼핑, 매수
comprar	꼼쁘라르		사다, 구입하다

Quiero comprar un cochecito de bebe.
유모차를 사려고 해요.

comprender	꼼쁘렌데르		이해하다, 포함하다
comprensible	꼼쁘렌시블레		알기 쉬운, 이해할 수 있는
comprensión	꼼쁘렌시온	f	이해(력), 관용
compresa	꼼쁘레사	f	거즈, 생리대
comprobar	꼼쁘로바르		확인하다, 조사하다
comprometer	꼼쁘로메떼르		위험하게 하다, 의무를 지우다
compromiso	꼼쁘로미소	m	약속, 약혼
compuesto	꼼뿌에스또		합성의, 복합적인
computador	꼼뿌따도르	m	컴퓨터
común	꼬문		공통의, 일반적인

Tenemos nada en común.
우리는 공통점이 하나도 없어.

comunicación	꼬무니까씨온	f	의사소통, 통신
comunicar	꼬무니까르		알리다, 통지하다
comunidad	꼬무니닫	f	공동체, (스페인의) 자치주
comunismo	꼬무니스모	m	공산주의
comunista	꼬무니스따	mf	공산주의자
con	꼰		~와 함께, ~랑
concebir	꼰쎄비르		생각해내다, 이해하다, 느끼다
conceder	꼰쎄데르		주다, 융통하다

¡Que Dios conceda lo que has pedido!
신께서 네가 원하는 것을 주시기를!

concentración 꼰쎈뜨라씨온 ⓕ 집중, 결집

concentrar 꼰쎈뜨라르 모으다, 집중시키다

concepción 꼰쎕씨온 ⓕ 생각, 착상, 구상

concepto 꼰쎕또 ⓜ 생각, 의견, 평가

concesión 꼰쎄시온 ⓕ 양도, 양보

conciencia 꼰씨엔시아 ⓕ 의식, 자각, 양심

concha 꼰차 ⓕ 조개(껍질)
He pisado una concha. 조개껍질을 밟았어.

concierto 꼰씨에르또 ⓜ 음악회

concluir 꽁끌루이르 끝내다, 마무리하다

conclusión 꽁끌루시온 ⓕ 결론, 결정, 종료

concretamente 꽁끄레따멘떼 구체적으로, 명확히

concretar 꼰끄레따르 구체화하다, 확실히 만들다

concreto/ta 꽁끄레또/따 구체적인, 명확한

concurrencia 꽁꾸ㄹ렌씨아 ⓕ 집중 붐빔, (집단) 출석자, 참가자
García mostró molestia por poca concurrencia a mitin.
가르시아는 집회 참가자가 거의 없자 불쾌감을 드러냈다.

concurrir 꽁꾸ㄹ리르 모이다, 참가하다

concurso 꽁꾸르소 ⓜ 콘테스트, 선발시험

conde	꼰데	m	백작
condenado/da	꼰데나도/다		판결을 받은, 형을 선고받은
condenar	꼰데나르		선고하다, 비난하다
condesa	꼰데사	f	백작부인, 여백작
condición	꼰디씨온	f	조건, 상태
condimento	꼰디멘또		조미료
cóndor	꼰도르	m	(조류) 콘도르
conducción	꼰둑씨온	f	운전, 수송
conducir	꼰두씨르		이끌다, 안내하다
conducta	꼰둑따	f	행동, 통치
conducto	꼰둑또	m	파이프, 도관
conductor	꼰둑또르		운전 기사, 조종사

Un conductor borracho provocó un grave accidente.
한 음주 운전자가 심각한 사고를 냈다.

conectar	꼬넥따르		연결하다, 연락하다
conejo/ja	꼬네호/하	mf	토끼, 암토끼
confección	꼰펙씨온	f	제조, 조제

Traje de confección 기성복

confeccionar	꼰펙씨오나르		만들다, 작성하다
confederación	꼰페데라씨온	f	연맹, 연합

conferencia	꼰페렌시아	*f*	회의, 회담
conferir	꼰페리르		주다, 수여하다
confesar	꼰페사르		고백하다, 밝히다
confesión	꼰페시온	*f*	고백, 자백
confianza	꼰피안싸	*f*	신뢰, 신용
confiar	꼰피아르		맡기다, 위탁하다
confidencia	꼰피덴씨아	*f*	비밀 이야기, 비밀을 털어놓음
confirmar	꼰피르마르		확인하다, 올바름을 증명하다
conflicto	꼰플릭또	*m*	분쟁, 다툼
conformar	꼰포르마르		적응시키다, 일치시키다
conforme	꼰포르메		일치된, 만족한 Se te pagará conforme a lo que trabajes. 네가 일한 것에 걸맞는 임금을 지불할 거야.
conformidad	꼰포르미닫	*f*	동의, 승인
confundido/da	꼰푼디도/다		헷갈리는, 혼동되는
confundir(se)	꼰푼디르		혼동하다 Me confundí de calle y me perdí. (길이) 헷갈려서 길을 잃었다.
confusión	꼰푸시온	*f*	혼란, 복잡, 오해
confuso/sa	꼰푸소/사		혼란스러운, 불명료한
congelado	꽁헬라도	*m*	냉동식품
congregación	꽁그레가씨온	*f*	모임, 집단, 결집

단어	발음	성	뜻
congregar	꽁그레가르		모으다, 집합시키다
congreso	꽁그레소	m	국회, 의회
conjugación	꽁후가씨온	f	(동사의) 활용; 결합, 연대
conjunción	꽁훈씨온	f	결합, 연결
conjunto	꽁훈또	m	집합, 전체, 전원
conjurar	꽁후라르		음모를 꾸미다
conmemoración	꽁메모라씨온	f	축하, 기념식
conmemorar	꽁메모라르		축하하다, 기념하다
conmover	꽁모베르		감동시키는, 감동적인
cono	꼬노	m	원추형
conocer	꼬노쎄르		면식이 있다, 알다
conocido/da	꼬노씨도/다	mf	유명한, 알려진 지인
conocimiento	꼬노씨미엔또	m	지식, 이해, 판단력
conque	꽁께		그래서, 그러니까
conquista	꽁끼스따	f	정복, 피정복지
conquistador	꽁끼스따도르	m	정복자
conquistar	꽁끼스따르		정복하다, 획득하다
consagración	꼰사그라씨온	f	(교회에서) 봉헌
consciente	꼰스씨엔떼		의식이 있는, 자각하는
consecuencia	꼰세꾸엔씨아	f	결과; 중요성

conseguir	꼰세기르	획득하다, 얻다
consejero	꼰세헤로	조언자, 상담역
consejo	꼰세호	ⓜ 충고, 회의

No ignoré el consejo del doctor que tenga descanso.
안정을 취하라는 의사의 말을 무시하지 말아요.

consentir	꼰센띠르	허락하다, 인정하다
conservación	꼰세르바씨온	ⓕ 보존, 저장
conservador/ra	꼰세르바도르/라	보수적인, 전통을 존중하는
conservar	꼰세르바르	유지하다, 보유하다
considerable	꼰시데라블레	상당한, 중요한
consideración	꼰시데라씨온	ⓕ 고려, 숙고, 배려
considerado/da	꼰시데라도/다	배려해 주는, 존경받는
considerar	꼰시데라르	숙고하다, 잘 생각하다
consigna	꼰시그나	ⓕ 지령, 슬로건, 수하물 보관소
consignar	꼰시그나르	할당하다, 기재하다

Consignan a dos acusados de posesión de droga.
마약 소지 혐의로 두 명의 용의자를 지목한다.

consiguiente	꼰시기엔떼	~의 결과로 일어난
consistir	꼰시스띠르	~로 이루어지다, ~의 것이다
consolador/ra	꼰솔라도르/라	위로가 되는, 위로해 주는

consolar	꼰솔라르		위로하다
consorte	꼰소르떼	mf	배우자, 공범자
conspirar	꼰스삐라르		음모를 꾸미다, 힘을 합치다
constante	꼰스딴떼		일관된, 불변의
constantemente	꼰스딴떼멘떼		끊임없이, 항상
constar	꼰스따르		분명하다, 명백하다 *constancia f 증거, 증빙, 확실함
constitución	꼰스띠뚜씨온	f	헌법, 정체(政體), 구성
constitucional	꼰스띠뚜씨오날		헌법의, 입헌주의의
constituir	꼰스띠뚜이르		구성하다, 형성하다
construcción	꼰스뜨룩씨온	f	건축, 제조
construir	꼰스뜨루이르		건설하다, 건축하다
consuelo	꼰수엘로	m	위로, 즐거움
consulta	꼰술따	f	상담, 자문
consultar	꼰술따르		상담하다, 진찰을 받다
consumidor/ra	꼰수미도르/라	n	소비자
consumir	꼰수미르		소비하다, 쓰다, 괴롭히다 La consume la envidia. 질투심이 그녀를 괴롭히고 있다.
consumo	꼰수모	m	소비(량), 소모
contacto	꼰딱또	m	접촉, 교제

contado/da	꼰따도/다		극히 드문, 최소한의
contador/ra	꼰따도르/라		계산하는
		mf	회계담당자
contagio	꼰따히오	m	전염, 감염
contagioso/sa	꼰따히오소/사		전염성의, 전염되는
	Existen una infinidad de enfermedades contagiosas. 전염병은 무수히 존재한다.		
contar	꼰따르		계산하다, 지불하다, 이야기하다
contemplar	꼰뗌쁠라르		응시하다, 심사숙고하다
contemporáneo/a	꼰뗌뽀라네오/아		동시대의, 현대의
contener	꼰떼네르		포함하다, 억제하다
contenido	꼰떼니도	m	내용, 의미
contentar	꼰뗀따르		만족시키다, 기쁘게 하다
contento/ta	꼰뗀또/따		만족한, 기쁜
	María está contenta. 마리아는 만족해.		
contestación	꼰떼스따씨온	f	대답, 응답
continente	꼰띠넨떼	m	대륙
continuar	꼰띠누아르		계속하다, 지속하다
continuidad	꼰띠누이닫	f	연속(성), 계속성
continuo/nua	꼰띠누오/누아		연속된, 끊김이 없는
contorno	꼰또르노	m	윤곽, 주위
contra	꼰뜨라		~에 대하여, ~을 향하여

contrabando	꼰뜨라반도	m	밀수, 밀매매
contradicción	꼰뜨라딕씨온	f	모순, 반론
contradictorio/ria	꼰뜨라딕또리오/리아		모순된, 반대의
contraer	꼰뜨라에르		수축시키다, 제한하다, 결혼하다
	Juan contrajo matrimonio con Elisabet. 후안은 엘리사벳과 결혼했다.		
contrariedad	꼰뜨라리에닫	f	방해, 불쾌함
contrario/ria	꼰뜨라리오/리아		반대의, 역의
contrastar	꼰뜨라스따르		대조적이다, 정반대이다
contraste	꼰뜨라스떼	m	대조, 차이
	*en contraste con ~와 대조적으로, 현저히 다르게		
contrato	꼰뜨라또	m	계약(서)
contribución	꼰뜨리부씨온	f	공헌, 기부
contribuir	꼰뜨리부이르		공헌하다, 기여하다
control	꼰뜨롤	m	통제, 관리, 조절
controlar	꼰뜨롤라르		관리하다, 지배하다
convencer	꼰벤쎄르		설득하다, 납득시키다
convencimiento	꼰벤씨미엔또	m	확신, 납득, 신념
conveniencia	꼰베니엔씨아	f	편리, 유리한 조건
conveniente	꼰베니엔떼		유리한, 편리한
convenio	꼰베니오	m	협정, 합의

convenir	꼰베니르		바람직하다, 적합하다
	¿A quién conviene la falta de regulación? 규제가 없는 것은 누구에게 좋은가?		
convento	꼰벤또	m	수도원
conversación	꼰베르사씨온	f	대화, 수다
conversar	꼰베르사르		대화하다
convertir	꼰베르띠르		바꾸다, 변화시키다
convicción	꼰빅씨온	f	확신, 설득
convidar	꼰비다르		초대하다, ~하도록 권장하다
convivir	꼰비비르		함께 살다, 사이 좋게 살다
convocar	꼰보까르		소집하다, 개최를 통보하다
cónyuge	꽁유헤	mf	(문어) 배우자
conyugal	꽁유갈		부부의
cooperación	꼬오뻬라씨온	f	협력, 지원
cooperativa	꼬오뻬라띠바	f	협동조합
copa	꼬빠	f	우승컵, 글라스
copia	꼬삐아	f	복사, 복제
	¿Cuántas copias necesitas hacer? 몇 장을 복사해야 하니?		
copiar	꼬삐아르		복사하다, 베끼다
copioso	꼬삐오소		풍부한, 대량의
copla	꼬쁠라	f	가요, 민요

coraje	꼬라헤	m	분노, 격노
coral	꼬랄	m	산호
corazón	꼬라쏜	m	심장, 하트(포커)
	Es una persona de buen corazón. 그는 좋은 성품을 지닌 사람이야.		
corbata	꼬르바따	f	넥타이
cordero	꼬르데로	m	양고기
cordial	꼬르디알		진심어린, 친절한
cordialidad	꼬르디알리닫	f	따뜻한 마음, 진심
cordillera	꼬르디예라	f	산맥
cordón	꼬르돈	m	끈, 리본
cordura	꼬르두라	f	분별, 신중함
Corea del sur	꼬레아 델 수르		한국
	Corea del norte 북한		
coreano/na	꼬레아노/나		한국의
	Soy coreana. 나(여)는 한국인이야.		
coro	꼬로	m	합창단, 합창곡
corona	꼬로나	f	왕관, 왕위
coronel	꼬로넬	mf	육군[공군] 대령
corporación	꼬르뽀라씨온	f	동업 조합
corporal	꼬르뽀랄		육체의, 신체의

A B C D E F G H I J K L M

C

corral	꼬ㄹ랄	m	(가축의) 사육장, 우리
corrección	꼬ㄹ렉씨온	f	정정, 수정, 첨삭
correctamente	꼬ㄹ렉따멘떼		정확히, 올바로
correcto/ta	꼬ㄹ렉또/따		정확한, 단정한, 예의 바른
corredor	꼬ㄹ레도르	m	복도, 통로
corregir	꼬ㄹ레히르		고치다, 수정하다
correo	꼬ㄹ레오	m	우편, 우편물
	Ahora te lo envío por correo electrónico. 내가 지금 이메일로 보낼게.		
correo expreso	꼬ㄹ레오 엑스프레소	m	속달
correr	꼬ㄹ레르		달리다, 서두르다
correspondencia	꼬ㄹ레스뽄덴씨아	f	편지 연락, 거래 관계
correspondiente	꼬ㄹ레스뽄디엔떼		대응하다, 해당하다
corresponsal	꼬ㄹ레스뽄살	mf	통신원, 특파원
corrida (de toros)	꼬ㄹ리다	f	투우
corriente	꼬ㄹ리엔떼	m	개울, 흐름; 보통의, 흔한
cortado/da	꼬르따도/다		잘려진, 맥이 끊어진
	La carretera ha quedado cortada a causa de un desprendimiento. 그 도로는 낙석으로 길이 끊겼다.		
cortar	꼬르따르		자르다, 나누다
corte	꼬르떼	m	베인 상처

cortés	꼬르떼스		예의 바른, 정중한
cortesía	꼬르떼시아	f	예의, 정중함, 호의
corteza	꼬르떼싸	f	나무껍질
cortina	꼬르띠나	f	커튼
corto/ta	꼬르또/따		짧은
cosa	꼬사	f	물체, 문제, 사항, 사건
cosecha	꼬세차	f	수확, 거두어들임
coser	꼬세르		꿰매다, 봉합하다
cosmético	꼬스메띠꼬	m	화장품

Me parece que este cosmético tiene mucha grasa.
이 화장품은 유분이 많은 것 같네요.

cósmico/ca	꼬스미꼬/까		우주의, 세계적인
cosmos	꼬스모스	m	우주, 코스모스
costa	꼬스따	f	해안, 연안 지방
costar	꼬스따르		~의 가치가 있다, ~을 요하다

A : ¿Cuánto cuesta el nuevo móvil?
새 핸드폰 가격이 얼마야?

B : Te cuesta 10 pesos. (가격이) 10뻬소야.

costilla	꼬스띠야	f	갈비뼈
costo	꼬스또	m	비용, 경비, 노력
costoso/sa	꼬스또소/사		비용이 드는, 값비싼

A
B
C
D
E
F
G
H
I
J
K
L
M

costumbre	꼬스뚬브레	ⓕ	습관, 관습, 전통
cotidiano/na	꼬띠디아노/나		매일의
creación	끄레아씨온	ⓕ	창조, 창설
creador	끄레아도르		창조하는, 창조적인
crear	끄레아르		창조하다, 만들다
crecer	끄레쎄르		자라다, 성장하다
	Crecí en un pueblo indígena. 나는 원주민 마을에서 자랐다.		
creciente	끄레씨엔떼		성장하는, 커가는
crecimiento	끄레씨미엔또	ⓜ	성장, 증가
crédito	끄레디또	ⓜ	신용, 신뢰, 대출
	He perdido la tarjeta de crédito. 신용카드를 분실했어요.		
creer	끄레에르		~라고 믿다, ~라고 생각하다
creíble	끄레이블레		믿을 수 있는
crema	끄레마	ⓕ	크림, 유지
cremallera	끄레마예라	ⓕ	지퍼
criada	끄리아다	ⓕ	파출부, 메이드
criado	끄리아도	ⓜ	사환, 일꾼
criar	끄리아르		기르다, 사육하다
criatura	끄리아뚜라	ⓕ	창조물, 피조물, 인간
crimen	끄리멘	ⓜ	범죄

crisantemo	끄리산떼모	m	국화(菊花)
crisis	끄리시스	f	위기, 난국
cristal	끄리스딸	m	수정, 결정(結晶), 유리
cristianismo	끄리스띠아니스모	m	기독교
cristiano/na	끄리스띠아노/나	m/f	기독교 신자 Mi madre es una cristiana devota. 우리 어머니께서는 독실한 기독교 신자이시다.
criterio	끄리떼리오	m	기준, 관점, 판단력
crítica	끄리띠까	f	비평, 비난
criticar	끄리띠까르		비판하다 Le critican su ropa. (그들은) 그의 복장을 비난했다.
crónica	끄로니까	f	기사(記事), ~란
cruce	끄루쎄	m	교차로, 사거리
crucero	끄루쎄로	m	선박여행 유람선
crudo/da	끄루도/다		날것의, 요리하지 않은
cruel	끄루엘		잔혹한, 괴로운
crueldad	끄루엘닫	f	잔혹성, 비참성
cruz	끄루쓰	f	십자가, 십자 모양
cruzar	끄루싸르		횡단하다, 건너다
cuaderno	꾸아데르노	m	노트, 장부
cuadrado	꾸아드라도	m	정사각형

El cuadrado tiene los lados iguales.
정사각형의 네 변의 길이는 같다.

cuadro	꾸아드로	m	그림(= pintura)
cuál	꾸알		어느 것, 무엇, 누구
cualidad	꾸알리닫	f	특성, 특징
cualquiera	꾸알끼에라		어떤 ~이라도, 흔해 빠진
cuando	꾸안도		~할 때

Ven a buscarme cuando sean las diez.
10시가 되면, 나를 찾으러 와.

cuándo	꾸안도		언제 (의문사)

¿Cuándo te lo ha dicho?
언제 (그가) 네게 그것을 말했니?

cuánto	꾸안또		몇 개의, 몇 명의

¿Cuánto mide Ud.? 키가 얼마나 되세요?

cuarenta	꾸아렌따		사십, 40
cuartel	꾸아르뗄	m	병영, 막사; 용서
cuarto/ta	꾸아르또/따		4분의 1; 네 번째의
cuarto	꾸아르또	m	방
cuatro	꾸아뜨로		4

Son cuatro personas. 네 명입니다.

cubierta	꾸비에르따	f	갑판, 덮개, 표지
cubierto	꾸비에르또	m	식탁에 놓여진 포크 등
cubo	꾸보	m	양동이, 정육면체

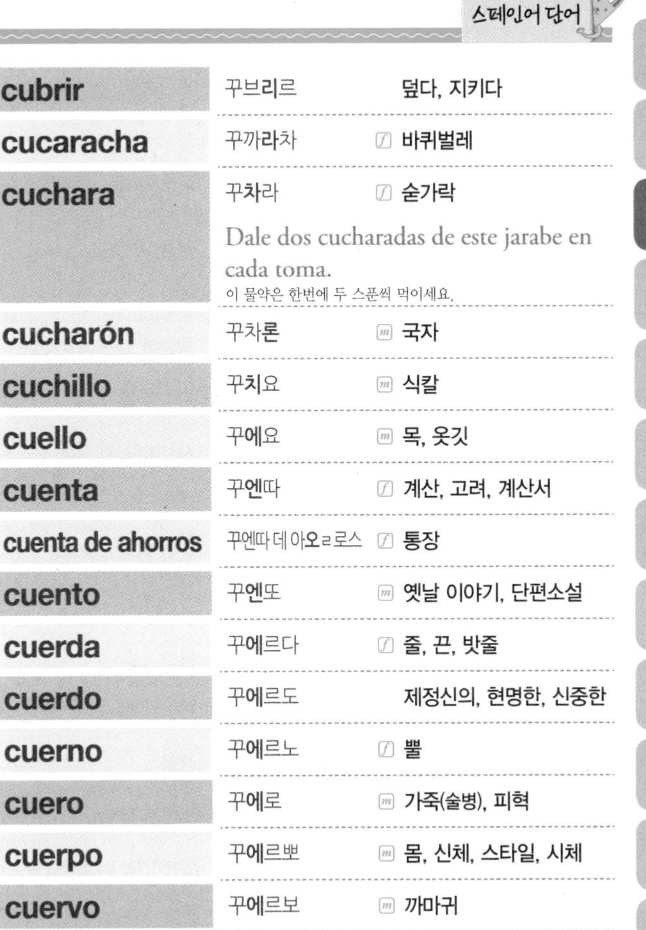

cubrir	꾸브리르		덮다, 지키다
cucaracha	꾸까라차	*f*	바퀴벌레
cuchara	꾸차라	*f*	숟가락 Dale dos cucharadas de este jarabe en cada toma. 이 물약은 한번에 두 스푼씩 먹이세요.
cucharón	꾸차론	*m*	국자
cuchillo	꾸치요	*m*	식칼
cuello	꾸에요	*m*	목, 옷깃
cuenta	꾸엔따	*f*	계산, 고려, 계산서
cuenta de ahorros	꾸엔따 데 아오ㄹ로스	*f*	통장
cuento	꾸엔또	*m*	옛날 이야기, 단편소설
cuerda	꾸에르다	*f*	줄, 끈, 밧줄
cuerdo	꾸에르도		제정신의, 현명한, 신중한
cuerno	꾸에르노	*f*	뿔
cuero	꾸에로	*m*	가죽(술병), 피혁
cuerpo	꾸에르뽀	*m*	몸, 신체, 스타일, 시체
cuervo	꾸에르보	*m*	까마귀
cuesta	꾸에스따	*f*	언덕, 비탈
cuestión	꾸에스띠온	*f*	문제, 질문
cueva	꾸에바	*f*	동굴, 지하실

cuidar	꾸이다르	*mpl*	조심하다, 주의하다
	¡Cuídate! (너) 몸조심해!		
culpa	꿀빠	*f*	책임, 과실
culpar	꿀빠르		죄를 씌우다
	¡No se culpe a nadie! 누구도 탓하지 말아라!		
culpable	꿀빠블레		책임이 있는, 죄가 있는
cultivador	꿀띠바도르	*n*	경작자, 개척자
cultivar	꿀띠바르		경작하다, 개척하다
cultivo	꿀띠보	*m*	재배, 경작, 양성
culto/ta	꿀또/따		교양 있는, 세련된
	Persona culta 교양 있는 사람		
cultura	꿀뚜라	*f*	문화, 교양
cumbre	꿈브레	*f*	정상, 절정
cumpleaños	꿈쁠레아뇨스	*mpl*	생일
cumplimiento	꿈쁠리미엔또	*m*	실행, 수행
cumplir	꿈쁠리르		실행하다, 이행하다
cuna	꾸나	*f*	요람, 발상지
	El bebe está durmiendo en su cuna. 아기가 요람에서 자고 있다.		
cuñada	꾸냐다	*f*	시누이, 올케
cuñado	꾸냐도	*m*	시동생, 처남

cuota	꾸오따	*f*	회비, 요금
cura	꾸라	*f*	치료, 손질
	Mi cura es tu abrazo. 너의 포옹은 나를 치유해.		
curación	꾸라씨온	*f*	치료, 회복
curar	꾸라르		치료하다, 완화시키다
	Tendría que curarse bien la herida···. 상처가 깨끗이 아물어야 할 텐데···.		
curiosidad	꾸리오시닫	*f*	호기심, 흥미
curioso/sa	꾸리오소/사		호기심이 강한, 기묘한
currículum	꾸ㄹ리꿀룸	*m*	이력서
cursillo	꾸르시요	*m*	단기강의, 연수
curso	꾸르소		강의, 강좌
cursor	꾸르소르	*m*	커서
curva	꾸르바	*f*	곡선, 통계 그래프
cuyo/ya	꾸요/야		~하는 그

D

dama	다마	f	여성, 숙녀
danza	단싸	f	춤, 무용, 댄스 음악
daño	다뇨	m	손해, 피해
	No es fácil perdonar a quien te hace daño. 네게 상처준 자를 용서하는 것은 쉽지 않아.		
dar	다르		주다, 건네다
	¿Podria darme una receta para tamales? 내게 따말 요리법을 줄 수 있어요?		
dato	다또	m	자료, 정보
de	데		~의, ~에 속한
debajo	데바호		아래, 밑에서
debate	데바떼	m	토론, 싸움
deber	데베르		~해야 하다
	¿Por qué se debe hacer ejercicio? 왜 운동을 해야 하나요?		
deberes	데베레스	mpl	숙제
débil	데빌		약한, 허약한
debilidad	데빌리닫	f	쇠약, 허약
década	데까다	f	10년
decadencia	데까덴씨아	f	쇠퇴, 몰락

decadente	데까덴떼		쇠퇴한, 퇴폐적인
decencia	데쎈씨아	f	품위, 예의 바름
decente	데쎈떼		정직한, 바른, 고상한
decepcionado/da	데쎕씨오나도/다		실망스러운
decidido	데씨디도		결정된
decidir	데씨디르		결정하다, 결단하다
	¿Ha decidido qué va a comer? 뭘 드실지 결정하셨어요?		
décima	데씨마	f	10분의 1
décimo/ma	데씨모/마		열 번째의
decir	데씨르		말하다, 진술하다, 얘기하다
decisión	데씨시온	f	결정, 결단력
decisivo/va	데씨시보/바		결정적인, 확실한
declaración	데끌라라씨온	f	발표, 선언, 성명
declarar	데끌라라르		선언하다, 표명하다
declinar	데끌리나르		감소하다, 쇠퇴하다
decoración	데꼬라씨온	f	장식(품)
decorado/da	데꼬라도/다		장식된
decorar	데꼬라르		장식하다
decorativo/va	데꼬라띠보/바		장식의, 장식적인
decoro	데꼬로	m	품격, 체면

decretar	데끄레따르		지령하다, 명하다
decreto	데끄레또	m	법령, 명령
dedicar	데디까르		바치다, 드리다
	¿A qué dedica el tiempo libre? 여가 시간에 뭐해요?		
dedo	데도	m	손가락
dedo anular	데도 아눌라르	m	약지, 넷째손가락
dedo corazón	데도 꼬라손	m	중지(中指), 가운뎃손가락
dedo índice	데도 인디쎄	m	집게손가락
dedo meñique	데도 메니께	m	새끼손가락
dedos del pie	데도스 델 삐에	mpl	발가락
deducir	데두씨르		추정하다, 추론하다
defecto	데펙또	m	결함, 상처
defender	데펜데르		지키다, 방어하다
	Hay que defender la paz. 평화를 수호해야 합니다.		
defensa	데펜사	f	방어, 수비
defensor/ra	데펜소르/라	mf	수호자, 보호자
deficiencia	데피씨엔씨아	f	결함, 약점
deficiente	데피씨엔떼		결함이 있는, 미비한
definición	데피니씨온	f	정의, 설명
definido/da	데피니도/다		명확한, 정의된

definir	데피니르	규정하다, 정의하다
definitivo/va	데피니띠보/바	최종적인, 결정적인
deformar	데포르마르	변형시키다, 왜곡시키다
dejar	데하르	남겨두다, 방치하다, 빌려주다
	Déjame volver contigo. 너와 함께 돌아가게 해줘.	
del	델	전치사 de와 정관사 el과의 축약형
delante	델란떼	앞에, 정면에
	Delante de la puerta 문 앞에	
delegación	델레가씨온	(f) 대표단
delegado	델레가도	대표, 사절
delegar	델레가르	위임하다, 양도하다
	Delegó en su hijo la decisión sobre el futuro de la empresa. 아들에게 회사의 미래에 대한 결정을 위임했다.	
deleite	델레이떼	(m) 즐거움, 쾌락
delgado/da	델가도/다	여윈, 마른
deliberación	델리베라씨온	(f) 심의, 토의
deliberar	델리베라르	심의하다
delicadeza	델리까데싸	섬세함, 세련됨
delicado/da	델리까도/다	미묘한, 허약한
delicia	델리씨아	(f) 최고의 기쁨, 쾌락

delicioso/sa	델리씨오소/사		맛있는, 즐거운, 유쾌한
	Se ve delicioso. 맛있어 보여.		
delirio	델리리오	m	망상, 정신착란
delito	델리또	m	범죄, 범행
demanda	데만다	f	청구, 요구, 호소
demás	데마스		그 외의, 나머지의
demasiado/da	데마시아도/다		너무 많은, 과도한
democracia	데모끄라씨아	f	민주주의, 민주국가
democrático/ca	데모끄라띠꼬/까		민주주의의, 민주적인
demonio	데모니오	m	악마, 악당, 약삭빠른 자
demostración	데모스뜨라씨온	f	표시, 과시
demostrar	데모스뜨라르		증명하다, 내보이다
denominación	데노미나씨온	f	명칭, 이름
denominar	데노미나르		명명하다, 이름 짓다
denso/sa	덴소/사		짙은, 농밀한
dentista	덴띠스따	mf	치과의사
dentro	덴뜨로		안으로, 내부에
	Todo está dentro de la nevera. 냉장고 안에 다 있어.		
denunciar	데눈씨아르		통보하다, 고발하다
departamento	데빠르따멘또	m	~부(部), 과(課)

dependencia	데뻰덴씨아	ⓕ	의존, 종속
depender	데뻰데르		~에 달리다, 의존하다
deporte	데뽀르떼	ⓜ	스포츠
deportista	데뽀르띠스따	ⓜⓕ	운동선수
deportivo/va	데뽀르띠보/바		스포츠의, 운동을 좋아하는
depositar	데뽀시따르		맡기다, 예금하다
depósito	데뽀시또	ⓜ	보증금
depresión	데쁘레시온	ⓜ	우울, 절망
derecha	데레차	ⓕ	오른쪽
	a la derecha 오른쪽으로		
derecho	데레초		곧은, ⓜ 권리
derivación	데리바씨온	ⓕ	유래, 기원
dermatología	데르마똘로히아	ⓕ	피부과
derramar	데ㄹ라마르		흘리다, 뿌리다, 엎지르다
derretir	데ㄹ레띠르		녹이다, 용해시키다
	La sal derrite el hielo. 소금은 얼음을 녹인다.		
derribar	데ㄹ리바르		부수다, 무너뜨리다
derrota	데ㄹ로따	ⓕ	패배, 실패
derrotar	데ㄹ로따르		무찌르다, 격파하다
desafío	데사피오	ⓜ	도전, 결투

A B C D E F G H I J K L M

D

desagüe	데사구에 *g⊠e는 gue[게]와 달리 [구에]로 읽는다.	f	배수구
desaparecer	데사빠레**쎄**르		사라지다, 소멸하다
desaparición	데사빠리씨온	f	실종, 행방불명
desarmar	데사르**마**르		분해하다, 해체하다
desarrollar	데사ㄹ로**야**르		발달시키다, 성장시키다
desarrollo	데사ㄹ**로**요	m	발전, 발육, 진전
desastre	데**사**스뜨레	m	대참사, 재난
desayunar	데사유**나**르		아침을 먹다
desayuno	데사**유**노 El desayuno incluido 아침식사 포함	m	조반, 아침 식사
descalzo/za	데스**깔**쏘/싸		맨발의
descansar	데스깐**사**르		쉬다, 휴식하다, 자다
descanso	데스**깐**소	m	휴식, 쉼, 휴게시간
descender	데스쎈**데**르		내리다, 하락하다
descendiente	데스쎈디**엔**떼		자손, 후예
descomponer	데스꼼뽀**네**르		어지르다, 망가뜨리다
descomposición	데스꼼뽀시씨온	f	분해, 붕괴
desconocer	데스꼬노**쎄**르		모르다, 분간하지 못하다
desconocido/da	데스꼬노**씨**도/다		미지의, 모르는
describir	데스끄리**비**르		서술하다, 묘사하다

	No encuentro palabras para describir mi alegría. 나의 기쁨을 설명할 말을 찾지 못하겠어.		
descripción	데스끄립씨온	f	묘사, 서술
descubierto/ta	데스꾸비에르또/따		노출된, 덮여 있지 않은
descubrimiento	데스꾸브리미엔또	m	발견(물), 탐험
descubrir	데스꾸브리르		발견하다, 노출시키다
descuento	데스꾸엔또	m	할인, 공제
descuidar	데스꾸이다르		소홀히 하다, 게을리하다
descuido	데스꾸이도	m	부주의, 경솔, 방심
desde	데스데		~부터, ~이후
	Desde este viernes hasta este domingo. 이번주 금요일부터 일요일까지요.		
desdén	데스덴	m	냉담, 경멸
desdeñar	데스데냐르		경멸하다, 무시하다
desdichado/da	데스디차도/다		불행한, 불운한
desear	데세아르		바라다, 탐내다
	Solo deseaba comer un churrasco con jugo de naranja. 바란 것은 오직 오렌지 주스와 슈하스코를 먹는 것뿐이었어요.		
desechar	데세차르		버리다, 폐기하다
desembarcar	데셈바르까르		(짐을) 내리다, 상륙시키다
desengañar	데센가냐르		깨닫게 하다, 실망시키다
desengaño	데센가뇨	m	실망, 환멸

A B C D E F G H I J K L M

D

desenlace	데센라쎄	m	결말, 대단원
desenvolver	데센볼베르		포장을 풀다, 열다
deseo	데세오	m	바람, 소망, 욕망
deseoso/sa	데세오소/사		열망하는, 바라는
desesperación	데세스뻬라씨온	f	실망, 절망, 자포자기
desesperado/da	데세스뻬라도/다		절망한, 포기한
desesperar	데세스뻬라르		체념하다, 단념하다, 절망하다
desfilar	데스필라르		열을 지어 행진하다, 차례차례 지나가다
desfile	데스필레	m	행진, 퍼레이드

Estudiantes realizan desfile.
학생들이 퍼레이드를 했다.

desgracia	데스그라씨아	f	불행, 역경, 재난
desgraciadamente	데스그라씨아다멘떼		불운하게도, 안타깝게도
desgraciado/da	데스그라시아도/다		불운한, 부적절한
deshacer	데스아쎄르		풀다, 부수다
deshonrar	데스온라르		명예를 훼손하다, 능욕하다
desierto	데시에르또	m	사막, 불모지
designar	데시그나르		임명하다, 지정하다
desigual	데시구알		고르지 않은, 불평등한
desigualdad	데시구알닫	f	불균형, 불평등
desilusión	데실루시온	f	실망, 환멸

desinfección	데스인펙씨온	f	소독, 살균
desinterés	데스인떼레스	m	욕심 없음
deslizar	데슬리싸르		미끄러지게 하다, 무심코 말하다
desmayar	데스마야르		기절시키다
	Eso me alienta a no desmayar. 그것이 내가 기력을 잃지 않도록 힘을 줍니다.		
desmayo	데스마요	m	기절, 실신
desnivel	데스니벨	m	격차, 낙차
desnudar	데스누다르		옷을 벗기다, 알몸으로 만들다
desnudo/da	데스누도/다		나체의, 옷을 안 입은
desorden	데소르덴	m	무질서, 혼잡
desordenado/da	데소르데나도/다		무질서의, 흐트러진
despachar	데스빠차르		해결하다, 처리하다
despacho	데스빠초	m	사무실
despacio	데스빠씨오		천천히, 조용히
despedir	데스뻬디르		전송하다, 작별 인사를 하다
despegar	데스뻬가르		이륙하다, 발전하다
despejado/da	데스뻬하도/다		맑은, 방해가 없는
despertador	데스뻬르따도르	m	알람시계
despertar	데스뻬르따르		깨우다, 일으키다
	¡Despiértate! 일어나!		

despierto	데스삐에르또		자각한, 영리한
despojar	데스뽀하르		박탈하다, 빼앗다
despreciar	데스쁘레시아르		경멸하다, 업신여기다
desprecio	데스쁘레씨오	m	경멸, 모욕
desprender	데스쁘렌데르		분리하다, 벗기다
desproporción	데스쁘로뽀르씨온	f	불균형
después	데스뿌에스		그 후, 그 다음
	Te veré después! 다음에 볼게!		
destacado/da	데스따까도/다		걸출한, 저명한
destacar	데스따까르		강조하다, 돋보이게 하다
destinar	데스띠나르		할당하다, 배속하다
destino	데스띠노	m	목적지
	¿Dónde es su destino? 목적지가 어디세요?		
destornillador	데스또르니야도르	m	드라이버
destrucción	데스뜨룩씨온	f	파괴, 멸망
destruir	데스뜨루이르		파괴하다, 부수다
desventaja	데스벤따하	f	불리한 점, 핸디캡
desviación	데스비아씨온	f	벗어남, 일탈
desvío	데스비오	m	우회로, 곁길
detalle	데따예	m	상세, 세부 목록

detallista	데따이스따	mf	완벽주의자
detective	데떽띠베	mf	형사
detención	데뗀씨온	f	체포
detergente	데떼르헨떼	m	세제
detener	데떼네르		억제하다, 구속하다
detenido/da	데떼니도/다		차단된, 체포된
determinación	데떼르미나씨온	f	결정, 확정
determinado/da	데떼르미나도/다		결정된, 일정한
determinante	데떼르미난떼		결정하는, 좌우하는
determinar	데떼르미나르		결정하다, 특정하다
detestar	데떼스따르		미워하다, 혐오하다

No la detesto, solo quiero saber la verdad.
나는 그녀를 미워하지 않아요, 단지 진실이 알고 싶을 뿐이에요.

detrás	데뜨라스		뒤에, 후방에
deuda	데우다	f	빚, 부채, 은혜
devoción	데보씨온	f	신앙, 숭배
devolver	데볼베르		돌려주다, 변제하다
devorar	데보라르		걸신들린 듯 먹어치우다
devoto/ta	데보또/따		신앙심 깊은, 경건한
día	디아	m	날, 하루, 낮

Quiero un menú del día.
오늘의 추천 메뉴를 주세요.

diablo	디아블로	m	악마, 장난꾸러기
diabetes	디아베떼스	f	당뇨병
dialecto	디알렉또	m	사투리
día libre	디아 리브레	m	휴가, 휴일
diálogo	디알로고	m	대화, 회담
diamante	디아만떼	m	다이아몬드
diario/ria	디아리오/리아		매일의, 일상의
diarrea	디아ㄹ레아	f	설사
diccionario	딕씨오나리오	m	사전
dicha	디차	f	행운, 기쁨
dichoso/sa	디초소/사		행복한, 적절한
diciembre	디씨엠브레		12월
dictadura	딕따두라 'La historia oficial' de la dictadura argentina 아르헨티나 독재의 '공식 역사'	f	독재(정치)
dictar	딕따르		받아쓰게 하다, 지시하다
diecinueve	디에씨누에베		19
dieciocho	디에씨오초		18
dieciséis	디에씨세이스		16
diecisiete	디에씨시에떼		17

diente	디엔떼	m	치아, 이
	¿Dónde está el cepillo de dientes? 칫솔이 어디 있지?		
diestro	디에스뜨로		숙련된, 오른손잡이의
diez	디에쓰		10
diez mil	디에쓰 밀		만(萬)
diez millones	디에쓰 미요네스		천만(千萬)
diferencia	디페렌씨아	f	차이, 구별
diferente	디페렌떼		다른, 별도의
diferir	디페리르		연기하다, 미루다
difícil	디피씰		어려운, 곤란한
dificultad	디피꿀따드	f	어려움, 난제, 장애
difundir	디푼디르		확산시키다, 보급시키다
difunto	디푼또	m	고인, 사망자
difusión	디푸시온	f	보급, 유행
dignidad	딕니닫	f	위엄, 품위
digno/na	딕노/나		어울리는, 상응하는
diligencia	딜리헨씨아	f	부지런함
diligente	딜리헨떼		부지런한
	Mi hermana es muy diligente. 우리 언니는 무척 부지런해.		
dimensión	디멘시온	f	크기, 규모

A B C D E F G H I J K L M

D

dinámico/ca 디나미꼬/까 활동적인, 동적인

dinamismo 디나미스모 m 활력, 정력

dinero 디네로 m 돈, 재산

dios/sa 디오스/사 mf 신

*보통 대문자 Dios로 사용한다.

Dios te bendiga. 신께서 너를 축복하셔.

diploma 디쁠로마 m 졸업장

diplomático/ca 디쁠로마띠꼬/까 외교의, 외교 수완이 뛰어난

diputación 디뿌따씨온 f 의원단, 국회의원직

dirección 디렉씨온 f 방향, 주소

directamente 디렉따멘떼 직접, 곧바로

directivo/va 디렉띠보/바 경영하는, 지도적인

directo/ta 디렉또/따 직선의, 직접적인

director/ra 디렉또르/라 mf 중역

dirigente 디리헨떼 mf 지도자, 간부

dirigir 디리히르 경영하다, 운영하다

discernir 디스쎄르니르 구별하다, 식별하다

disciplina 디스씨쁠리나 f 규율, 구칙, 학과

discípulo 디스씨뿔로 n 제자, 추종자

disco 디스꼬 m 레코드, 원반

discreto/ta 디스끄레또/따 신중한, 입이 무거운

disculpa	디스꿀빠	*f*	사과, 변명
discurso	디스꾸르소	*m*	연설, 강연, 담화
discusión	디스꾸시온	*f*	말다툼, 토론
discutir	디스꾸띠르		토론하다, 반대하다
disfrutar	디스프루따르		즐기다, 향유하다
	Tengo muchas ganas de disfrutar de este viaje. 이 여행을 정말 즐기고 싶어.		
disgustado/da	디스구스따도/다		맛없는, 실망한
disgusto	디스구스또	*m*	불쾌, 불만
disimular	디시물라르		감추다, 얼버무리다
disminución	디스미누씨온	*f*	감소, 축소
disminuir	디스미누이르		줄어들다, 감소하다
disolución	디솔루씨온	*f*	해산, 해제
disolver	디솔베르		녹이다, 해소하다
disparar	디스빠라르		발사하다, 쏘다
disparate	디스빠라떼	*m*	엉터리, 경솔한 짓, 욕설
disparo	디스빠로	*m*	발사, 사격
disponer	디스뽀네르		배치하다, 준비하다
disposición	디스뽀시씨온	*f*	배치, 자유재량
dispuesto/ta	디스뿌에스또/따		준비된, 활동적인
disputar	디스뿌따르		경쟁하다, 시합하다

D

distancia	디스딴씨아	ⓕ 거리
distante	디스딴떼	먼, 떨어진
distinción	디스띤씨온	ⓕ 구별, 식별, 품위
distinguido/da	디스띤기도/다	탁월한, 저명한
distinguir	디스띤기르	구별하다, 총애하다
distinto/ta	디스띤또/따	상이한, 다른
distraído/da	디스뜨라이도/다	즐기는, 재미있는
distribución	디스뜨리부씨온	ⓕ 분배, 할당
distribuidor/ra	디스뜨리부이도르/라	분배하는, 배송하는
distribuir	디스뜨리부이르	분배하다, 배급하다
distrito	디스뜨리또	ⓜ 지역, 관할구
diversión	디베르시온	ⓕ 기분전환, 오락
diverso/sa	디베르소/사	다양한, 잡다한
divertido/da	디베르띠도/다	즐거운, 유쾌한, 재미있는
	¡Será muy divertido! 재미있겠네요!	
divertir	디베르띠르	즐겁게 만들다, 견제하다
dividir	디비디르	나누다, 분할하다
divino/na	디비노/나	신의, 훌륭한
división	디비시온	ⓕ 나눗셈
divorcio	디보르씨오	ⓜ 이혼, 불일치

doblar	도블라르		두 배로 하다, 꺾다
doble	도블레		두 배의, 이중의
doce	도쎄		12
docena	도쎄나	f	다스(12개)
dócil	도씰		얌전한, 순종하는
docto/ta	독또/따		박식한, 조예가 깊은
doctor/ra	독또르/라	m/f	의사
doctrina	독뜨리나	f	교리, 학설
documentación	도꾸멘따씨온	f	정보, 자료, 신분증
documento	도꾸멘또	m	문서, 자료
	Mira el documento adjunto y me llama otra vez. 첨부파일을 보고 다시 연락줘.		
dogma	도그마	m	교리, 신조, 학설
dólar	돌라르	m	달러
doler	돌레르		아프다, 쓰라리다
	Me duele la cabeza. 머리가 아파.		
dolor	돌로르	m	통증
dolorido/da	돌로리도/다		고통스러운, 아픈
doméstico	도메스띠꼬		가정의, 국내의
domicilio	도미씰리오	m	주거, 주택

D

dominación	도미나씨온	*f*	지배, 통치
dominante	도미난떼		지배적인, 우세한
dominar	도미나르		지배하다, 조종하다
domingo	도밍고	*m*	일요일
dominio	도미니오	*m*	지배, 통치, 권력
don	돈	*m*	귀하, 씨
	Don Quijote 끼호테 씨		
donar	도나르		기부하다
donde	돈데		~인, ~하는
dónde	돈데		어디에, 어디에서
	¿Dónde va ese joven ahora? 저 청년은 지금 어디 가는 걸까?		
doña	도냐	*f*	~부인, ~여사
donut	도눗	*m*	도넛
dorado/da	도라도/다		금색의, 황금의
dormir(se)	도르미르		자다, 숙박하다
dormitorio	도르미또리오	*m*	침실, 기숙사
dos	도스		2
	Nos vemos a las dos en la parada de bus. 우리 버스정거장에서 두 시에 만나.		
dosis	도시스	*fpl*	복용량
dote	도떼	*f*	지참금, 재능

dragón	드라곤	m	용, 괴물
drama	드라마	m	연극, 극
dramático/ca	드라마띠꼬/까		연극의, 감동적인
droga	드로가	f	마약, 마취제
ducha	두차	f	샤워, 세정기
duchar(se)	두차르		샤워하다
	Hoy me he duchado dos veces. 오늘 나는 샤워를 두 번 했어.		
duda	두다	f	의심, 불확실
dudar	두다르		의심하다, 망설이다
duelo	두엘로	m	깊은 슬픔, 애도
duende	두엔데	m	이상한 매력, 마력
dueño	두에뇨	n	소유자, 주인
dulce	둘쎄		달콤한, 기분 좋은
dulces	둘쎄스	mpl	사탕류
dulzura	둘쑤라	f	달콤함, 단맛
duplicar	두쁠리까르		두 배로 하다
duque	두께	m	공작(公爵)
duración	두라씨온	f	지속 기간, 수명
durante	두란떼		(~하는) 동안

Es un chico que han estado saliendo durante 5 años.
5년 동안 사귄 남자라네.

durar	두라르		지속하다, 오래 가다
dureza	두레싸	*f*	경도(硬度), 냉혹함
duro/ra	두로/라		견고한, 어려운

E

echar	에차르		던지다, 넣다, 붓다
eco	에꼬	m	메아리, 반응
eclipse	에끌립세	m	일식, 월식
economía	에꼬노미아	f	경제학
económicamente	에꼬노미까멘떼		경제적으로, 검약하여
ecuador	에꾸아도르	m	적도
edad	에닫	f	연령, 시기 ¿Qué edad tienes? 몇 살이니?
edición	에디씨온	f	(도서) ~판, 출판
edificar	에디피까르		세우다, 건설하다
edificio	에디피씨오	m	빌딩 ¿Cuál es el edificio más alto del mundo? 세상에서 제일 높은 건물이 뭐야?
editorial	에디또리알	 f m	출판의, 편집의 출판사 사설
educación	에두까씨온	f	교육
educado/da	에두까도/다		예의 바른, 교육받은
educar	에두까르		교육하다, 단련시키다

E

efectivamente	에펙띠바멘떼		실제로, 사실상
efectivo	에펙띠보	*m*	현금
efecto	에펙또	*m*	결과, 효과, 인상
efectuar	에펙뚜아르		실행하다, 실시하다
eficacia	에피까씨아	*f*	효능, 능률
egipcio/cia	에힙씨오/씨아		이집트의
egoísmo	에고이스모	*m*	이기주의
egoísta	에고이스따		이기적인, 자기 멋대로의
eh	에		(주의를 끄는 말) 어이!, 야!
eje	에헤	*m*	회전축, 핵심
ejecución	에헤꾸씨온	*f*	실행, 집행
ejecutar	에헤꾸따르		실행하다, 실시하다
ejemplar	에헴쁠라르		모범적인, 본보기가 되는
ejemplo	에헴쁠로	*m*	예, 모범, 견본
ejercer	에헤르쎄르		종사하다, 행사하다
ejercicio	에헤르씨씨오	*m*	운동, 체조, 연습
el	엘 el hombre 그 남자		정관사 남성단수형
él	엘 Él es amable. 그는 다정해.		그 남자, 그것

elaboración	엘라보라씨온	ⓕ	제조, 가공, 작성
elección	엘렉씨온	ⓕ	선택, 선거
electricidad	엘렉뜨리씨**닫**	ⓕ	전기, 전류
eléctrico	엘**렉**뜨리꼬	ⓜ	전기의
electrodoméstico	엘렉뜨로도**메**스띠꼬	ⓜ	가전제품
elefante	엘레**판**떼	ⓜ	코끼리
elegancia	엘레**간**씨아	ⓕ	우아함, 기품, 고상함
elegante	엘레**간**떼		우아한, 고상한
elegir	엘레**히**르		고르다, 선택하다
elemental	엘레멘**딸**		기본적인, 본질적인
elemento	엘레**멘**또	ⓜ	요소, 성분, 기초
elevación	엘레바씨**온**	ⓕ	올리기, 상승, 언덕
elevar	엘레**바**르		올리다, 건설하다
eliminación	엘리미나씨온	ⓕ	제거, 삭제
eliminar	엘리미**나**르		배제하다, 지우다
ella	에야		그녀
	Ella está embarazada de 7 meses. 그녀는 임신 7개월이다.		
ello(s)	에요(스)		그것(들)
	El amor de ellos es verdadero. 그들의 사랑은 진실하다.		
elocuencia	엘로꾸**엔**씨아	ⓕ	웅변, 설득력

elocuente	엘로꾸**엔**떼		웅변의, 설득력 있는
elogio	엘**로**히오	m	칭찬, 찬사
emanar	에마**나**르		발하다, 발산하다
embajada	엠바**하**다	f	대사관, 대사직
embajador	엠바하**도**르		대사, 사절
embarazo	엠바**라**쏘	m	방해, 장애
embarcar	엠바르**까**르		승선(탑승)시키다, 꾀다
embargo	엠**바**르고	m	압수, 수출 금지 Levantó el embargo. 압류를 해제했다.
embarque	엠**바**르께	m	탑승, 승선 ¿Has cogido el pasaporte y el billete de embarque? 여권하고 탑승권 잘 챙겼니?
embriagar	엠브리아**가**르		취하게 하다, 도취시키다
emigrar	에미그**라**르		이주하다, 이동하다
eminencia	에미**넨**씨아	f	탁월한 사람, 걸출
eminente	에미**넨**떼		뛰어난, 탁월한
emisión	에미시**온**	f	방송, 발행
emitir	에미**띠**르		발하다, 발행하다
emoción	에모씨**온**	f	감동, 흥분
emocionante	에모씨오**난**떼		감동적인, 흥분시키는
emocionar	에모씨오**나**르		감동시키다, 동요시키다

	Cuando sale esa personalidad telesiva mi hermano se emociona. 저 탤런트만 나오면 우리 오빠는 아주 좋아해.		
empandar	엠빤다르		접어 구부리다
empatar	엠빠따르		비기다, 동점이 되다
empeñar	엠뻬냐르		저당잡히다, 담보를 맡기다
emperador	엠뻬라도르	m	황제, 제왕
emperatriz	엠뻬라뜨리쓰	f	여왕, 황후
empezar	엠뻬싸르		시작하다, 개시하다
emplear	엠쁠레아르		고용하다, 소비하다
empleado/da	엠쁠레아도/다	mf	직원
empleo	엠쁠레오	m	사용(법), 직무
emprender	엠쁘렌데르		착수하다, 시작하다
empresa	엠쁘레사	f	기획, 회사
empresario	엠쁘레사리오	n	기업가, 경영자
empujar	엠뿌하르		밀다, 몰아내다
empujón	엠뿌혼	m	밀기, 찌르기
en	엔		~에서, ~로
enamorado	에나모라도		사랑에 빠진, 홀딱 반한
	Me he enamorado a primera vista. 난 정말 첫눈에 반했어.		
enamorar	에나모라르		연심을 일으키다, 좋아지다

A B C D E F G H I J K L M

E

encajar	엔까하르		집어넣다, 적합하다
encantador/ra	엔깐따도르/라		매혹적인, 홀리는
encantar	엔깐따르		매혹시키다, 현혹시키다
encanto	엔깐또	m	매력, 애교
encargar	엔까르가르		위탁하다, 맡기다
	Me encargo de las comidas. 내가 요리를 맡고 있어.		
encargo	엔까르고	m	임무, 용무
encarnado	엔까르나도		육체화된, 사람의 모습을 한
encender	엔쎈데르		켜다, 태우다, 불붙이다
encendido/da	엔쎈디도/다		점화된, 불이 붙은
encerrar	엔쎄ㄹ라르		가두다, 감금하다
enchufe	엔추페	m	전기 콘센트
enciclopedia	엔씨끌로뻬디아	f	백과사전
encima	엔씨마		위, 상위에
encoger	엔꼬헤르		단축하다, 줄이다
encomendar	엔꼬멘다르		위탁하다, 맡기다
encontrar	엔꼰뜨라르		찾아내다, 발견하다
	No puedo encontrar mi asiento. 제 좌석을 찾을 수 없네요.		
encubrir	엔꾸브리르		감추다, 비밀로 하다
encuentro	엔꾸엔뜨로	m	만남, 회견

enemigo	에네미고		적의, 반대의
enemistad	에네미스딷	m	적의, 증오
energía	에네르히아	f	에너지, 활력
enérgico/ca	에네르히꼬/까		활력 있는, 힘센
enero	에네로		1월
enfado	엔파도	m	화
enfadar	엔파다르		화나게 하다, 분노케 하다
enfermedad	엔페르메닫	f	질병, 병폐
enfermero/ra	엔페르메로/라	mf	간호사
	La enfermera me llamó. 간호사가 나를 불렀다.		
enfermizo/za	엔페르미쏘/싸		병약한, 불건전한
enfermo/ma	엔페르모/마		질병의, 병에 걸린
enfoque	엔포께	m	초점을 맞춤, 핀트
enfrentar	엔프렌따르		대결하다, 대항하다
enfrente	엔프렌떼		건너편에, 정면에
enfriar	엔프리아르		냉각하다, 식히다
enganchar	엔간차르		잠그다, 매다, 걸다
engañar	엔가냐르		속이다, 사기치다, 배신하다
engaño	엔가뇨	m	사기, 기만, 착각
engendrar	엔헨드라르		낳다, 야기하다

engendro	엔헨드로	m	미완성품, 기형
engordar	엔고르다르		살찌다, 비만이 되다
enhorabuena	엔오라부에나		축하합니다!, 잘됐네요!
	Les dimos la enhorabuena por la victoria. 승리를 축하드립니다.		
enigma	에니그마	m	수수께끼, 퀴즈
enjuague	엔후아게	m	린스
enlace	엔라세	m	연결, 관계
enlazar	엔라싸르		연결짓다, 조립하다
enmienda	엔미엔다	f	개심, 개정, 수정
enojar	에노하르		화나게 하다, 불쾌하게 하다
enojo	에노호	m	분노, 불쾌
enojoso/sa	에노호소/사		불쾌한, 화나는
enorme	에노르메		거대한, 엄청난
enredo	엔레도	m	뒤얽힘, 속임수
ensalada	엔살라다	f	샐러드
ensanchar	엔산차르		넓히다, 확대하다
ensayar	엔사야르		시도하다, 연습하다
ensayo	엔사요	m	수필, 시험, 테스트
enseñanza	엔세냔싸	f	교육(과정), 지도
enseñar	엔세냐르		가르치다, 깨닫게 하다

¿Me puede enseñar su tarjeta de embarque? 탑승권을 보여주실래요?

ensombrecer 엔솜브레쎄르 어둡게 하다, 슬프게 하다

ensuciar 엔수씨아르 더럽히다, 모독하다

ensueño 엔수에뇨 ⓜ 환상, 공상

entender 엔뗀데르 이해하다, ~라고 생각하다

entendido/da 엔뗀디도/다 이해된

entendimiento 엔뗀디미엔또 ⓜ 이해, 판단력, 이성

enteramente 엔떼라멘떼 완전히, 온통

enterar 엔떼라르 알리다, 보고하다

Me enteré por la prensa. 나는 신문 보고 알게 됐어요.

entero/ra 엔떼로/라 전부의, 통째의

enterrar 엔떼ㄹ라르 묻다, 매장하다

entidad 엔띠닫 ⓕ 실체, 관념적 존재

entierro 엔띠에ㄹ로 ⓜ 장례식, 매장

entonación 엔또나씨온 ⓕ 억양, 어조

entonar 엔또나르 노래하다, 선창을 하다

entonces 엔똔쎄스 그 때, 그 당시

entrada 엔뜨라다 ⓕ 입구, 입장권

entrar 엔뜨라르 들어가다, 침입하다

Entró por la ventana. 창문을 통해 들어갔다.

entre	엔뜨레		~동안, ~에서 ~까지
entrega	엔뜨**레**가	*f*	양도, 배달, 넘겨줌
entregar	엔뜨레**가**르		건네다, 자수하다
entrenar	엔뜨레**나**르		단련하다, 훈련하다
entrevista	엔뜨레**비**스따	*f*	면접
	Hoy tengo una entrevista para trabajo. 오늘 구직 면접이 있다.		
entrevistado/da	엔뜨레비스**따**도/다	*m/f*	면접받는 사람
entrevistador/ra	엔뜨레비스따**도**르/라	*m/f*	면접관
entristecer	엔뜨리스떼**쎄**르		슬프게 하다
enturbiar	엔뚜르비**아**르		탁하게 하다, 어지르다
entusiasmar	엔뚜시아스**마**르		열중케 하다, 좋아하게 되다
entusiasmo	엔뚜시**아**스모	*m*	열광, 감격, 흥분
enumerar	에누메**라**르		열거하다
enviar	엔비**아**르		보내다, 파견하다
envidia	엔**비**디아	*f*	질투, 시기
	¡Qué envidia! 되게 부럽다!		
envidiable	엔비디**아**블레		부러운, 부러워할 만한
envidiar	엔비디**아**르		부러워하다, 질투하다
envío	엔**비**오	*m*	발송, 송금
envolver	엔볼**베**르		포장하다, 싸다

episodio	에삐소디오	m	삽화(插話), 에피소드
época	에뽀까	f	시대, 시기
equilibrio	에낄리브리오	m	균형, 평형, 안정
equipaje	에끼빠헤	m	수하물
	He perdido mi equipaje de mano. 제가 수하물을 분실했어요.		
equipo	에끼뽀	m	팀, 그룹, 장비
equivocar	에끼보까르		착각하다, 실수하다
equívoco/va	에끼보꼬/까		모호한, 헷갈리는
era	에라	f	시대, 연대
ermitaño/ña	에르미따뇨/냐	n	은둔자, 고독을 좋아하는 사람
errante	에ㄹ란떼		방랑하는, 유랑하는
errar	에ㄹ라르		잘못하다, 착각하다
erróneo/a	에ㄹ로네오/아		잘못이 있는, 옳지 않은
error	에ㄹ로르	m	잘못, 착각
erudición	에루디씨온	f	박학, 학식
erudito/ta	에루디또/따		학식이 있는, 박학한
esbelto/ta	에스벨또/따		가는, 날씬한
escala	에스깔라	f	단계, 눈금
escalera	에스깔레라	f	계단
escalopa	에스깔로빠	f	돈가스

E

escama	에스까마	ⓕ	(생선의) 비늘
escándalo	에스깐달로	ⓜ	소란, 대소동, 스캔들
escáner	에스까네르	ⓜ	스캐너
escapar	에스까빠르		달아나다, 도망가다
escaparate	에스까빠라떼	ⓜ	쇼윈도, 진열창
escape	에스까뻬	ⓜ	누출, 활로
escarcha	에스까르차	ⓕ	서리
escasez	에스까세쓰	ⓕ	부족, 결핍
escaso/sa	에스까소/사		부족한, 약간의

Beneficían a personas de escasos recursos con entrega de apoyos médicos.
형편이 어려운 사람들에게 의료 지원을 한다.

escena	에스쎄나	ⓕ	(연극)무대, 배경, 장면
esclavo/va	에스끌라보/바	ⓝ	노예, 헌신적인 사람
escoba	에스꼬바	ⓕ	빗자루
escoger	에스꼬헤르		고르다, 골라내다
esconder	에스꼰데르		감추다, 은닉하다
escondite	에스꼰디떼	ⓜ	은닉 장소, 감춘 곳
escorpión	에스꼬르삐온	ⓜ	전갈
escribir	에스끄리비르		쓰다, 적다
escritor/ra	에스끄리또르/라		작가, 저술가

	¿Quién es tu escritor(a) favorito(a)? 네가 가장 좋아하는 작가는 누구니?		
escritorio	에스끄리또리오	m	책상
escrúpulo	에스끄루뿔로	m	양심의 가책
escuchar	에스꾸차르		듣다, 경청하다
	Muchos jóvenes escuchan música en el metro. 많은 젊은이가 전철에서 음악을 듣는다.		
escudo	에스꾸도	m	방패, 보호물
escuela	에스꾸엘라	f	학교
escuela primaria	에스꾸엘라 쁘리마리아	f	초등학교
escuela secundaria inferior	에스꾸엘라 세꾼다리아	f	중학교
escúter	에스꾸떼르	m	스쿠터
ese	에세		그, 그런
esencia	에센씨아	f	본질, 핵심
esencial	에센씨알		본질적인, 불가결의
esencialmente	에센씨알멘떼		본질적으로, 원래
esfera	에스페라	f	구(球), 범위
esfuerzo	에스푸에르쏘	m	노력, 고생
esmeralda	에스메랄다	f	에메랄드
eso	에소		그것, 그 일
espacio	에스빠씨오	m	우주

A B C D E F G H I J K L M

E

espada	에스빠다	(f)	칼, 검
espagueti	에스파게띠	(m)	스파게티
	¿Te gustan los espaguetis con salsa boloñesa? 볼로네사 소스 스파게티를 좋아해?		
espalda	에스빨다	(f)	등
España	에스빠냐		스페인
espanto	에스빤또	(m)	공포, 위협
español/la	에스빠뇰/라		스페인(사람)의
especial	에스뻬씨알		특별한, 전문의
especia	에스뻬씨아	(f)	양념
especie	에스뻬씨에	(f)	종류, 성질
específico/ca	에스뻬씨피꼬/까		독특한, 특유의
espectador/ra	에스뻭따도르/라	(n)	관객, 방관자
espectro	에스뻭뜨로	(m)	유령, 귀신
especulación	에스뻬꿀라씨온	(f)	투기
espejo	에스뻬호	(m)	거울, 반영
espera	에스뻬라	(f)	기다림, 대기
esperanza	에스뻬란싸	(f)	희망, 기대
esperar	에스뻬라르		기다리다, 희망하다
	Espera, pasamos cuando el semáforo sea verde. 기다려. 신호등이 켜지면 건너야지.		

espía	에스삐아	*n*	간첩, 첩자
espina	에스**삐**나	*f*	척추
espinaca	에스삐**나**까	*f*	시금치
espíritu	에스**삐**리뚜	*m*	정신(력), 기질
espiritual	에스삐리뚜**알**		정신적인, 재치가 있는
espléndido/da	에스쁠렌디도/다		훌륭한, 화려한
esplendor	에스쁠렌**도**르	*m*	화려함, 전성기
espontáneo/a	에스뽄**따**네오/아		자발적인, 임의의
esposas	에스**뽀**사스	*f*	수갑
esposo/sa	에스**뽀**소/사	*mf*	남편/아내
espuma	에스**뿌**마	*f*	거품
esqueleto	에스껠**레**또	*m*	해골, 골격
esquema	에스**께**마	*m*	약도, 도표
esquí	에스**끼**	*m*	스키
esquivar	에스끼**바**르		피하다, 회피하다
	Sánchez esquiva las preguntas sobre su boda. 산체스는 결혼에 관한 질문을 회피한다.		
estabilidad	에스따빌리**닫**	*f*	안정성, 지속성
estable	에스**따**블레		안정된, 불변의
establecer	에스따블레**쎄**르		개설하다, 설립하다
establecimiento	에스따블레씨미**엔**또	*m*	설립, 창설

estación	에스따씨온	ⓕ	역, 정거장, 계절
	¿Qué estación te gusta más? 어느 계절을 가장 좋아해요?		
estadio	에스따디오	ⓜ	경기장, 야구장
estadística	에스따디스띠까	ⓕ	통계(표)
estado	에스따도	ⓜ	상태, 국가
Estados Unidos	에스따도스 우니도스 (EE.UU.)		미국
estallido	에스따이도	ⓜ	파열, 폭발
estampa	에스땀빠	ⓕ	(인쇄된) 그림, 외모
estancia	에스딴씨아	ⓕ	체류 기간, 저택
	condición de estancia 체류 조건		
estante	에스딴떼	ⓜ	선반, 서가
estar	에스따르		~이다, 있다
estatal	에스따딸		국가의, 국영의
estatua	에스따뚜아	ⓕ	조각상, 무표정한 사람
estatura	에스따뚜라	ⓕ	키, 신장
este	에스떼	ⓜ	동쪽, 동부
este	에스떼	ⓜ	이것
estéril	에스떼릴		불모의, 불임의
estético/ca	에스떼띠꼬/까		미학의, 미적인
estilo	에스띨로	ⓜ	양식, 문체, 스타일

estimar	에스띠마르		평가하다, 존중하다
estímulo	에스띠물로	m	자극, 격려
estiramiento	에스띠라미엔또	m	스트레칭
esto	에스또		이것
estómago	에스또마고	m	위
estornudar	에스또르누다르		재채기하다
estornudo	에스또르누도	m	재채기
	El estornudo, signo de salud. 재채기는 건강의 신호.		
estrado	에스뜨라도	m	지휘대, 단상
estrecho/cha	에스뜨레초/차		좁은, 편협한
estrella	에스뜨레야	f	별
estrella fugaz	에스뜨레야 푸가스	f	유성
estreñimiento	에스뜨레니미엔또	m	변비
estricto	에스뜨릭또		엄격한, 정확한
estructura	에스뜨룩뚜라	f	구조, 조직
estudiante	에스뚜디안떼	mf	학생
	Soy estudiante universitario. 저는 대학생입니다.		
estudiar	에스뚜디아르		공부하다, 배우다
estudio	에스뚜디오	m	원룸
estupendo/da	에스뚜뻰도/다		훌륭한, 놀랄 만한

estúpido/da	에스뚜삐도/다	어리석은, 자만한
eternamente	에떼르나멘떼	영원히, 한없이
eternidad	에떼르니닫	ⓕ 영원, 무궁
eterno/na	에떼르노/나	영구적인, 영원의
ética	에띠까	ⓕ 도덕, 윤리
etiqueta	에띠께따	ⓕ 이름표, 가격표
Europa	에우로빠	유럽
europeo/a	에우로뻬오/아	유럽의
evadir	에바디르	회피하다, 달아나다
evasión	에바시온	ⓕ 탈출, 회피, 피난
evidencia	에비덴씨아	ⓕ 증거, 명백함
	Él está en libertad por falta de evidencia. 그는 증거 불충분으로 풀려났다.	
evidente	에비덴떼	명백한, 확실한
evitar	에비따르	회피하다, 하지 않으려고 노력하다
evocación	에보까씨온	ⓕ 불러일으킴, 환기
evocar	에보까르	생각해내다, 연상시키다
evolución	에볼루씨온	ⓕ 발전, 진화
ex	엑스	전의~, 구~
	expresidente 전 대통령 exnovio 전 남자친구	
exacto/ta	엑삭또/따	정확한, 엄밀한

exageración	엑사헤라씨온	ⓕ	과장, 지나침
exagerar	엑사헤라르		과장하다, 허풍치다, 도를 넘다
	No exageres. 너무 과장하지 마.		
exaltación	엑살따씨온	ⓕ	찬사, 영광
exaltar	엑살따르		칭찬하다, 흥분시키다
examen	엑사멘	ⓜ	시험, 조사
examinar	엑사미나르		시험을 내다, 조사하다
exceder	엑스쎄데르		능가하다, 우월하다
excelencia	엑스쎌렌씨아	ⓕ	우수, 탁월
excelente	엑스쎌렌떼		뛰어난, 우수한
excepción	엑스쎕씨온	ⓕ	예외적인 존재, 이례
excepto	엑스쎕또		~을 제외하고, ~이외는
exceptuar	엑스쎕뚜아르		제외하다, 빼다
excesivo	엑스쎄시보		과도한, 지나친
exceso	엑스쎄소	ⓜ	과도, 과잉
excitar	엑스씨따르		자극하다, 흥분시키다
exclusivo/va	엑스끌루시보/비	ⓕ	배타적인, 전용의
excursión	엑스꾸르시온	ⓕ	소풍, 하이킹
excusa	엑스꾸사	ⓕ	변명, 핑계
exento/ta	엑센또/따		면제된, 면한

	exento de ~을 면제받은, ~이 없는 Nadie está exento de cumplir la ley. 법 앞에 누구도 예외는 없다.	
exhalar	엑스알라르	발산하다, 내다
exhibición	엑시비씨온	*f* 전시(회), 진열
exhibir	엑시비르	전시하다, 진열하다
exigencia	엑시헨씨아	*f* 욕구
exigir	엑시히르	요구하다, 강요하다
existencia	엑시스뗀씨아	*f* 존재, 생존
existente	엑시스뗀떼	존재하는, 기존의
existir	엑시스띠르	존재하다, 있다
éxito	엑시또	*m* 성공, 출세
	Tuvo gran éxito desde el inicio. 그는 처음부터 큰 성공을 거두었다.	
exótico/ca	엑소띠꼬/까	이국적인, 기묘한
expansión	엑스빤시온	*f* 확대, 발전
expedición	엑스뻬디씨온	*f* 원정(대), 탐험
expediente	엑스뻬디엔떼	*m* 관계 서류, 조사
expedir	엑스뻬디르	발행하다, 교부하다
experiencia	엑스뻬리엔씨아	*f* 경험, 실험
experimentar	엑스뻬리멘따르	경험하다, 느끼다
explicación	엑스쁠리까씨온	*f* 설명, 해설

explicar	엑스쁠리**까**르		설명하다, 해명하다
	¿Me explico? 내 말 이해되니?		
explosión	엑스쁠로시**온**	f	폭발, 작렬
explotación	엑스쁠로따씨**온**	f	개발, 개척
explotar	엑스쁠로**따**르		폭발하다, 작렬하다; 개척하다
exportación	엑스뽀르따씨**온**	f	수출(품)
exportar	엑스뽀르**따**르		수출하다
exposición	엑스뽀시씨**온**	f	전람회, 전시회
exprés	엑스프**레**스	m	특급, 급행
expresar	엑스프레**사**르		표현하다, 말로 나타내다
expresión	엑스프레시**온**	f	표현, 표시, 어법
expresivo/va	엑스프레**시**보/바		표정이 풍부한, 애정이 담긴
expreso	엑스프**레**소	m	급행(열차, 버스), 특사
expulsar	엑스뿔**사**르		추방하다, 내쫓다
	El dictador expulsó a un opositor. 독재자는 반대자를 추방했다.		
exquisito/ta	엑스끼**시**또/따		훌륭한, 더할 나위 없는
extender	엑스뗀**데**르		넓히다, 확장하다
extensión	엑스뗀시**온**	f	면적, 넓이
exterior	엑스떼리**오**르		외부의, 대외적인
		m	외부
externo/na	엑스**떼**르노/나		바깥의, 외견상의

A B C D E F G H I J K L M

extinguir	엑스띵기르	소멸시키다, 끝내다
	¿Por qué se extinguió el dodo? 도도새는 왜 멸종했나요?	
extraer	엑스뜨라에르	뽑아버리다, 채취하다
extranjero/ra	엑스뜨랑헤로/라	외국의, 외래의
extrañar	엑스뜨라냐르	놀라게 하다, 의아하게 하다, ~를 그리워하다
	Te extraño mucho. 네가 무척 그리워.	
extraño/ña	엑스뜨라뇨/냐	낯선, 본 적 없는
extraordinario/ria	엑스뜨라오르디나리오/리아	이상한, 뛰어난
extravagante	엑스뜨라바간떼	상식을 벗어난, 기괴한
extremo/ma	엑스뜨레모/마	극도의, 극단적인

F

fábrica	파브리까	*f*	공장
fabricante	파브리깐떼	*mf*	제조업자
fábula	파불라	*f*	우화, 신화
facción	팍씨온	*f*	당파, 파벌
fachada	파차다	*f*	(건물의) 정면, 외모
fácil	파실		쉬운, 용이한, 간단한
facilitar	파씰리따르		편리하게 하다, 가능케 하다
factor	팍또르	*m*	요인, 요소
factura	팍뚜라	*f*	청구서, (상업) 송장
faja	파하	*f*	벨트, 띠 모양의 것
falda	팔다	*f*	치마, 스커트
fallo	파요	*m*	실패, 잘못, 결점
falso/sa	팔소/사		가짜의, 보여주기 위한, 불성실한
falta	팔따	*f*	결핍, 부족, 잘못
faltar	팔따르		부족하다, 없다
	Me falta algo en la vida. 내 인생에 뭔가 부족해.		
fama	파마	*f*	명성, 평판

familia	파밀리아	Ⓕ	가족, 세대, 일가
	Somos una familia feliz. 우리는 행복한 가족입니다.		
famoso/sa	파모소/사		유명한, 이름 높은
fantasía	판따시아	Ⓕ	공상, 환상
fantasma	판따스마	Ⓜ	유령, 귀신, 환영
fantástico/ca	판따스띠꼬/까		공상적인, 가공의
farmacia	파르마씨아	Ⓕ	약국, 약학
faro	파로	Ⓜ	등대
farol	파롤	Ⓜ	가로등; 허영
fascinar	파스씨나르		매혹하다, 현혹하다
	La Historia es una ficción tan apasionante que me fascina. 역사는 나를 매혹시키는 무척 열정적인 소설이다.		
fastidio	파스띠디오	Ⓜ	불쾌, 혐오
fatal	파딸		불운한, 최악의
fatiga	파띠가	Ⓕ	피로, 피곤
favor	파보르	Ⓜ	친절, 도움, 지지
	Gazpacho, por favor. 가스파초를 주문할게요.		
favorable	파보라블레		유리한, 호의적인
favorito/ta	파보리또/따		총애하는, 무척 마음에 드는
fe	페	Ⓕ	신용, 신앙

febrero	페브레로	m 2월
fecha	페차	f 날짜
	fecha de vencimiento 만기일 fecha de expedición 발급일	
federación	페데라씨온	f 연맹, 연합
felicidad	펠리씨닫	f 행복, 순조로움
felicitar	펠리씨따르	축복하다, 축하 인사를 하다
feliz	펠리쓰	행복한, 행복을 가져오는
femenino/na	페메니노/나	여성의, 여성스러운
fenómeno	페노메노	훌륭한, 뛰어난 m 현상
feo/a	페오/아	추한, 불쾌한
feria	페리아	f 정기 시장, 시의 축제
feroz	페로쓰	잔인한, 흉폭한
ferri	페ㄹ리	m 여객선
ferrocarril	페ㄹ로까ㄹ릴	m 철도
fértil	페르띨	비옥한, 풍작의
fervor	페르보르	m 열의, 열정
ficción	픽씨온	f 허구, 픽션
fiebre	피에브레	f 발열, 열병
	El niño tenía fiebre. 애가 열이 있었다.	
fiel	피엘	충실한, 정확한

fiesta	피에스따	ⓕ 파티, 축제, 휴일
figura	피구라	ⓕ 모습, 체형, 얼굴
fijar	피하르	고정시키다, 붙이다
fijo/ja	피호/하	고정된, 자리잡은
fila	필라	ⓕ 행렬, 줄, 대열
filo	필로	ⓜ 칼날
filosofía	필로소피아	ⓕ 철학
filósofo	필로소포	ⓝ 철학자, 사상가
fin	핀	ⓜ 끝, 종말, 죽음
final	피날	최후의, 마지막의 ⓜ 엔딩, 최후 시기 ⓕ 결승전
	Tiranosaurios fueron gigantes solo al final de su existencia. 티라노사우르스종은 생존 최후 시기에만 거대했다.	
finalmente	피날멘떼	결국, 마침내
fino/na	피노/나	얇은, 가는, 세련된
firma	피르마	ⓕ 서명, 사인
física	피시까	ⓕ 물리학
flaco/ca	플라꼬/까	야윈, 부족한, 허약한
flamenco/ca	플라멘꼬/까	플랑드르 지방의 ⓜ 플라멩꼬 춤과 노래
flecha	플레차	ⓕ 화살
	La flecha voló y se clavó en el centro de la diana. 화살이 날아와 표적 가운데 꽂혔다.	

	como una flecha 화살처럼 빠르게	
flexible	플렉시블레	유연한, 휘기 쉬운, 융통성 있는
flexiones	플렉시오네스	*fpl* 팔굽혀펴기
flojo/ja	플로호/하	느슨한, 약한
flor	플로르	*f* 꽃, 화초, 전성기
flota	플로따	*f* 선단(船團), 함대
flotar	플로따르	뜨다, 부유(浮游)하다
foco	포꼬	*m* 초점, 중심
fomento	포멘또	*m* 장려, 진흥, 촉진
fondo	폰도	*m* 바닥, 하부, 깊이
	El fondo del pasillo 복도 저 끝	
forma	포르마	*f* 도형, 형태, 방법
	El triángulo es una forma unida por tres puntos. 삼각형은 세 점을 이어 만든 도형이다.	
formación	포르마씨온	*f* 구성, 편성, 교육
formar	포르마르	형성하다, 설립하다
formidable	포르미다블레	너무나 거대한, 엄청난
fórmula	포르물라	*f* 상투어, 양식
forsitia	포르시띠아	*m* 개나리
fortuna	포르뚜나	*f* 운명, 운, 재산
foto	포또	*f* 사진 (fotografía 포또그라피아)

¿Me puedo tomar una foto contigo?
너랑 사진 한장 찍고 싶은데 괜찮아?

fotocopiar	포또꼬삐아르		복사하다
fracaso	프라까소	m	실패, 좌절
fracción	프락씨온	f	분수(수학 용어)
frágil	프라힐		연약한; 취급주의
fragmento	프락멘또	m	파편, 조각
francés/sa	프랑세스/사	 m	프랑스의 프랑스어
Francia	프란시아		프랑스
franco/ca	프랑꼬/까		솔직한
frase	프라세	f	문장, 말투
fraude	프라우데	m	사기
frecuencia	프레꾸엔씨아	f	빈번, 횟수
frecuente	프레꾸엔떼		빈번한, 자주 있는
frecuentemente	프레꾸엔떼멘떼		빈번하게, 자주

Ponte la pomada sobre la herida frecuentemente. 상처에 연고를 꾸준히 발라주렴.

fregadero	프레가데로	m	싱크대
freno	프레노	m	브레이크
frente	프렌떼	f	이마
frente	프렌떼	m	정면, 전선(戰線)
fresa	프레사	f	딸기

fresco/ca	프레스꼬/까		시원한, 차가운, 신선한
frío/a	프리오/아		추운, 차가운, 냉정한
frívolo/la	프리볼로		경박한, 가벼운
frontera	프론떼라	*f*	국경, 경계
fruta	프루따	*f*	과일
fruto	프루또	*m*	열매, 결과
fuego	푸에고	*m*	불, 화재
fuente	푸엔떼	*f*	샘, 출처, 근원
fuera	푸에라		바깥, 외출하여
fuerte	푸에르떼		강한, 건강한 El vino es más fuerte de lo que me imaginaba. 와인은 생각했던 것보다 더 독하다.
fuerza	푸에르싸	*f*	힘, 체력, 활력
fuga	푸가	*f*	도망, 누출
función	풍씨온	*f*	기능, 작용, 역할
fundamental	푼다멘딸		중요한, 필수적인
fundamento	푼다멘또	*m*	기초, 토대, 근거
fundar	푼다르		창설하다, 근거를 두다
funeral	푸네랄	*m*	장례식
furia	푸리아	*f*	격노, 격분, 맹렬

fútbol 풋볼 ⓜ **축구**

El fútbol es un deporte muy físco.
축구는 상당히 격렬한 운동이다.

futuro 푸뚜로 ⓜ **미래, 장래**

G

gabán	가반	*m*	외투
gabinete	가비네떼	*m*	서재, 사무실, 진열실
gala	갈라	*f*	성장(盛裝), 자랑
galán	갈란	*m*	주역, 주연배우
galante	갈란떼		예의 바른, (여성에게) 정중한
galería	갈레리아	*f*	복도, 진열실, 화랑
galaxia	갈락시아	*f*	은하계
galleta	가예따	*m*	과자
gallina	가이나	*f*	암탉
gallo	가요	*m*	수탉
gamba	감바	*f*	새우
gana	가나	*f*	욕망, 욕구, 식욕
	Tengo ganas de trabajar. 나는 일하고 싶어.		
ganado	가나도	*m*	가축
ganar	가나르		이기다, 얻다
ganso	간소	*m*	기러기
garaje	가라헤	*m*	차고

Había un coche en aquel garaje.
저 주차장에 차 한 대가 있었어요.

garantía	가란띠아	f	보증, 담보
garantizar	가란띠싸르		보증하다
garganta	가르간따	f	목구멍, 협곡
garra	가ㄹ라	f	(짐승의) 발톱
gas	가스	m	기체
gasa	가사	f	거즈
gasoil	가소일	m	경유
gasolina	가솔리나	f	휘발유
gastar	가스따르		쓰다, 소비하다
gasto	가스또	m	비용, 지출
gato	가또	m	고양이
gaviota	가비오따	f	갈매기
gemelo/la	헤멜로/라	 m	쌍둥이의, 닮은 한쌍의 쌍둥이
generación	헤네라씨온	f	세대, 동세대 사람들
general	헤네랄		일반의, 개략적인
género	헤네로	m	종류, 장르
generoso/sa	헤네로소/사		관대한, 아낌없는
genial	헤니알		천재적인, 독창적인
genio	헤니오	m	재능, 성질

gente	헨떼	*f*	사람들, 동료
	La estación de tren estaba abarrotada de mucha gente. 열차역은 인파로 북적거렸다.		
gentil	헨띨		친절한, 부드러운
geografía	헤오그라피아	*f*	지리
gerente	헤렌떼	*mf*	경영자, 지배인
germen	헤르멘	*m*	근원, 기원, 싹이 틈
gestión	헤스띠온	*f*	수속, 조치, 운영
gesto	헤스또	*m*	몸짓, 표정
gimnasia	힘나시아	*f*	체조, 운동
gimnasio	힘나시오	*m*	체육관
	Cosas que no debe hacer en el gimnasio. 체육관에서 하면 안 되는 일들		
gin-tonic	진토닉		진토닉
ginecología	히네꼴로히아	*f*	산부인과
gingko	힝꼬	*m*	은행나무
girar	히라르		돌다, 회전하다
girasol	히라솔	*m*	해바라기
giro	히로	*m*	회전, 방향 전환
globo	글로보	*m*	지구본
gloria	글로리아	*f*	영광, 명예

G

glorioso/sa	글로리오소/사	영광스러운, 빛나는
gobernación	고베르나씨온	ⓕ 통치, 관리
gobernar	고베르나르	통치하다, 지배하다
	Él no gobierna para los ricos. 그는 부자들을 위해 통치하지 않아.	
gobierno	고비에르노	ⓜ 정부, 관리
golf	골프	ⓜ 골프
golondrina	골론드리나	ⓕ 제비
golpe	골뻬	ⓜ 구타, 타격, 충격
golpear	골뻬아르	때리다, 두드리다
goma	고마	ⓕ 지우개
gordura	고르두라	뚱뚱함, 비만
gordo/da	고르도/다	뚱뚱한, 두꺼운, 큰
gorila	고릴라	ⓜ 고릴라
gorra	고ㄹ라	ⓕ 야구 모자 (gorro 고ㄹ로 ⓜ 비니 모자)
gorrión	고ㄹ리온	ⓜ 참새
gota	고따	ⓕ 물방울, 소량
gozar	고싸르	누리다, 향유하다
	El poeta goza de buena salud. 그 시인은 건강을 누린다.	
gracia	그라씨아	ⓕ 은총, 호의, 친절, 재미있음
	No tiene gracia! 재미없어!	

gracioso/sa	그라씨오소/사		재미있는
grado	그라도	m	학년
	¿En qué grado debería estar un niño de 10 años? 10살이면 몇 학년이니?		
gráfico/ca	그라피꼬/까		사진의, 그림의, 명쾌한
gramática	그라마띠까	f	문법
gramo	그라모	m	그램(g)
grande	그란데		큰, 위대한, 멋진
grandes almacénes	그란데스 알마쎄네스	mpl	백화점
grandeza	그란데싸	f	위대성, 숭고함
granizo	그라니쏘	m	우박
grano	그라노	m	한 알, 씨앗, 곡물
grapadora	그라빠도라	f	스테이플러
	Ordenas esta documentación, y me lo grapas. 이 서류를 정리해서 스테플러로 찍어줘.		
gratis	그라띠스		무료로, 공짜로
gratitud	그라띠뚣	f	감사, 사의
grave	그라베		중대한, 심각한
grillo	그리요	m	귀뚜라미
gripe	그리뻬	f	독감
	Él no ha venido a trabajar por la gripe. 그는 오늘 독감으로 결근했습니다.		

G

grifo	그리포	m	수도꼭지
gris	그리스	m	회색
gritar	그리따르		외치다, 큰소리로 말하다
grosero/ra	그로세로/라		조잡한, 거친, 무례한
grosor	그로소르	m	두께
grueso/sa	그루에소/사		두꺼운, 뚱뚱한
grulla	그루야	f	학, 두루미
grupo	그루뽀	m	집단, 무리, 그룹
guantes	구안떼스	mpl	장갑
guapo/pa	구아뽀/빠		아름다운, 잘생긴, 귀여운
	Ella es muy guapa. 그녀는 얼굴이 예뻐요.		
guardar	구아르다르		지키다, 지켜보다, 보관하다
guardia	구아르디아	mf	경찰관
gubernamental	구베르나멘딸		정부의, 여당의
guerra	게ㄹ라	f	전쟁, 싸움, 적대
guerrero/ra	게ㄹ레로/라		전쟁의, 호전적인
guerrillero/ra	게ㄹ리예로/라	mf	게릴라의 게릴라 대원
guía	기아	mf	가이드
guindilla	긴디야	m	고추
guión	기온	m	요약, 메모

guitarra	기따ㄹ라	*f* (악기) 기타
gusano	구사노	*m* 벌레, 유충
gustar	구스따르	마음에 들다, 맛보다
	¿Te gusta? 맘에 드니?	
gusto	구스또	*m* 미각, 취향
gustoso/sa	구스또소/사	맛있는, 즐거운

| 스페인어 필수 단어 |

H

haber	아베르		있다
	Hay una cosa que te quiero decir. 너에게 하고 싶은 말이 있어. * Hay que ~해야 한다		
hábil	아빌		능숙한, 유능한
habitante	아비딴떼	mf	주민, 거주자
habitar	아비따르		살다, 거주하다
hábito	아비또	m	버릇, 습관
habitual	아비뚜알		습관적인, 항상의
habla	아블라	f	말하기, 언어 능력
hablador/ra	아블라도르/라		수다스러운, 입이 가벼운
hablar	아블라르		말하다, 말을 걸다
	El actor cumple un año sin hablar. 그 배우는 1년째 묵언 중이다.		
hacer	아쎄르		만들다, 제작하다, 하다
hacha	아차	f	도끼
hacia	아씨아		~를 향하여, ~쪽으로
halcón	알꼰	m	매
hallar	아야르		찾아내다, 생각해내다
hambre	암브레	f	공복, 굶주림

hamburguesa	암부르게사	*f*	햄버거
harina	아리나	*f*	밀가루
hasta	아스따		~까지, ~조차
	¿Cuánto se tarda hasta allí? 오래 걸릴까요?		
hazaña	아싸냐	*f*	위업, 공로
hebra	에브라	*f*	섬유질, 근육, 실
heces	에쎄스	*fpl*	대변
hecho/cha	에초/차		만들어진, 완성된
helar	엘라르		얼리다, 동상 걸리게 하다
helicóptero	엘리꼽떼로	*m*	헬리콥터
hembra	엠브라	*f*	암컷, 여성
hepatitis B	에빠띠띠스 베		B형 간염
heredar	에레다르		상속하다, 양도하다
herencia	에렌씨아	*f*	유산, 재산상속
herida	에리다	*f*	상처, 고통
herir	에리르		상처주다, 다치게 하다
hermana	에르마나	*f*	자매, 언니, 여동생
hermano	에르마노	*m*	형제, 형, 동생
	Tengo dos hermanos. 나는 두 명의 형제가 있다.		
hermoso/sa	에르모소/사		아름다운, 훌륭한

A B C D E F G H I J K L M

héroe	에로에	*m*	영웅, 주인공
	Superman es el héroe más humano de todos. 수퍼맨은 가장 인간적인 영웅이다.		
heroico/ca	에로이꼬/까		영웅의, 서사시의
heroísmo	에로이스모	*m*	영웅적 자질, 용감성
herramienta	에ㄹ라미엔따	*f*	도구, 공구
hervir	에르비르		끓다, 비등하다
hexágono/na	엑사고노/나		육각형의
		m	육각형
hielo	이엘로	*m*	얼음
	Se derrite el hielo de la cima del monte. 산 정상의 얼음이 녹는다.		
hierba	이에르바	*f*	잡초,풀
hierro	이에ㄹ로	*m*	철, 철분, 칼날
hígado	이가도	*m*	간(肝)
higiene	이히에네	*f*	위생, 보건
higo	이고	*m*	무화과
hija	이하	*f*	딸
hijo	이호	*m*	아들
hilo	일로	*m*	실, 선, 전선
himno	임노	*m*	찬가, 찬송가
hincha	인차	*f*	증오, 반감
hinchar	인차르		팽창시키다, 부풀리다

hipo	이뽀	Ⓜ	딸꾹질
	¿Cuándo usted tiene hipo? 언제 딸꾹질이 나옵니까?		
hipócrita	이뽀끄리따		위선의, 가면을 쓴
hipótesis	이뽀떼시스	Ⓕ	가설, 가정
hispánico	이스빠니꼬		스페인어권의
hispano-	이스빠노		스페인의
	hispanoamerica 스페인어권 아메리카		
historia	이스또리아	Ⓕ	역사, 경력
histórico/ca	이스또리꼬/까		역사상의, 역사적인
hogar	오가르	Ⓜ	가정, 가족
hoja	오하	Ⓕ	잎, 꽃잎
hola	올라		안녕! (친한 사이의 인사)
holgado/da	올가도/다		한가로운, 낙낙한
hombre	옴브레	Ⓜ	사람, 인간
hombro	옴브로	Ⓜ	어깨
homenaje	오메나헤	Ⓜ	존경심, 경의
	Rinden homenaje al novelista. 사람들이 그 소설가에게 경의를 표합니다.		
homicidio	오미씨디오	Ⓜ	살인
honestidad	오네스띠닫	Ⓕ	정직, 공정함
	La honestidad es mi mejor norma. 정직은 내 최고의 규범이다.		

honesto/ta	오네스또/따		정직한, 정당한
honor	오노르	m	명예, 명성
honorable	오노라블레		존경할 만한
honra	온라	f	명예, 면목, 정조
honrado/da	온라도/다		정직한, 성실한
hora	오라	f	시(時), 시간, 시한
	¿Qué hora es? 몇 시니?		
horchata	오르차따		멕시코 전통 쌀 음료
horizonte	오리쏜떼	m	지평선, 수평선
hormiga	오르미가	f	개미
horno	오르노	m	오븐
horrible	오ㄹ리블레		가공할 만한, 두려운
horror	오ㄹ로르	m	공포, 전율
hortalizas	오르딸리싸스	fpl	야채
hospedaje	오스뻬다헤	m	숙박(요금)
hospital	오스삐딸	m	병원
hostil	오스띨		적(敵)의, 적대적인
	El comportamiento hostil puede deteriorar las funciones del cerebro. 적대적인 행동은 뇌 기능을 손상시킬 수 있다.		
hostilidad	오스띨리닫	f	적의(敵意), 적대
hotel	오뗄	m	호텔

hoy	오이		오늘, 현재
	¿Qué fecha es hoy? 오늘 며칠이니?		
hoyuelo	오유엘로	f	보조개
huelga	우엘가	f	파업, 스트라이크
huella	우에야	f	발자국, 흔적
hueso	우에소	m	뼈, (과일의) 씨
huevo	우에보	m	계란, 알
huir	우이르		달아나다, 도주하다
humanidad	우마니닫	f	인류, 인간성
humano/na	우마노/나	m	인간; 인간의
húmedo/da	우메도/다		습도 높은, 젖은
humedad	우메닫	f	습기
humidificador	우미디피까도르	m	가습기
humildad	우밀닫	f	겸손, 겸허
humilde	우밀데		겸손한, 비천한
	El poeta es humilde porque es consciente de la muerte. 시인은 겸손하다. 죽음을 의식하기 때문이다.		
humo	우모	m	연기, 수증기
hundir	운디르		침몰시키다, 좌절시키다
hurtar	우르따르		몰래 훔치다, 치수(저울눈)를 속이다
	Lo que se hereda no se hurta. 피는 못 속인다.		

A B C D E F G H I J K L M

I

Iceberg	아이스베르그	*m*	빙산
icono	이꼬노	*f*	아이콘
idea	이데아	*f*	생각, 사상, 의견
ideal	이데알	*m*	이상(理想), 신조; 관념상의
idealista	이데알리스따		관념론적인, 이상주의의
idioma	이디오마	*m*	언어, 용어
ídolo	이돌로	*m*	우상, 아이돌
iglesia	이글레시아	*f*	교회, 교파
ignorante	이그노란떼		무지한, 모르는
ignorar	이그노라르		~을 모르다, 무지하다
igual	이구알		같은, 동일한, 비슷한
	Tu coche es igual que el mío. 네 자동차는 내 것과 같은 것이다.		
igualar	이구알라르		평등하게 취급하다, 평평하게 하다
igualdad	이구알닫	*f*	평등, 동등
iluminar	일루미나르		비추다, 밝게 하다
ilusión	일루시온	*f*	환영, 착각, 기대
	Tengo más ilusión y pasión que nunca. 나는 전에 없이 큰 기대와 열정을 가지고 있다.		

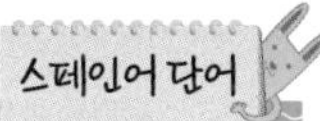

ilustración	일루스뜨라씨온	ⓕ	삽화, 지식
ilustrar	일루스뜨라르		삽화를 넣다, 해설하다
ilustre	일루스뜨레		유명한, 탁월한
imagen	이마헨	ⓕ	모습, 영상
imaginar	이마히나르		상상하다, 고안하다
	¡Imagínate! 상상해 봐!		
imitación	이미따씨온	ⓕ	모조품, 흉내, 모방
imitar	이미따르		모방하다, 흉내내다
impaciente	임빠씨엔떼		조급한, 참을성 없는
impacto	임빡또	ⓜ	탄흔, 흔적
impedir	임뻬디르		방해하다, 훼방 놓다
imperar	임뻬라르		지배하다, 군림하다
imperial	임뻬리알		황제의, 제국의
imperio	임뻬리오	ⓜ	제국, 권력
implacable	임쁠라까블레		무자비한, 냉혹한
imponente	임뽀넨떼		위압적인, 위풍당당한
importación	임뽀르따씨온	ⓕ	수입(품)
importancia	임뽀르딴씨아	ⓕ	중요(성), 세력
importante	임뽀르딴떼		중요한, 중대한
importar	임뽀르따르		중요하다, 관계있다

	No me importa. 나는 상관없어.
imposibilidad	임뽀시빌리닫 ⓕ 불가능한 일, 불가능
imposible	임뽀시블레 불가능한, 있을 수 없는
impotencia	임뽀뗀씨아 ⓕ 무능, 무기력
impresión	임쁘레시온 ⓕ 인상, 감명, 표시
impresora	임쁘레소라 ⓕ 프린터 ¿Puedo usar tu impresora? 네 프린터 좀 써도 되겠니?
imprimir	임쁘리미르 인쇄하다, 출판하다
imprudente	임쁘루덴떼 경솔한, 부주의한
impuesto	임뿌에스또 ⓜ 세금
impulso	임뿔소 ⓜ 충동, 충격
inauguración	인아우구라씨온 ⓕ 개시, 개업
incendio	인쎈디오 ⓜ 화재, 불
incesante	인쎄산떼 끊임없는, 반복되는
incineración	인씨네라시온 ⓕ 화장(火葬)
inclinación	인끌리나씨온 ⓕ 경사, 기울기
incluir	인끌루이르 포함하다, 넣다
incluso	인끌루소 포함된, 동봉된
incomparable	인꼼빠라블레 비교할 수 없는, 비할 데 없는
inconsciente	인꼰스씨엔떼 무의식의, 기절한 ⓜ 무의식

	Freud descubrió "el inconsciente". 프로이트는 무의식을 발견했다.		
inconveniente	인꼰베니**엔**떼		부적합한, 품위 없는
increíble	인끄레**이**블레		믿을 수 없는, 거짓말 같은
incremento	인끄레**멘**또	m	증가, 늘어남
incurrir	인꾸ㄹ**리**르		범하다, 저지르다
indeciso/sa	인데**씨**소/사		결정되지 않은, 우유부단한
indefenso/sa	인데**펜**소/사		무방비의, 무력한
independencia	인데뻰**덴**씨아	f	독립, 자립
independiente	인데뻰디**엔**떼		독립한, 떨어져 있는, 무소속의
indicación	인디까씨**온**	f	지시, 신호
indicar	인디**까**르		지시하다, 나타내다
	Unesco indica que tres de cada cuatro empleos en el mundo dependen del agua. 유네스코는 전세계 직업의 3/4이 물에 의존한다고 나타낸다.		
indicio	인**디**씨오	m	표시, 징조
indiferencia	인디페**렌**씨아	f	무관심, 냉담
indigestión	인디헤스띠**온**	f	소화불량
indirecto/ta	인디**렉**또/따		간접적인
indiscreto/ta	인디스끄**레**또/따		경솔한, 부적절한
indispensable	인디스뻰**사**블레		불가결한, 바꿀 수 없는
individual	인디비두**알**		개인의, 개인적인

individualismo	인디비두알리스모	m 개인주의
individuo/dua	인디비두오/두아	나눌 수 없는
individuo	인디비두오	mf 인물
industria	인두스뜨리아	산업, 공업
inevitable	인에비따블레	피할 수 없는, 필연의
infancia	인판시아	f 어린 시절, 유년기
	en mi infancia 내가 어린 시절에	
infante/ta	인판떼/따	mf (남녀) 유아
inferior	인페리오르	아래의, 열등한
infierno	인피에르노	m 지옥, 혼란스러운 장소
infiltrar	인필뜨라르	주입하다, 스며들다, 침투시키다
infinito/ta	인피니또/따	무한한, 무수한
influencia	인플루엔씨아	f 영향, 세력
influjo	인플루호	m 영향, 영향력
información	인포르마씨온	f 정보, 지식, 안내
	Hay información que es mejor no compartir en ningún lado. 공유하지 않는 편이 좋은 정보들이 있다.	
informar	인포르마르	보고하다, 알려주다
informe	인포르메	m 보고, 리포트, 정보
ingenio	인헤니오	m 재능, 독창성

ingenuo/nua	인헤누오/누아		천진난만한, 순진한
inglés	잉글레스	m	영어; 영국인
ingrato/ta	인그라또/따		은혜를 모르는, 불쾌한
ingreso	인그레소	m	가입, 입학, 들어감
iniciación	이니씨아씨온	f	시작함, 개시, 입문
inicial	이니씨알		처음의, 초기의
iniciativa	이니씨아띠바	f	선도, 솔선
injuria	인후리아	f	모욕, 손상
injusticia	인후스띠씨아	f	부정행위, 불공평
injusto/ta	인후스또/따		부당한, 불공평한 No entendemos este ataque injusto. 우리는 이 부당한 공격을 이해할 수 없어요.
inmediatamente	인메디아따멘떼		즉석에서, 곧 바로
inmenso/sa	인멘소/사		광대한, 막대한
inmigración	인미그라씨온	f	출입국 심사대
inmortal	인모르딸		불멸의, 불사의
inmóvil	인모빌		고정된, 움직이지 않는
inmueble	인무에블레	m	부동산
innovación	인노바씨온	f	혁신, 신기술
inocencia	이노쎈씨아	f	무죄, 결백
inocente	이노쎈떼		무죄의, 순진한

	Fue un terror contra un pueblo inocente. 무고한 대중을 향한 테러였다.		
inquieto/ta	인끼에또/따		침착하지 않은, 사나운, 거친
inquilino/na	인낄리노/나	mf	세입자
inscribir	인스끄리비르		등록하다, 신청하다
inscripción	인스끄립씨온	f	등록, 신청, 등기
insecto	인섹또	m	곤충
inseparable	인세빠라블레		나눌 수 없는, 분리할 수 없는
	El dúo inseparable. 서로 떼놓을 수 없는 듀오.		
insistir	인시스띠르		주장하다, 고집하다
inspección	인스뻭씨온	f	검사, 감독
inspiración	인스삐라씨온	f	영감, 착상, 감동
instalación	인스딸라씨온	f	설치, 장치
instalar	인스딸라르		설치하다, 입주시키다
instancia	인스딴씨아	f	청구, 탄원
instante	인스딴떼	m	순간
instintivo/va	인스띵띠보/바		본능적인, 직관적인
instinto	인스띤또	m	본능, 직관
institución	인스띠뚜씨온	f	설립, 협회
instituto	인스띠뚜또	m	연구소, 협회
instrucción	인스뜨룩씨온	f	교육, 훈련, 교양

instruir	인스뜨루이르		가르치다, 교육하다
instrumento	인스뜨루멘또	m	도구, 기구
	Los aplausos se convirtieron en un instrumento musical. 박수는 하나의 악기가 되었다.		
insultar	인술따르		모욕하다
integral	인떼그랄		완전한, 전면적인
intelectual	인뗄렉뚜알		지적인, 지식이 있는
inteligencia	인뗄리헨씨아	f	지성, 이해력
inteligente	인뗄리헨떼		머리가 좋은, 영리한
intención	인뗀씨온	f	의도, 의향
intenso/sa	인뗀소/사		강력한, 격렬한, 진한
intento	인뗀또	m	의도, 목적
interés	인떼레스	m	흥미, 관심, 이익
interesar	인떼레사르		관심을 끌다, 참가시키다
interior	인떼리오르		내부의, 내심의
internacional	인떼르나씨오날		국제적인, 국가간의
internet	인떼르넷	mf	인터넷
interno/na	인떼르노/나		내부의, 국내의
intérprete	인떼르쁘레떼	mf	통역사
	El aspirante a intérprete debe mostrar aptitudes evidentes. 통역사 지망자는 확실한 적성을 보여야 한다.		

interrogar	인떼ㄹ로가르		질문하다, 심문하다
intervalo	인떼르발로	m	(시간, 공간적) 간격, 사이
intervenir	인떼르베니르		참가하다, 출연하다
intestino/na	인떼스띠노/나	m	장(腸); 내부의
intimidad	인띠미닫	f	친밀함, 사생활
íntimo/ma	인띠모/마		친밀한, 사적인
introducción	인뜨로둑씨온	f	소개, 도입, 들어감
intuición	인뚜이씨온	f	직관, 감(感)
inundación	이눈다씨온	f	홍수, 침수
	Se prepara para una gran inundación. 대홍수에 대비한다.		
inundar	이눈다르		홍수를 일으키다, 침수시키다
invadir	인바디르		침입하다, 침략하다
invasión	인바시온	f	침략, 침입
invencible	인벤씨블레		무적의, 지지 않는
invención	인벤씨온	f	발명, 창작
inventar	인벤따르		발명하다, 고안하다
invento	인벤또	m	발명품, 날조
investigación	인베스띠가씨온	f	연구, 조사
invierno	인비에르노	m	겨울
	Invierno es desde diciembre a febrero. 겨울은 12월부터 2월까지다.		

invisible	인비시블레		보이지 않는, 눈에 안 띄는
invitación	인비따씨온	*f*	초대, 안내
invitado/da	인비따도/다		초대받은
invitar	인비따르		초대하다, 부르다
inyección	인옉씨온	*f*	주사, 주입
ir	이르		가다, 다니다, 어울리다
ira	이라	*f*	격노, 분노
iris	이리스	*m*	무지개
	El arco iris completo a vista de dron 드론으로 본 완전한 무지개		
ironía	이로니아	*f*	얄궂은 상황, 비꼼, 풍자
irregular	이ㄹ레굴라르		불규칙한, 반칙의
irritar	이ㄹ리따르		화나게 하다, 초조하게 하다
isla	이슬라	*f*	섬
islam	이슬람	*m*	이슬람교
Israel	이스라엘	*mf*	이스라엘 사람
	*israelí 이스라엘의		
Italia	이딸리아		이탈리아
izquierda	이쓰끼에르다	*f*	왼쪽, 좌파
izquierdo/da	이쓰끼에르도/다		왼쪽의, 좌측의

| 스페인어 필수 단어 |

J

jabón	하본	m	비누
jade	하데	m	옥, 비취
jamás	하마스		결코 ~아니다
	Jamás renunciaré.		나는 절대 사임하지 않을 것이다.
jamón	하몬		돼지 뒷다리를 염장하여 숙성시킨 것
Japón	하뽄		일본
japonés	하뽀네스	n	일본어, 일본인
jarabe	하라베	m	물약, 시럽
jardín	하르딘	m	정원, 공원
jardinero/ra	하르디네로/라	mf	원예사
jefe	헤페	n	상사, 팀장
jengibre	헹히브레	m	생강
Jesús	헤수스	m	예수
jirafa	히라파	f	기린
joven	호벤		젊은, 새로 생긴
		mf	젊은이
joya	호야	f	보석, 소중한 것(사람)
	A la gente le gusta joya. 사람들은 보석을 좋아한다.		

joyería	호예리아	*f*	보석상
jubilación	후빌라씨온	*f*	은퇴, 퇴직금
júbilo	후빌로	*m*	환희
judía	후디아	*f*	강낭콩
juego	후에고	*m*	오락, 놀이, 농담
jueves	후에베스	*m*	목요일
juez	후에쓰	*mf*	판사, 재판관
jugar	후가르		놀다, 경기하다, 도박하다
jugo	후고	*m*	즙, 과즙, 소스
juguete	후게떼	*m*	장난감
	Hoy ha jugado bien con el juguete. 오늘은 장난감을 갖고 잘 놀았어.		
juicio	후이씨오	*m*	판단, 분별, 이성
julio	훌리오		7월
junio	후니오		6월
junta	훈따	*f*	집회, 회의, 위원회
juntar	훈따르		모으다, 집합시키다
junto	훈또		함께의, 집합시킨
	Él fue detenido junto a otras cuatro personas. 그는 다른 네 명과 함께 체포되었다.		
juramento	후라멘또	*m*	맹세, 선서
justicia	후스띠씨아	*f*	정의, 공평, 정당성

J

justificar	후스띠피까르		정당화하다, 입증하다
justo/ta	후스또/따		공평한, 공정한
juvenil	후베닐		청춘의, 싱싱한
juventud	후벤뚣	*f*	청년, 청춘
	La eterna juventud 영원한 청춘		
juzgar	후스가르		재판하다, 판결을 내리다
	No juzgues por la apariencia. 겉모습만 보고 판단하지 마.		

K

karma	까르마	㊔ 업보, 인과응보
kétchup	케춥	㊔ 케첩
kilogramo	킬로그라모	㊔ 킬로그램
kilómetro	낄로메뜨로	㊔ 킬로미터(km)
kiwi	끼위	㊔ 키위

| 스페인어 필수 단어 |

L

labio	라비오	*m*	입술
labor	라보르	*f*	일, 업무, 농작업
laboratorio	라보라또리오	*m*	연구소, 실험실
labrar	라브라르		경작하다, 세공하다
ladera	라데라	*f*	비탈, 경사지
lado	라도	*m*	측면, 옆, 장소
	Está al lado de aquel edificio. 저 건물 옆에 있어요.		
ladrar	라드라르		(개가) 짖다, 욕하다
ladrón/na	라드론/나	*mf*	도둑
lago	라고	*m*	호수
lágrima	라그리마	*f*	눈물
	En la cara del bebe está empapado de lágrimas. 아기 얼굴이 눈물로 얼룩졌다.		
lamentable	라멘따블레		비참한, 가슴 아픈
lamentar	라멘따르		슬퍼하다, 탄식하다
lámpara	람빠라	*f*	스탠드
lana	라나	*f*	양모, 모직물
lancha	란차	*f*	프로펠러

lanzar	란싸르		던지다, 발사하다
lápiz	라삐스	f	연필
largo/ga	라르고/가		긴, 먼, 장시간의
	Él estuvo ausente largos años. 그는 수 년 동안 부재 중이었다.		
larva	라르바	f	애벌레
lástima	라스띠마	f	동정, 연민, 비참한 상황
lastimar	라스띠마르		다치게 하다, 상처 주다
lata	라따	f	통조림
latín	라띤	m	라틴어
latino/na	라띠노/나		라틴계의, 라틴어의
latitud	라띠뚣	f	위도
laurel	라우렐	m	월계수
lavabo	라바보	m	세면대, 화장실
	En la esquina hay un labavo. 저 모퉁이 돌면 화장실이 있어.		
lavadora	라바도라	f	세탁기
lavamanos	라바마노스	f	세면기
lavar	라바르		씻다, 세탁하다
	*lavar(se) 자기 몸을 씻다. Me lavo las manos. 나는 손을 씻는다.		
lazo	라쏘	m	이음매, 연결
lección	렉씨온	f	강의, 수업, 교훈

leche	레체	ⓕ	우유, 젖
lechuga	레추가	ⓜ	상추
lectura	렉뚜라	ⓕ	독서
leer	레에르		읽다, 독해하다, 간파하다
legumbre	레굼브레	ⓕ	콩, 콩류
lejos	레호스		멀리, 떨어져 Estás tan lejos de Barcelona. 너는 바르셀로나에서 너무 멀리 떨어져 있어.
lengua	렝구아	ⓕ	언어, 혀
lenguaje	렝구아헤	ⓜ	말, 언어, 말투
lente	렌테	ⓜⓕ	렌즈, 안경
lento/ta	렌또/따		느린, 둔한 La lenta transformación 느린 변화
león	레온	ⓜ	사자
lesión	레시온	ⓕ	손상, 부상, 침해
letra	레뜨라	ⓕ	글자, 문자
levantar	레반따르		올리다, 들어올리다, 높이다
leve	레베		가벼운, 별거 아닌
ley	레이	ⓕ	법률, 법학
leyenda	레옌다	ⓕ	전설, 이야기
libélula	리벨룰라	ⓕ	(곤충) 잠자리

liberación	리베라씨온	*f*	해방, 석방
liberal	리베랄		관대한, 자유의
libertad	리베르딸	*f*	자유, 해방
libre	리브레		자유로운, 면제된, 빈 El preso quedó libre. 그 죄수는 자유의 몸이 되었다.
libremente	리브레멘떼		자유롭게, 마음대로
librería	리브레리아	*f*	책장, 서점 La librería más linda del mundo. 세상에서 가장 예쁜 서점.
librero	리브레로		책방(주인)
libro (de texto)	리브로 (데 떽스또)	*m*	교과서
licencia	리쎈씨아	*f*	허락, 허가
licor	리꼬르	*m*	알코올 음료, 술
lienzo	리엔쏘	*m*	리넨, 아마포
liga	리가	*f*	연합, 연맹, 리그
ligereza	리헤레싸	*f*	경쾌함, 가벼움
ligero/ra	리헤로/라		가벼운, 빠른, 얇은
limitación	리미따씨온	*f*	제한, 한계
limitar	리미따르		제한하다, 한계를 정하다
límite	리미떼	*m*	경계(선), 한계
limón	리몬	*m*	레몬

limpiar	림삐아르	청소하다, 깨끗이 하다
	No tengo tiempo para limpiar la casa. 집 청소할 시간이 없습니다.	
limpio/pia	림삐오/삐아	깨끗한, 청결한
linaje	리나헤	(m) 혈통, 가계
lindar	린다르	경계를 접하다, 인접하다
lindo/da	린도/다	귀여운, 사랑스러운
	Ese bebe es muy lindo. 저 아기 참 귀엽다.	
línea	리네아	(f) 선, 윤곽, 노선
lineal	리네알	선의, 선상(線狀)의
liquidar	리끼다르	청산하다, 해결하다
líquido	리끼도	(m) 액체; 액체의
lirio	리리오	(m) 붓꽃, 창포
liso/sa	리소/사	평평한, 매끈한, 장식이 없는
lista	리스따	(f) 일람표, 명부, 목록
listo/ta	리스또/따	영리한, 기민한
litera	리떼라	(f) 2단침대, (옛날) 가마
literatura	리떼라뚜라	(f) 문학, 문예
litro	리뜨로	(m) 리터(ℓ)
llama	야마	(f) 불꽃, 화염
llamar	야마르	부르다, 초대하다, 전화 걸다

	*llamar(se) 이름이 ~이다 Me llamo Sara. 내 이름은 사라야. Te llamas Juan. 네 이름은 후안이야. Se llama María. 그 이름은 마리아야.
llano/na	야노/나 평평한, 매끈한, 순박한
llanto	얀또 m 울음, 눈물을 흘림
llave	야베 f 열쇠, 비결
llegada	예가다 f 도착
llegar	예가르 도착하다, 도달하다, 닿다 Vas a llegar tarde a la escuela. (너) 학교에 지각하겠네.
llenar	예나르 채우다, 가득히 하다
lleno/na	예노/나 가득 찬, 배부른
llevar	예바르 가져가다, 나르다
llorar	요라르 울다, 눈물 흘리다
llover	요베르 비가 오다, 많이 쏟아지다 Hoy llueve mucho. 오늘 비가 많이 온다.
lluvia	유비아 f 비, 강우
lluvioso/sa	유비오소/사 비 오는
lobo	로보 m 늑대
local	로깔 토지의, 지방의
loción	로씨온 f 로션, 화장수
loco/ca	로꼬/까 미친, 제정신이 아닌

	Juana la loca 광녀 후아나	
locomoción	로꼬모씨온	이동 수송
locura	로꾸라	ⓕ 광기, 정신이상, 열애
lógico/ca	로히꼬/까	논리학의, 논리적인
lograr	로그라르	획득하다, 얻다
lombriz	롬브리스	ⓕ 지렁이
lomo	로모	ⓜ 등, 접는 부분
Londres	론드레스	런던
	Londres podría ser la nueva capital de la moda. 런던은 새로운 패션의 수도가 될 수 있다.	
longitud	롱히뚣	ⓕ 세로, 길이 경도
loro	로로	ⓜ 앵무새
lotería	로떼리아	ⓕ 복권(판매소)
loto	로또	ⓜ 연꽃
lucha	루차	ⓕ 싸움, 전투
luchar	루차르	싸우다, 투쟁하다
luciérnaga	루씨에르나가	ⓕ 개똥벌레
lucir	루씨르	빛나다, 성과가 나타나다
	Su trabajo luce más de la cuenta. 그의 작업은 생각보다 훨씬 탁월하다.	
luego	루에고	나중에, 이윽고
lugar	루가르	ⓜ 장소, 곳, 지위

	El lugar está oscuro porque la farola está estropeada. 가로등이 고장나서 주위가 어둡다.		
lujo	루호	m	사치, 호화, 여유
lumbre	룸브레	f	불, 빛, 밝음
luminoso/sa	루미노소/사		빛나는, 훌륭한
luna	루나	f	달
lunes	루네스	m	월요일
	Este lunes no abrirán los bancos. 이번주 월요일엔 은행문을 열지 않는다.		
luto	루또	m	상(喪), 상중
luz	루스	f	빛, 전등, 광선

| 스페인어 필수 단어 |

M

macho	마초	m	남자, 수컷; 남자의
macuerna	마꾸에르나	m	아령
madera	마데라	f	목재, 재목, 소질
madre	마드레	f	어머니
	Mi madre (mamá) es la mejor. 우리 엄마가 최고야.		
Madrid	마드릳		마드리드
madrugada	마드루가다	f	새벽, 여명
madurez	마두레쓰	f	성숙, 원숙
maduro/ra	마두로/라		성숙한, 중년의
maestro/tra	마에스뜨로/뜨라	n	스승, 대가, 달인; 뛰어난, 멋진
magia	마히아	f	마법, 마력
magisterio	마히스떼리오	m	교직, 교사의 일
magnífico	마그니피꼬		화려한, 멋진
magno	마그노		커다란, 중대한
mahometismo	마오메띠스모	m	이슬람교
maíz	마이쓰	m	옥수수
majestad	마헤스딷	f	위엄, 장엄, 폐하

mal	말	m	악, 부정, 재앙; 나쁜
	Te veo mal. 너 안색이 안 좋구나.		
maleducado/da	말레두까도/다		무례한, 예의를 모르는
maleta	말레따	f	여행가방, 트렁크
maleza	말레싸	f	잡초
malicia	말리씨아	f	악의, 흑심, 교활
malo	말로		나쁜, 열등한, 심술궂은
malograr	말로그라르		낭비하다, 허비하다
mancha	만차	f	얼룩, 반점, 오점
manchar	만차르		더럽히다, 상처 입히다
mandar	만다르		명령하다, 보내다
mandarina	만다리나	f	귤
mandato	만다또	m	명령, 지시, 위임
mando	만도	m	지휘, 지휘권, 리모콘
	Este mando no funciona bien. 이 리모콘이 잘 작동하지 않는다.		
manera	마네라	f	방법, 종류
manga	망가	f	소매, 호스
manía	마니아	f	열광, 이상한 버릇
manifestar	마니페스따르		표시하다, 나타내다
manifiesto/ta	마니피에스또/따	 m	명백한, 공표된 선언

A B C D E F G H I J K L M

manillar	마니야르	*m* (자전거, 오토바이의) 핸들
mano	마노	*f* 손
mansión	만시온	*f* 저택
manta	만따	*f* 담요, 모포
manteca	만떼까	*f* 지방(脂肪)
mantenimiento	만떼니미엔또	*m* 유지, 관리
manual	마누알	손의, 손으로 하는, 쓰기 편한
manzana	만싸나	*f* 사과(과일)
mañana	마냐나	*m* 아침, 내일 Es una mañana refrescante. 상쾌한 아침이다.
mapa	마빠	*m* 지도
maquillaje	마끼야헤	*m* 화장(化粧)
máquina	마끼나	*f* 기계, 엔진, 기구
mar	마르	*f* 바다, 해양
maravilla	마라비야	*f* 멋진 것, 신비한 것
marca	마르까	*f* 브랜드, 상표
marcar	마르까르	표시를 하다, 스탬프를 찍다
marcha	마르차	*f* 걷기, 행진, 출발
marchar	마르차르	나아가다, 걷다, 일하다
marco	마르꼬	*m* 액자, 틀

mareo	마레오	*m*	멀미, 어지러움
	El mareo es un problema en la realidad virtual. 가상현실에서 문제는 멀미다.		
margen	마르헨	*m*	여백, 여유
marginal	마르히날		여백의
marido	마리도	*m*	남편
marina	마리나	*f*	해군, 선단
marino/na	마리노/나		바다의, 해양의
mariposa	마리뽀사	*f*	나비
	La lengua de las mariposas 나비의 혀 (스페인의 영화 제목)		
mariquita	마리끼따	*f*	무당벌레
mármol	마르몰	*m*	대리석
marrón	마ㄹ론	*m*	갈색
Marte	마르떼	*m*	화성
martes	마르떼스	*m*	화요일
martillo	마르띠요	*m*	망치
mártir	마르띠르	*mf*	순교자, 수난
	El primer mártir 첫 번째 순교자		
marzo	마르쏘		3월
más	마스		~보다 더, 한층
masa	마사	*f*	덩어리, 집단

A B C D E F G H I J K L M

matanza	마딴싸	*f*	대학살, 돼지 도축
matar	마따르		죽이다, 괴롭히다
matasellos	마따세요스	*m*	소인(消印)
matemática	마떼마띠까	*f*	수학
material	마떼리알	*m*	물질; 물질의, 구체적인
materno	마떼르노		어머니의, 모계의
matrimonio	마뜨리모니오	*m*	결혼(식), 부부
	El matrimonio es mantener discusiones en la calle. 결혼은 거리에서 말다툼 하는 것.		
máxima	막시마	*f*	격언, 금언
máximo/ma	막시모/마		최대의, 최고의
mayo	마요		5월
mayor	마요르		더 큰, 많은, 연상의
mayoría	마요리아	*f*	대부분, 다수
mecánica	메까니까	*f*	역학, 기계학, 구조
mecanismo	메까니스모	*m*	기계(장치), 구조
medalla	메다야	*f*	메달, 상패, 훈장
media	메디아	*f*	평균, 반 시간
mediano/na	메디아노/나		보통의, 중간 정도의
mediante	메디안떼		~에 의해, ~을 통해
medias	메디아스	*fpl*	스타킹

medicina	메디씨나	*f*	내복약
médico	메디꼬		의학의, 의료의
		m	의사

Veinte médicos cubanos viajan a Jamaica para ayudar en programas de salud.
20명의 쿠바 의사들이 보건 프로그램을 지원하기 위해 자메이카에 방문한다.

medida	메디다	*f*	측정, 측량, 규격
medio	메디오	*m*	중앙, 수단, 사이
mediocre	메디오끄레		평범한, 진부한
mediodía	메디오디아	*m*	정오, 점심 때
medir	메디르		재다, 측정하다
meditación	메디따씨온	*f*	숙고, 명상
mejor	메호르		더 좋은

su objetivo: ser la mejor del mundo.
그녀의 목표: 세계 최고가 되는 것.

mejora	메호라	*f*	개선, 진보
melancolía	멜랑꼴리아	*f*	우울, 의기소침
melena	멜레나	*f*	단발머리
melocotón	멜로꼬똔	*m*	복숭아
memoria	메모리아	*f*	기억(력), 추억, 보고
menaje	메나헤	*m*	주방용품
mención	멘씨온	*f*	언급하기, 이름 올리기
menor	메노르		더 작은, 더 적은, 연하의

niños menores de cinco años
5살 미만의 아이들

menos	메노스		~이 아니라, 그다지 ~는 아니다

Estas peras son las menos sabrosas que he probado nunca.
이 배들은 내가 먹어본 중 제일 맛이 없다.

mensaje	멘사헤	m	전언, 메시지
mensual	멘수알		매월의, 월간의
mental	멘딸		마음의, 정신의
mente	멘떼	f	정신, 마음, 머리
mentir	멘띠르		거짓말하다
mentira	멘띠라	f	거짓말, 허위
menú	메누	m	메뉴

Dos menú del día, por favor.
오늘의 메뉴 두 개 주세요.

menudo/da	메누도/다		아주 작은, 체격이 작은, 잔돈의
mercado	메르까도	m	시장, 판로, 거래
mercante	메르깐떼		해운의, 무역의
merced	메르쎄드	f	은혜, 친절, 호의
merecer	메레쎄르		어울리다, ~자격이 있다
merienda	메리엔다	f	간식, 가벼운 식사
mérito	메리또	m	장점, 가치, 공적
mero/ra	메로/라		단순한, 그저

mes	메스	m	달, 월
mesa	메사	f	탁자, 테이블
	Voy a reservar la mesa. 내가 식당을 예약해 놓을게.		
meseta	메세따	f	고원
metal	메딸	m	금속, 돈
meter	메떼르		넣다, 집어넣다
método	메또도	m	방식, 방법, 교본
metro	메뜨로	m	미터(m) 지하철
metro cuadrado	메뜨로 꾸아드라도	m	평방미터
México	메히꼬		멕시코
mezclar	메쓰끌라르		섞다, 혼합하다
microondas	미크로온다스	m	전자레인지
miedo	미에도	f	두려움, 걱정, 공포
	Tengo mucho miedo. 나는 너무 겁이나.		
miel	미엘	f	벌꿀, 달콤한 것
miembro	미엠브로	m	회원, 일원
mientras	미엔뜨라스		~하는 동안
miércoles	미에르꼴레스	m	수요일
mil	밀		천, 1000
milagro	밀라그로	m	기적, 경이

A B C D E F G H I J K L M

milagroso/sa	밀라그로소/사		기적적인, 경이로운
milicia	밀리씨아	*f*	병법, 병역
milla	미야	*m*	마일
milímetro	밀리메뜨로	*m*	밀리미터(mm)
millón	미욘	*m*	백만, 다수
millonario	미요나리오	*n*	백만장자(의)
mimar	미마르		귀여워하다, 응석을 받아주다
	Mis hermanos me miman. 내 형제들은 나를 귀여워한다.		
mina	미나	*f*	광산, 지하도
mineral	미네랄	*m*	광물(의), 무기질의
mínimo/ma	미니모/마		최소의, 최저의
ministro	미니스뜨로	*n*	장관, 대신
minuto	미누또	*f*	분(分)
mío/a	미오/아		나의, 내 것
mirada	미라다	*f*	보기, 시선, 주목
mirar	미라르		보다, 응시하다, 조사하다
miserable	미세라블레		비참한, 비열한, 인색한
miseria	미세리아	*f*	비참, 빈곤, 불운
misión	미시온	*f*	사명, 임무, 천직
mismo/ma	미스모/마		동일한, 같은

	Así es, yo pienso lo mismo. 그래, 나도 그렇게 생각했어.		
misterio	미스떼리오	m	신비, 불가사의
mitad	미딷	f	절반, 2분의 1
mitin	미띤	m	집회, 대회
mito	미또	m	신화, 전설
mixto/ta	믹스또/따		혼합된, 혼성의
mocedad	모쎄닫	f	청춘기, 청년기
moco	모꼬	m	콧물, 점액
moda	모다	f	유행, 패션
modelo	모델로	m mf	원형, 모형, 견본 모델
moderno/na	모데르노/나		현대의, 근대의
	El nacimiento de la ciudad moderna 근대 도시의 탄생		
modesto/ta	모데스또/따		겸손한, 소박한
modo	모도	m	방식, 방법, 예의범절
mojado/da	모하도/다		젖은, 습기찬
moler	몰레르		빻다, 가루로 만들다
molestia	몰레스띠아	f	폐, 귀찮은 일
	Perdón por las molestias. 귀찮게 해서 미안해.		
molesto/ta	몰레스또/따		불쾌한, 귀찮은
momento	모멘또	m	순간, 잠시, 시기

M

monarca	모나르까	ⓜ 국왕, 군주
monarquía	모나르끼아	ⓕ 군주제, 군주국
moneda	모네다	ⓕ 동전, 잔돈
monitor	모니또르	ⓜ 모니터
mono/na	모노/나	ⓜ 원숭이, 귀여운 사람
monstruo	몬스뜨루오	ⓜ 괴물, 추악한 사람, 초인적인 사람
montaña	몬따냐	ⓕ 산, 난관
montar	몬따르	타다, 타고 가다
	Este escúter es el que mi hermano montaba. 이 스쿠터는 형이 타던 것이다.	
monte	몬떼	ⓜ 산, 산악
monumento	모누멘또	ⓜ 유적지
morada	모라다	ⓕ 거주, 체류
morado/da	모라도/다	보라색의 ⓜ 멍
moral	모랄	도덕적인, 교훈적인
moralidad	모랄리닫	ⓕ 도덕, 윤리
moreno/na	모레노/나	갈색의, 피부가 좀 까만
morir(se)	모리르	죽다
mortal	모르딸	치명적인, 죽게 되는
mosca	모스까	ⓕ 파리, 얼룩
mosquito	모스끼또	ⓜ 모기

mostaza	모스따싸	f	겨자
mostrar	모스뜨라르		보여주다, 증명하다
motivar	모띠바르		분발케 하다, 자극을 주다
	Lo que nos motiva 우리에게 동기를 부여하는 것		
motivo	모띠보	m	동기, 이유, 구실
motocicleta	모또씨끌레따	f	오토바이
motor	모또르	m	엔진
mover	모베르		움직이다, 이동시키다, 흔들다
móvil	모빌	m	휴대폰
	Eso es un móvil de los últimos modelos. 그거 정말 최신형 휴대폰이네.		
movimiento	모비미엔또	m	운동, 움직임, 동작
muchacho/cha	무차초/차	n	소년, 소녀, 청년
mucho/cha	무초/차		많은, 대단한; 무척
mudanza	무단싸	f	이사, 이주
mudar	무다르		바꾸다, 교체하다
mudo/da	무도/다		말을 못하는, 무언의, 조용한
mueble	무에블레	m	가구
	Ya que hemos venido miramos los muebles. 이왕 왔으니 가구도 구경하고 가자.		
muela	무엘라	f	어금니
muelle	무에예	m	부두; 부드러운, 연한

muerte	무에르떼	*f* 죽음, 파멸, 살인
muerto/ta	무에르또/따	죽은, 생명이 없는, 시든
muestra	무에스뜨라	*f* 견본
mujer	무헤르	*f* 여성, 아내
muleta	물레따	*f* 목발
multa	물따	*f* 벌금, 범칙금 Teníamos que pagar una multa. 우리는 벌금을 물어야 했어.
multiplicación	물띠쁠리까시온	*f* 곱셈
multitud	물띠뚣	*f* 대중, 군집, 다수
mundial	문디알	세계의, 세계적인 la copa mundial de fútbol 월드컵
mundo	문도	*m* 세계, 지구, 사회
muñeca	무녜까	*f* 손목, 인형
muñeco	무녜꼬	*m* (남자) 인형, 꼭두각시
muralla	무라야	*f* 성벽, 방벽
murmurar	무르무라르	중얼거리다, 욕하다
muro	무로	*m* 담, 벽, 장애
músculo	무스꿀로	*m* 근육
museo	무세오	*m* 박물관
música	무시까	*f* 음악

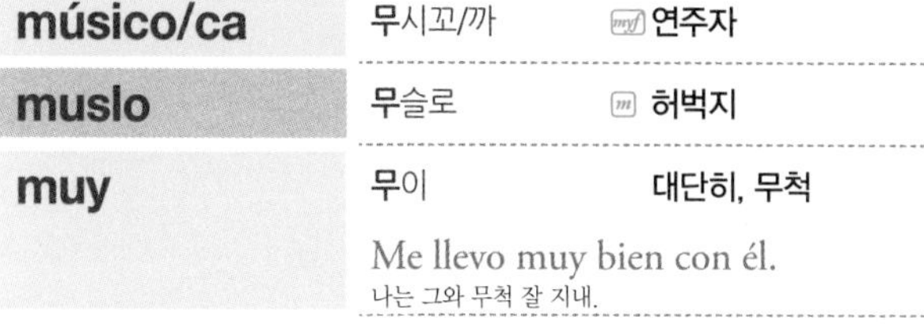

músico/ca	무시꼬/까	m/f	연주자
muslo	무슬로	m	허벅지
muy	무이		대단히, 무척

Me llevo muy bien con él.
나는 그와 무척 잘 지내.

| 스페인어 필수 단어 |

N

nabo	나보	*m*	무
nacer	나쎄르		태어나다, 싹이 나오다
nacimiento	나씨미엔또	*m*	출생, 태어남, 시작
nación	나씨온	*f*	국가, 나라, 민족
nacional	나씨오날		국민의, 국내의
nada	나다		아무것도~, 조금도 ~아니다
	De nada. 천만에요.		
nadar	나다르		수영하다, 뜨다
nadie	나디에		아무도 (~아니다)
naranja	나랑하	*f*	오렌지, 주황
nariz	나리쓰	*f*	코, 눈앞, 후각
narración	나ㄹ라씨온	*f*	이야기, 나레이션
nata	나따	*f*	생크림, 유지
natación	나따씨온	*f*	수영, 헤엄
nativo/va	나띠보/바		출생지의, 현지 출신의
natural	나뚜랄		자연의, 가공하지 않은
naturaleza	나뚜랄레싸	*f*	자연, 본성

naturalmente	나뚜랄멘떼		당연히, 물론
naval	나발		선박의, 항해의
nave	나베	m	배, 선박
navegar	나베가르		항해하다, 비행하다
navidad	나비닫	f	크리스마스
	Nos vemos mañana en vísperas de navidad. 우리 내일 크리스마스 이브에 만나자.		
neblina	네블리나	f	안개, 연무, 스모그
necesario/ria	네쎄사리오/리아		필요한, 당연한, 필연적인
necesidad	네쎄시닫	f	필요성, 필수품, 빈곤
necesitar	네쎄시따르		필요하다
negar	네가르		부정하다, 부인하다
negativa	네가띠바	f	부정, 거부
negativo/va	네가띠보/바		부정적인, 거절하는, 소극적인
negociación	네고씨아씨온	f	협상, 교섭
negocio	네고씨오	m	사업, 거래, 비즈니스
negro/ra	네그로/라	m	검정; 까만, 흑인의
negrura	네그루라	f	검정, 암흑
nervio	네르비오	m	신경, 흥분, 활력
neutro/tra	네우뜨로/뜨라		중성의, 중간적인

nevera	네베라	*f*	냉장고
	La nevera está allí. 냉장고는 저쪽에 있어.		
ni	니		~도 ~아니다
	Ellos no estudian ni trabajan. 그들은 공부도 안 하고 일도 안 한다.		
nido	니도	*m*	둥지, 소굴
niebla	니에블라	*f*	안개
nieto	니에또	*n*	손자, 자손
nieve	니에베	*f*	눈(雪)
ninguno	닝구노		어떤 ~도, 전혀 ~아니다
niñez	니녜쓰	*f*	소년(소녀)시대, 초기
niño/ña	니뇨/냐	*m/f*	어린이, 꼬마
	El niño está jugando alegremente. 꼬마가 재미있게 놀고 있다.		
nivel	니벨	*m*	수준, 정도, 높이
no	노		아니요, 안돼.
noble	노블레		고귀한, 귀족의
nobleza	노블레싸	*f*	귀족 신분, 기품
noche	노체	*f*	밤, 야간, 어둠
	¡Buenas noches! 좋은 밤!		
noción	노씨온	*f*	개념, 생각
nombre	놈브레	*m*	이름, 명칭

norma	노르마	*f*	규칙, 기준, 원칙
normal	노르말		보통의, 정상적인
norte	노르떼	*m*	북쪽, 북부
nosotros/tras	노소뜨로스/뜨라스		우리는, 우리가
nota	노따	*f*	메모, 각서, 주석
notable	노따블레		현저한, 눈에 띄는
notar	노따르		눈치채다, 경험하다
noticia	노띠씨아	*f*	뉴스, 통지, 알림
	la noticia de hoy 오늘의 뉴스		
notorio/ria	노또리오/리아		유명한, 알려진
novedad	노베닫	*f*	새로운 것, 참신함
novela	노벨라	*f*	(장편)소설
novelista	노벨리스따	*mf*	소설가
noveno/na	노베노/나		9번째의, 9분의 1
noventa	노벤따		90
noviembre	노비엠브레		11월
novio/via	노비오/비아	*mf*	애인
	Nosotros somos novios desde hace mucho tiempo. 우리는 아주 오랜된 연인이다.		
nube	누베	*m*	구름, 흐림
nublado/da	누블라도/다		구름 낀, 폭풍

N

nuclear	누끌레아르		(원자)핵의, 원자력의
núcleo	누끌레오	*m*	핵, 중심, 거주지
nuestro/tra	누에스뜨로/라		우리의, 우리 것
nueve	누에베		9
nuevo/va	누에보/바		새로운, 이번의
nuez	누에쓰	*f*	호두
número	누메로	*m*	숫자, 번호, ~호
	¿Me puedes dar tu número de teléfono? 네 전화번호 좀 알려줄래?		
nunca	눈까		결코 ~아니다, 여태 ~한 적이 없다
nutrir	누뜨리르		음식[영양]을 주다, 활기를 주다
	Se nutre de nuevas tecnologías. 새로운 기술을 도입하다.		

O

obedecer	오베데**쎄**르	복종하다, 따르다
obediente	오베디**엔**떼	순종적인, 복종하는
obesidad	오베시**닫**	*f* 비만
objeción	옵헥씨**온**	*f* 이의, 반대, 반론
objectivo/va	옵헥**띠**보/바	객관적인, 편견이 없는
objeto	옵**헤**또	*m* 물체, 대상, 목표
obligación	오블리가씨**온**	*f* 의무, 책임
obligar	오블리**가**르	강제하다, 의무를 지우다 (obligatorio/ria 의무의)
	El uso del cinturón de seguridad es obligatorio. 안전벨트 착용은 의무입니다.	
obra	**오**브라	*f* 작품, 공사, 작업
obrero	오브**레**로	*n* 노동자, 장인
observación	옵세르바씨**온**	*f* 관찰, 주시, 의견
observar	옵세르**바**르	관찰하다, 조사하다
obstáculo	옵스**따**꿀로	*m* 장애물, 방해
	Logró ayer vencer el mayor obstáculo. 어제 가장 큰 장애물을 극복했다.	
obtener	옵떼**네**르	얻다, 획득하다
ocasión	오까시**온**	*f* 장면, 상황, 기회

N O P Q R S T U V W X Y Z

O

occidente	옥씨덴떼	m	서양, 서구
océano	오쎄아노	m	대양
ochenta	오첸따		80
ocho	오초		8
octavo/va	옥따보/바		8번째의
octubre	옥뚜브레		10월
ocultar	오꿀따르		감추다, 입을 다물고 말을 안하다
oculto/ta	오꿀또/따		감춰진, 안 보이는
ocupación	오꾸빠씨온	f	점령, 직업
ocupado/da	오꾸빠도/다		사용 중 바쁜, 사용 중인
ocupar	오꾸빠르		점령하다, 독점하다
ocurrir	오꾸ㄹ리르		일어나다, 생각나다
odiar	오디아르		싫어하다, 미워하다
	Odio el estereotipo. 고정관념을 싫어해.		
odio	오디오	m	미움, 혐오
oeste	오에스떼	m	서쪽, 서부
ofender	오펜데르		모욕하다, (심적으로) 상처주다
ofensa	오펜사	f	모욕, 모멸
oferta	오페르따	f	제공, 공급
oficial	오피씨알		공적인, 공립의, 정식의

Sara: ¿A qué te dedicas, Juan?
후안, 네 직업은 뭐니?

Juan: Soy un profesor. ¿Y tú? ¿Cuál es tu ocupación/profesión?
나는 교수야. 네 직업은 뭐니?

Sara: Soy una arquitecta. Algún día quiero construir una casa tradicional coreana.
나는 건축가야. 언젠가는 한국 전통 가옥을 짓고 싶어.

Juan: ¡Genial! ¿A qué se dedica su marido?
멋지다! 네 남편은 뭐해?

Sara: Él trabaja para un editorial. Él es un editor.
그는 출판사에서 일해. 편집자야.

oficina	오피씨나	ⓕ	사무실, 직장
	¿Hay una oficina de correos por esta zona? 이 근처에 우체국이 있나요?		
oficio	오피씨오	ⓜ	일, 업무, 역할
ofrecer	오프레쎄르		제공하다, 신청하다
oído	오이도	ⓜ	청각, 청력, 귀
oir	오이르		들리다, 듣다
ojalá	오할라		~하도록
	Ojalá que llueva café. 커피가 비로 내렸으면….		
ojo	오호	ⓜ	눈, 시력, 주의
ola	올라	ⓕ	파도, 물결, 유행
oler	올레르		냄새를 맡다, 알아채다
olla	오야	ⓕ	냄비, 스튜
olor	올로르	ⓜ	냄새, 향기
olvidar	올비다르		잊다, 깜빡하다
olvido	올비도	ⓜ	망각, 잊음, 부주의
ombligo	옴블리고	ⓜ	배꼽, 중심
once	온쎄		11
onda	온다	ⓕ	파도, 파문
operación	오뻬라씨온	ⓕ	수술, 활동, 작용
operar	오뻬라르		수술하다, 활동하다

opinar	오삐나르		의견을 말하다, 의견을 갖다
	¿Qué opinas sobre la corrupción política? 정치 부패에 대한 네 의견은 어떠니?		
opinión	오삐니온	f	의견, 생각
oportunidad	오뽀르뚜니닫	f	호기, 좋은 기회
oposición	오뽀시씨온	f	반대, 저항, 야당
opresión	오쁘레시온	f	억압, 탄압
optimismo	옵띠미스모	m	낙관주의, 낙관론
	*optimista 낙관주의자 Un optimista es el que cree que todo tiene solución. 낙관주의자는 모든 것에 해결 방법이 있다고 믿는 사람이다.		
oración	오라씨온	f	기도, 기도의 말
oral	오랄		구두의, 입의
órbita	오르비따	f	궤도, 범위
orden	오르덴	m f	순서, 질서 명령
ordenación	오르데나씨온	f	배열
ordenador	오르데나도르	m	컴퓨터, 지휘자
ordenar	오르데나르		정리하다, 명령하다
ordinario/ria	오르디나리오/리아		보통의, 평범한
oreja	오레하	f	귀, 듣기
organismo	오르가니스모	m	생물, 유기체
órgano	오르가노	m	기관, 장기(臟器)

orgullo	오르구요	m	긍지, 오만
	Tengo el orgullo de ser peruano. 나는 페루인이라는 게 자랑스러워.		
oriente	오리엔떼	m	동쪽, 동부
origen	오리헨	m	기원, 발단
orilla	오리야	f	변두리, 해안
orina	오리나	f	소변, 오줌
orinal	오리날	m	요강
orinar	오리나르		소변 보다
oro	오로	m	금, 금색
orquesta	오르케스따	f	관현악단
orquídea	오르끼데아	f	난초
oscuro/ra	오스꾸로/라		어둡다, 애매한
oso	오소	m	곰
ostra	오스뜨라	f	굴(해산물)
otoño	오또뇨	m	가을
	Me gusta el otoño. 나는 가을을 좋아해요.		
otro/tra	오뜨로/뜨라		다른, 별개의
óvalo	오발로	m	타원형
oxígeno	옥시헤노	m	산소

P

paciencia	빠씨엔씨아	*f*	인내, 끈기, 참을성
	La única virtud que tiene que tener un viajero es la paciencia. 여행자가 가져야 할 유일한 덕목은 인내심이다.		
paciente	빠씨엔떼	*m/f*	환자; 참을성 있는
pacto	빡또	*m*	협정, 약속
padre	빠드레	*m*	아버지
padres	빠드레스	*mpl*	부모
paga	빠가	*f*	임금, 급여
pagar	빠가르		지불하다, 변제하다
página	빠히나	*f*	페이지, 내용
	Tengo que pasar otra página del calendario. 달력을 또 한장 넘겨야겠다.		
pago	빠고	*m*	지불, 납부
país	빠이스	*m*	국가, 나라
paisaje	빠이사헤	*m*	풍경, 조망
pájaro	빠하로	*m*	새, 조류
pajilla	빠히야	*f*	빨대
pala	빨라	*f*	삽

P

palabra	빨라브라	*f* 말, 단어
palacio	빨라씨오	*m* 궁전, 저택
palillos	빨리요스	*mpl* 젓가락
palma	빨마	*f* 야자나무, 손바닥
	Las variedades de palmas son incontables. 야자수의 종류는 셀 수 없이 많다.	
palmera	빨메라	*f* 야자수
paloma	빨로마	*f* 비둘기
pan	빤	*m* 빵
panadero/ra	빠나데로/라	*m/f* 제빵사
pancarta	빤까르따	*f* 플래카드
panorama	빠노라마	*m* 전경, 조망
pantalla	빤따야	*f* 영화 스크린
pantalón	빤딸론	*m* 바지
	*pantalones cortos 반바지	
pantorrilla	빤또ㄹ리야	*f* 종아리
paño	빠뇨	*m* 천, 헝겊, 수건
pañuelo	빠뉴엘로	*m* 손수건
papá	빠빠	*m* 아빠
papel	빠뻴	*m* 배역, 종이, 문서

papelería	빠뻴레리아	ⓕ	문방구
paquete	빠께떼	ⓜ	소포
par	빠르	ⓜ	두 개, 두 사람, 한쌍
para	빠라		~을 위한
	No sirve para nada. 아무짝에 쓸모가 없다.		
paradoja	빠라도하	ⓕ	역설, 패러독스
paraíso	빠라이소	ⓜ	천국, 낙원
paralelo/la	빠라렐로/라		평행한, 병렬된
paralizar	빠랄리싸르		마비시키다, 움직이지 못하게 하다
parar	빠라르		멈추다, 종점에 닿다
parcial	빠르씨알		부분적인, 불공평한
parecer	빠레쎄르		~인 것 같다, 나타나다
	Me parece que ha habido un accidente en el cruce. 교차로에서 사고가 난 것 같다.		
pared	빠레드	ⓕ	벽, 울타리, 장애물
pareja	빠레하	ⓕ	한쌍, 페어, 파트너
pariente	빠리엔떼	ⓜⓕ	친척
París	빠리스		파리
parlamento	빠를라멘또	ⓜ	국회, 의회
parque	빠르께	ⓜ	공원, 유원지
parte	빠르떼	ⓕ	부분, 일부

N O P Q R S T U V W X Y Z

participar	빠르띠씨빠르	참가하다, 관여하다
particular	빠르띠꿀라르	특유의, 특별한 el particular regalo 특별한 선물
partida	빠르띠다	*f* 출발, 한 시합
partido	빠르띠도	*m* 당, 정당, 진영
partir	빠르띠르	출발하다, 나오다
parto	빠르또	*m* 출산, 분만
parvulario	빠르불라리오	*m* 유치원
pasa	빠사	*f* 건포도
pasado	빠사도	*m* 과거 Pasado mañana es el día que se casa mi hermana. 모레는 언니가 결혼하는 날이다.
pasaporte	빠스뽀르떼	*m* 여권
pasar	빠사르	통과시키다, 횡단하다
pasatiempo	빠사띠엠뽀	*m* 취미
paseo	빠세오	*m* 걷기, 산책
pasillo	빠시요	*m* 복도
pasión	빠시온	*f* 열정, 애정
pasivo/va	빠시보/바	소극적인, 수동적인
paso	빠소	*m* 통행, 통로
pastilla	빠스띠야	*f* 알약

Sara: ¿A ti te gusta bailar, Juan?
후안, 너는 춤추는 것 좋아해?

Juan: No me gusta, de hecho, no puedo bailar bien.
아니, 사실 춤을 잘 못 춰.

Sara: Entonces, ¿cuál es tu pasatiempo favorito?
그럼, 네가 가장 좋아하는 취미는 뭐니?

Juan: Me encanta leer. Y ¿tú?
독서야. 너는?

Sara: Me agrada tocar el piano.
나는 피아노 치는 것 좋아해.

	¿Podría darme una pastilla para el dolor de cabeza? 두통약 좀 주실래요?
pata	빠따 *f* 다리, 발
patata	빠따따 *f* 감자
patatas fritas	빠따따스 프리따스 *fpl* 감자튀김
patente	빠뗀떼 명백한, 증명된
patio	빠띠오 *m* 앞마당
pato	빠또 *m* 오리
patria	빠뜨리아 *f* 조국, 고향 ¡Patria o Muerte! 조국 아니면 죽음을!
patrimonio	빠뜨리모니오 *m* (세습) 재산, 역사적 유물 Se dice que ese abogado tiene mucho patrimonio. 그 변호사는 재산이 아주 많대.
patriotismo	빠뜨리오띠스모 *m* 애국심
patrón	빠뜨론 *n* 주인, 보호자
patronato	빠뜨로나또 *m* 후원, 협조
payaso/sa	빠야소/사 *mf* 어릿광대
paz	빠쓰 *f* 평화, 화해, 평온 una condición para la paz 평화를 위한 조건
peaje	뻬아헤 *m* 톨게이트
pecas	뻬까스 *fpl* 점, 주근깨
pecado	뻬까도 *m* 죄악, 잘못

pecho	빼초	*m*	가슴
pedal	뻬달	*m*	페달
pedazo	뻬다쏘	*m*	조각, 파편
pediatría	뻬디아뜨리아	*f*	소아과
pedido	뻬디도	*m*	주문(품)
pedir	뻬디르		부탁하다, 조르다, 청하다
pedo	뻬도	*m*	방귀
pegamento	뻬가멘또	*f*	본드, 접착제
pegar	뻬가르		붙이다, 잇다, 접합시키다
peine	뻬이네	*m*	빗
pelear	뻴레아르		싸우다, 다투다
película	뻴리꿀라	*f*	영화, 필름
peligro	뻴리그로	*m*	위험, 위협
pelo	뻴로	*m*	머리카락
	Me peino el pelo. 내 머리를 빗다.		
pelota	뻴로따	*f*	공, 구기(球技)
peluche	뻴루체	*m*	곰인형
	El osito de peluche es el preferido de mi bebe. 우리 아기가 제일 좋아하는 것은 곰인형이다.		
pelvis	뻴비스	*f*	골반
pena	뻬나	*f*	고뇌, 고통

P

pendiente	뻰디엔떼		미해결의, 현안의
penetrar	뻬네뜨라르		관통하다, 침입하다
península	뻬닌술라	*f*	반도
penoso/sa	뻬노소/사		괴로운, 쓰라린
pensamiento	뻰사미엔또	*m*	생각, 사고, 고려, 의향
pensar	뻰사르		생각하다, 생각해 내다
pensión	뻰시온	*f*	연금
	la pensión de jubilación 퇴직연금		
pentágono	뻰따고노	*m*	오각형
peña	뻬냐	*f*	바위, 암석, 동호회
peón/na	뻬온/뻬오나	*mf*	일용직 노동자
peonía	뻬오니아	*f*	모란
peor	뻬오르		더 나쁜, 더 열등한
pepino	뻬삐노	*m*	오이
pequeño/ña	뻬께뇨/냐		작은, 어린, 소규모의
	El hijo del vecino es pequeño. 이웃집 아들은 어리다.		
pera	뻬라	*f*	배(梨)
percha	뻬르차	*f*	옷걸이
perder	뻬르데르		잃다, 지다
pérdida	뻬르디다	*f*	상실

	pérdida de la memoria 기억상실		
perdón	뻬르돈	m	허락, 용서
perdonar	뻬르도나르		용서하다, 묵인하다
perecer	뻬레쎄르		죽다, 사망하다, 소멸하다
perenne	뻬렌네		영원한, 불멸의
pereza	뻬레싸	f	나태, 완만, 둔함
perezoso/sa	뻬레쏘소/사	 mf	게으른 게으른 사람
perfección	뻬르펙씨온	f	완전, 완벽
perfectamente	뻬르펙따멘떼		완전히, 완벽하게, 문제없게
perfecto/ta	뻬르펙또/따		완벽한, 더 바랄 것 없는
	Para mi eres perfecto. 너는 내게 완벽해.		
perfil	뻬르필	m	윤곽, 옆얼굴, 외형
perfume	뻬르푸메	m	향수
periódico	뻬리오디꼬	m	신문
período	뻬리오도	m	시기, 주기, 시대
perito/ta	뻬리또/따	 n	노련한 전문가, 달인
perjuicio	뻬르후이씨오	m	손해, 불이익
perla	뻬를라	f	진주
permanente	뻬르마넨떼	f	파마머리
permiso	뻬르미소	m	허가, 면허(증)

N O P Q R S T U V W X Y Z

permitir	뻬르미띠르	허가하다, 묵인하다
pero	뻬로	하지만, 그러나
	Pero por mí con solo esto me vale mucho. 하지만 난 이것만 해도 감지덕지다.	
perpetuo/tua	뻬르뻬뚜오/뚜아	영구적인, 종신의
perro/rra	뻬ㄹ로/ㄹ라	*mf* 개
persecución	뻬르세꾸씨온	*f* 추적, 수사, 추구
persistente	뻬르시스뗀떼	완고한, 집요한, 지속적인
persona	뻬르소나	*f* 인물, 개인, 사람
	¿Cuántas personas hay en el mundo? 전 세계에는 몇 명이나 있나요?	
personal	뻬르소날	개인의 사적인
personalidad	뻬르소날리닫	*f* 개성, 성격, 인격
pesado/da	뻬사도/다	무거운, 집요한, 지겨운, 귀찮은
pesar	뻬사르	무게가 ~이다, 무겁다
pesca	뻬스까	*f* 낚시
pescado	뻬스까도	어류
peseta	뻬세따	*f* 돈, 스페인의 과거 화폐 단위
peso	뻬소	*m* 몸무게, 멕시코 등의 화폐 단위
pesquero	뻬스께로	*m* 어선
pestaña	뻬스따냐	*f* 속눈썹
pétalo	뻬딸로	*m* 꽃잎

단어	발음	성	뜻
petición	뻬띠씨온	f	요구, 요청, 신청
petróleo	뻬뜨롤레오	m	석유
pez	뻬쓰	m	물고기, 생선
piano	뻬아노	m	피아노 Toca bien el piano. 피아노를 잘 친다.
picante	삐깐떼		매운, 통렬한
pica	삐까	m	스페이드
picar	삐까르		가렵다, 쏘다, 찌르다
pico	삐꼬	m	(새의) 부리, 곡괭이
pie	삐에	m	발, 사물의 아랫부분, 마지막 Puedo ir a pie. 나는 여기서 걸어갈 수 있어요. (a pie 걸어서)
piedra	삐에드라	f	돌, 암석, 단단한 것
piel	삐엘	f	피부, 가죽, 모피
pierna	삐에르나	f	다리
pieza	삐에싸	f	한 개, 부품
pila	삘라	f	건전지, 축전지
pilar	삘라르	m	기둥, 교각
piloto	삘로또	mf	조종사, 항해사
pimienta	삐미엔따	f	후추
pimiento	삐미엔또	m	피망

P

pinacoteca	삐나꼬떼까	*f*	화랑, 미술관
pinchar	삔차르		찌르다, 쏘다
pingüino	삥구이노	*m*	펭귄
pino	삐노	*m*	소나무
pintar	삔따르		그리다, 페인트를 칠하다, 묘사하다
	Me gusta pintar. 그림 그리기를 좋아해요.		
pintoresco/ca	삔또레스꼬/까		기발한, 독창적인
pintura	삔뚜라	*f*	그림, 화법, 도료
pinza	삔싸	*f*	펜치, 빨래집게
piña	삐냐	*f*	파인애플
piñón	삐뇬	*m*	잣
pirámide	삐라미데	*f*	각뿔, 피라미드
pirata	삐라따	*mf*	해적
	piratas del Caribe 카리브해의 해적		
piscina	삐스씨나	*f*	수영장
piso	삐소	*m*	(건물) 층, 아파트
pista	삐스따	*f*	활주로
pistola	삐스똘라	*f*	권총
placa	쁠라까	*f*	판, 표찰
placer	쁠라쎄르	*m*	즐거움

Amarte es un placer mío.
너를 사랑하는 것은 나의 즐거움이야.

plan	쁠란	m	계획, 예정, 의도
plancha	쁠란차	f	다리미
planeta	쁠라네따	f	행성
plano/na	쁠라노/나		수평의, 평평한
planta	쁠란따	f	식물, 공장
plantar	쁠란따르		심다, 씨뿌리다, 세우다
plata	쁠라따	f	은(銀)
plátano	쁠라따노	m	바나나, 플라타너스
plato	쁠라또	m	접시
playa	쁠라야	f	해변

¿Vamos a la playa? 해변에 갈까?

plaza	쁠라싸	f	광장, 시장, 좌석
pleno/na	쁠레노/나		완전한, 절정기의
pluma	쁠루마	f	깃털
plus	쁠루스	m	보너스
pobre	뽀브레		가난한, 초라한
pobreza	뽀브레싸	f	빈곤, 결핍
poco/ca	뽀꼬/까		부족한, 드문, 작은
poco hecho	뽀꼬 에초		레어, 살짝 익힌 (= poco cocido)

N O P Q R S T U V W X Y Z

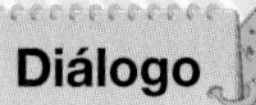

Diálogo

Sara: Buenos días.
안녕하세요. (아침인사)

Ana: Buenos días, ¿qué desea?
안녕하세요, 뭐 필요하세요?

Sara: ¿Cuánto vale un kilo de tomates?
토마토 1kg에 얼마예요?

Ana: A 30 pesos el kilo.
킬로에 30페소예요.

Sara: Me pone un kilo, por favor.
1킬로 주세요.

Ana: Muy bien. ¿Algo más?
네, 더 필요한 거 있어요?

Sara: Sí, dos kilos de patatas. ¿cuánto cuesta en total?
네. 감자 2kg 주세요. 다 해서 얼마죠?

Ana: Son 50 pesos. Aquí tiene.
50페소입니다. 여기 있어요.

Sara: Muchas gracias, hasta luego.
고마워요. 안녕히 계세요.

poder	뽀데르	~할 수가 있다, ~일지도 모른다
poema	뽀에마	*m* (한 편의) 시(詩)
poesía	뽀에시아	*f* (작품으로서) 시(詩)
poeta	뽀에따	*mf* 시인
polar norte	뽈라르 노르떼	*f* 북극
polar sur	뽈라르 수르	*f* 남극
polen	뽈렌	*m* 꽃가루
policía	폴리씨아	*mf* 경찰
política	뽈리띠까	*f* 정치, 정책
pollo	뽀요	*m* 병아리, 닭고기
pollo frito	뽀요 프리또	*m* 후라이드치킨
	*El pollo frito es muy rico. 후라이드치킨은 무척 맛있어.	
polvo	뽈보	*m* 먼지, 가루
pomada	뽀마다	*f* 연고
pómulo	뽀물로	*m* 볼, 뺨
poner	뽀네르	두다, 싣다
	ponerse 입다 Hace frío, ponte la chamarra. 쌀쌀하니 재킷 입어.	
popa	뽀빠	*f* 배의 뒷부분
populación	뽀뿔라씨온	*f* 인구

P

popular	뽀뿔라르		국민의, 민중의, 대중적인
popularidad	뽀뿔라리닫	ⓕ	인기, 평판
por	뽀르		~에 의해, ~에 따라
porche	뽀르체	ⓜ	현관
porque	뽀르께		왜냐하면, 왜
	Te amo porque eres tú. 나는 너를 사랑해, 왜냐하면 너니까.		
portar(se)	뽀르따르		행동하다
	Pórtate bien. 행실 바르게 하렴.		
portátil	뽀르따띨	ⓜ	노트북컴퓨터
porte	뽀르떼	ⓜ	운반, 운송료
porvenir	뽀르베니르	ⓜ	장래(성), 미래
pose	뽀세	ⓕ	자세, 태도
poseer	뽀세에르		소유하다, 갖고 있다
posesión	뽀세시온	ⓕ	소유, 재산
posibilidad	뽀시빌리닫	ⓕ	가능성, 가망, 방법
posible	뽀시블레		가능한, 있을 법한
	Si es posible, me da un asiento de ventana. 가능하면 창가 쪽 좌석 주세요.		
posición	뽀시씨온	ⓕ	위치, 상황, 자세
positivo/va	뽀시띠보/바		긍정적인, 확실한, 유익한
posterior	뽀스떼리오르		후의, 다음의, 뒤의

postre	뽀스뜨레	m	디저트
potencia	뽀뗀씨아	f	힘, 능력, 출력
potencial	뽀뗀씨알		잠재적인, 가능성 있는
potente	뽀뗀떼		강력한, 세력이 있는
	más ligero y potente		더 가볍고 더 성능이 좋은
pozo	뽀쏘	m	우물, 강의 깊이
práctica	쁘락띠까	f	실행, 연습
práctico/ca	쁘락띠꼬/까		실용적인, 실제적인
prado	쁘라도	m	초원
precaución	쁘레까우씨온	f	조심, 경계
precedente	쁘레쎄덴떼		앞의, 선행하는
preceder (+a)	쁘레쎄데르		선행하다, ~보다 중요하다
precepto	쁘레셉또	m	명령, 계율
precio	쁘레씨오	m	가격, 물가, 가치
precioso/sa	쁘레씨오소/사		귀중한, 가치 있는
precipitar	쁘레씨삐따르		던지다, 떨어뜨리다
preciso/sa	쁘레씨소/사		정확한, 명쾌한
predicar	쁘레디까르		설교하다, 공표하다
predominio	쁘레도미니오	m	우월, 우세
preferente	쁘레페렌떼		우위의, 우선적인

preferible	쁘레페리블레	바람직한
preferir	쁘레페리르	선택하다, 좋아하다
	La mayoría de la gente prefiere un smartphone rápido que uno seguro. 대부분의 사람들은 안전하기보다 더 빠른 스마트폰을 선호한다.	
pregunta	쁘레군따	*f* 질문, 의문
preguntar	쁘레군따르	묻다, 질문하다
	Lo tendré que preguntar al dependiente. 점원에게 물어봐야겠네.	
prejuicio	쁘레후이씨오	*m* 편견, 선입관
premio	쁘레미오	*m* 상금, 상, 포상
prenda	쁘렌다	*f* 의류; 담보
prender	쁘렌데르	붙잡다, 수감하다, 점등하다, 불붙이다
prensa	쁘렌사	*f* 신문, 잡지, 기자
preocupación	쁘레오꾸빠씨온	*f* 걱정
preocupar	쁘레오꾸빠르	걱정시키다, 관심을 갖게 하다
	*preocupar(se) 걱정하다. ¡No te preocupes! 걱정 마!	
preparación	쁘레빠라씨온	*f* 준비, 지식
preparado/da	쁘레빠라도/다	준비된, 기능을 습득한
preparar	쁘레빠라르	준비를 하다, 가르치다
	Me he desvelado para preparar el examen. 시험공부 하느라 밤을 샜어요.	

presa	쁘레사	*f*	먹이, 수확물 (↔ depredador 포식자)
presencia	쁘레센씨아	*f*	출석함, 존재
presentación	쁘레센따씨온	*f*	소개, 제시, 외모
presentar	쁘레센따르		보이다, 제출하다, 소개하다
presente	쁘레센떼	*m*	현재; 있는, 현재의
presidencia	쁘레시덴씨아	*f*	대통령[회장]의 직[임기]
presidente/a	쁘레시덴떼/따	*mf*	회장, 수상, 대통령
presión	쁘레시온	*f*	압력, 압박
prestación	쁘레스따씨온	*f*	봉사, 원조, 급부
prestar	쁘레스따르		빌려주다, 주다, 전달하다
prestigio	쁘레스띠히오	*m*	명성, 위신
presumir	쁘레수미르		추측하다, 추정하다
presupuesto	쁘레수뿌에스또	*m*	예산, 견적
pretender	쁘레뗀데르		바라다, 노리다 El ley pretende sustituir el derecho al trabajo. 그 법은 노동권을 대체하려는 노림수가 있다.
pretensión	쁘레뗀시온	*f*	야심, 주장, 권리
pretexto	쁘레떽스또	*m*	핑계, 변명
prevención	쁘레벤씨온	*f*	예방, 조심, 준비
prevenir	쁘레베니르		예방하다, 막다
previo/via	쁘레비오/비아		미리, 사전의

N O P Q R S T U V W X Y Z

P

previsión	쁘레비시온	ⓕ	예상, 예측, 준비
previsto/ta	쁘레비스또/따		예상된, 당연한, 미리 준비한
primavera	쁘리마베라	ⓕ	봄, 청춘기
primero/ra	쁘리메로/라		최초의, 제1의, 최고의
	De primero, ¿qué quiere? 첫 번째 요리로 뭘 원하세요?		
primitivo/va	쁘리미띠보/바		원시(시대)의, 원시적인, 조잡한
primo/ma	쁘리모/마	ⓜⓕ	사촌
princesa	쁘린쎄사	ⓕ	공주, 왕녀, 왕세자비
principal	쁘린씨빨		가장 중요한, 주된
príncipe	쁘린씨뻬	ⓜ	왕자, 황태자, 대공
principio	쁘린씨삐오	ⓜ	시작, 개시, 기초
prisa	쁘리사	ⓕ	서두름, 신속
prisión	쁘리시온	ⓕ	형무소, 교도소
prisionero	쁘리시오네로	ⓝ	죄수, 포로
privado	쁘리바도		개인의, 사적인
privar	쁘리바르		빼앗다, 약탈하다
	Lo priva de acercarse a la cima. 그가 정상에 이르는 것을 막다.		
privilegio	쁘리빌레히오	ⓜ	특권, 특전
proa	쁘로아	ⓕ	뱃머리
probable	쁘로바블레		가능성이 높은, 있을법한

probar	쁘로바르		시험하다, 시식하다
problema	쁘로블레마	*m*	문제, 난제
	¿Qué problema tiene? 어떤 문제가 있나요?		
procedencia	쁘로쎄덴씨아	*f*	기원, 출신, 출발지
procedente	쁘로쎄덴떼		~발
	un vuelo procedente de Estambul 이스탄불발 비행기		
procedimiento	쁘로쎄디미엔또	*m*	수순, 처리, 방법
procesión	쁘로쎄시온	*f*	행렬, 행진
proceso	쁘로쎄소	*m*	과정, 방법, 기간
procurar	쁘로꾸라르		노력하다, 얻다
	La academia procura evitar las enfermedades relacionadas a la obesidad. 학계는 비만과 관련된 질병을 막기 위해 노력한다.		
prodigio	쁘로디히오	*m*	경이, 기적, 천재
prodigioso/sa	쁘로디히오소/사		경이적인, 신비한
producción	쁘로둑씨온	*f*	생산, 제조, 제품
producir	쁘로두씨르		생산하다, 일으키다
productivo/va	쁘로둑띠보/바		생산적인, 생산의
producto	쁘로둑또	*m*	산물, 작품, 생산고
profesión	쁘로페시온	*f*	직업, 고백
profesional	쁘로페시오날		직업의, 숙달된

profesor/ra	쁘로페소르/라	mf	교수, 교사
	El profesor de filosofía tiene buena fama. 그 철학 교수는 평판이 좋다.		
profeta/tisa	프로페따/띠사	mf	예언자
profundidad	쁘로푼디닫	f	깊이, 복잡성
profundo/da	쁘로푼도/다		깊은, 깊이 있는
programa	쁘로그라마	m	프로그램, 예정, 스케줄
progresivo/va	쁘로그레시보/바		진보적인, 진행성의
progreso	쁘로그레소	m	진보, 발전
prohibir	쁘로이비르		금지하다
prójimo	쁘로히모	m	이웃, 타인
prólogo	쁘롤로고	m	서문, 발단
prolongar	쁘롤롱가르		길게 하다, 연장하다
promesa	쁘로메사	f	약속, 계약
prometer	쁘로메떼르		약속하다, 확언하다
promover	쁘로모베르		촉진하다, 강화하다
pronto	쁘론또		즉석의, 재빠른
	¡Ven pronto! 일찍 와라!		
pronunciar	쁘로눈씨아르		발음하다, 강연[연설]하다
propaganda	쁘로빠간다	f	(상품, 사상의) 선전
propiamente	쁘로삐아멘떼		정확하게는, 엄밀하게는

propietario/ria	쁘로삐에따리오/리아	m/f	집주인
propina	쁘로삐나	f	팁
	¿Se debe dejar propina? 팁을 줘야 하나요?		
propio/pia	쁘로삐오/삐아		자기자신의, ~자신, 고유의
proponer	쁘로뽀네르		제안하다, 제의하다
proporción	쁘로뽀르씨온	f	균형, 비율
proposición	쁘로뽀시씨온	f	제안, 신청
propósito	쁘로뽀시또	m	의도, 의지, 목적
propuesta	쁘로뿌에스따	f	제안, 계획
prosa	쁘로사	f	산문, 쓸데없는 잡담
próspero/ra	쁘로스뻬로/라		번창하는, 순조로운
protección	쁘로떽씨온	f	보호, 비호
proteger	쁘로떼헤르		보호하다, 감싸다
protesta	쁘로떼스따	f	이의, 항의(문)
provecho	쁘로베초	m	이익, 효과
proveer	쁘로베에르		(+de) 주다, 공급하다
	La nueva ruta provee conectividad ampliada con ciudades de Asia y Europa. 새로운 도로는 아시아와 유럽의 도시들을 폭넓게 연결해 준다.		
proverbio	쁘로베르비오	m	속담, 격언
providencia	쁘로비덴씨아	f	조치, 대책

P

provincia	쁘로빈씨아	ⓕ	주(州), 지방
provisión	쁘로비시온	ⓕ	준비함, 저장
provocación	쁘로보까씨온	ⓕ	도발, 선동
provocar	쁘로보까르		일으키다, 야기하다

El conductor provoca colisión que deja siete heridos.
운전자가 일으킨 추돌사고로 7명이 부상당했다.

próximo/ma	쁘록씨모/마		다음의, 가까운
proyección	쁘로옉씨온	ⓕ	투사(投射), 영사, 발사
proyectar	쁘로옉따르		발사하다, 계획하다
prudencia	쁘루덴씨아	ⓕ	신중, 조심, 절도
prudente	쁘루덴떼		주의 깊은, 신중한
prueba	쁘루에바	ⓕ	증거, 입증, 실험
psicología	시꼴로히아	ⓕ	심리학
psiquiatra	시끼아뜨라	ⓜⓕ	정신과 의사
publicación	뿌블리까씨온	ⓕ	공표, 출판
publicar	뿌블리까르		출판하다, 공표하다
publicidad	뿌블리씨닫	ⓜ	광고, 홍보

Hay demasiada publicidad.
광고가 너무 많아요.

pudor	뿌도르	ⓜ	수치, 부끄러움
pueblo	뿌에블로	ⓜ	마을, 민족, 국가

puente	뿌엔떼	m	통로, 다리(橋)
puerco	뿌에르꼬	m	돼지
puerta	뿌에르따	f	문, 출입구
puerto	뿌에르또	m	항구
pues	뿌에스		왜냐하면 ~이니까
puesto	뿌에스또	m	장소, 위치, 자리
pulgar	뿔가르	m	엄지
pulmón	뿔몬	m	폐, 허파
pulpo	뿔뽀	m	문어

Pulpo, el más inteligente de todos los invertebrados.
무척추동물 중에 가장 똑똑한 종, 문어.

pulsera	뿔세라	f	팔찌
pulso	뿔소	m	맥, 맥박
punta	뿐따	f	끝부분, 뾰족한 부분
punto	뿐또	m	점, 시점, 정도
puño	뿌뇨	m	주먹, 한줌
pupila	뿌삘라	f	눈동자
puro/ra	뿌로/라	m	순수한, 청결한 여송연
puzle	뿌쓸레	m	퍼즐 맞추기

N O P Q R S T U V W X Y Z

| 스페인어 필수 단어 |

Q

qejar(se)	께하르 (~de)	불평하다, 한탄하다
que	께	~인, ~하는, ~하는 것
qué	께	무엇, 어떤 것, 뭐라고?
	¿Qué precio tiene? 이거 얼마예요?	
quebrado/da	께브라도/다	부러진, 부서진, 울퉁불퉁한
quedar	께다르	남다, 있다, 남겨두다, 위치하다
quemadura	께마두라	ⓕ 화상
quemar	께마르	태우다, 소각하다
querer	께레르	좋아하다, ~하고 싶다, ~할 생각이다
	¿Qué quieres comer? 너는 무엇을 먹고 싶니?	
querido/da	께리도/다	사랑받는, 좋아하는
quien	끼엔	~인, ~하는
quién	끼엔	누구, 어떤 분
	¿Con quién se casa? 어떤 분이랑 결혼해?	
quieto/ta	끼에또/따	움직이지 않는, 점잖은
química	끼미까	ⓕ 화학
quince	낀세	15

quinto/ta	낀또/따	5번째의, 5분의 1의
quiosco	끼오스꼬	m 매점
quitar	끼따르	떼어내다, 철거하다
quitar(se)	끼따르	벗다
quizá	끼싸	아마도

R

rabia	ㄹ라비아	f	분노, 격분
	Vacunan contra la rabia a mascotas. 애완동물에게 광견병 예방 주사를 맞힌다.		
rabo	ㄹ라보	m	꼬리
ración	ㄹ라씨온	f	할당량, 배급량
racionamiento	ㄹ라씨오나미엔또	m	배급(제도)
radar	ㄹ라다르	m	레이더
radiante	ㄹ라디안떼		빛(열)을 발하는, 빛나는
radical	ㄹ라디깔		근본적인, 급진적인
radio	ㄹ라디오	m	반경, 범위
rafting	ㄹ라프띵	m	래프팅
raíz	ㄹ라이스	f	뿌리, 근원
rama	ㄹ라마	f	나뭇가지, 분파
rambla	ㄹ람블라	f	번화가
ramo	ㄹ라모	m	작은 가지, 분야
rampa	ㄹ람빠	f	쥐, 경련
rana	ㄹ라나	f	개구리
rápido/da	ㄹ라삐도/다		빠른, 신속한

	Eché un vistazo rápido a la novela. 나는 소설을 빠르게 훑었다.		
raro/ra	ㄹ라로/라		드문, 희귀한
raqueta	ㄹ라께따	*f*	라켓
rascacielos	ㄹ라스까씨엘로스	*mpl*	고층 건물
	El joven vuelve a trepar por un rascacielos. 젊은이가 다시 고층 빌딩을 기어 올라갔다.		
rasgo	ㄹ라스고	*m*	성격, 특징
raso/sa	ㄹ라소/사		평평한, 매끈한
rato	ㄹ라또	*m*	짧은 시간, 잠시
ratón	ㄹ라똔	*m*	쥐, 마우스
raya	ㄹ라야	*f*	선, 괘선, 가르마
rayar	ㄹ라야르		선을 긋다, 선을 그어 지우다
rayo	ㄹ라요	*m*	광선, 방사선
raza	ㄹ라싸	*f*	인종, 민족
	Abandona el uso de la "raza" como categoría en los estudios genéticos. 유전학 연구의 카테고리 범주로 "인종"을 사용하는 것을 중단한다.		
razón	ㄹ라쏜	*f*	이유, 원인, 근거
razonable	ㄹ라쏘나블레		이성적인, 도리를 아는
reacción	ㄹ레악씨온	*f*	반응, 반발
reaccionar	ㄹ레악씨오나르		반응하다, 대처하다
real	ㄹ레알		진짜의, 현실의; 왕의, 훌륭한

R

realidad	ㄹ레알리닫	ⓕ	현실, 실제
realista	ㄹ레알리스따		현실주의의
realización	ㄹ레알리싸씨온	ⓕ	현실, 성과
realizar	ㄹ레알리싸르		행하다, 실현하다
reanudar	ㄹ레아누다르		재개시키다, 부활시키다
	Uber reanuda la actividad en Madrid. 우버 택시가 마드리드에서 운영을 재개한다.		
rebaja	ㄹ레바하	ⓕ	할인, 깎아줌
rebelde	ㄹ레벨데		반항적인, 반란의
rebelión	ㄹ레벨리온	ⓕ	반란, 반역
rebuscar	ㄹ레부스까르		열심히 찾다, 추구하다
recado	ㄹ레까도	ⓜ	전언, 메시지
recelo	ㄹ레셀로	ⓜ	의심, 불신
recepción	ㄹ레셉씨온	ⓕ	접수 창구, 프런트데스크
	¡Oiga! ¿Es recepción? 여보세요! 거기 프런트죠?		
receta	ㄹ레쎄따	ⓕ	처방전, 요리법
rechazar	ㄹ레차싸르		거절하다, 퇴짜 놓다
rechazo	ㄹ레차쏘	ⓜ	거절, 거부
recibir	ㄹ레씨비르		받다, 수령하다
recibo	ㄹ레씨보	ⓜ	받음, 수령함, 영수증
recién	ㄹ레씨엔		막 ~한

reciente	ㄹ레씨엔떼		최근의, 요즘의
recinto	ㄹ레씬또	m	구내, 경내
reciprocidad	ㄹ레씨쁘로씨닫	f	상호성
recíproco/ca	ㄹ레씨쁘로꼬/까		서로의, 상호의
reclamar	ㄹ레끌라마르		요구하다, 청구하다
recobrar	ㄹ레꼬브라르		회복하다, 되찾다
recogedor	ㄹ레꼬헤도르	m	쓰레받기

Con la escoba y el recogedor he barrido.
쓰레받기에 빗자루로 쓰레기를 쓸어담았다.

recoger	ㄹ레꼬헤르		줍다, 모으다, 수확하다
recomendar	ㄹ레꼬멘다르		추천하다, 권유하다
recompensa	ㄹ레꼼뻰사	f	보수, 보답, 보상
reconocer	ㄹ레꼬노쎄르		식별하다, 분간하다, 확인하다
reconocimiento	ㄹ레꼬노씨미엔또	m	식별, 인지, 조사
reconquista	ㄹ레꽁끼스따	f	재정복, 탈환
reconstruir	ㄹ레꼰스뜨루이르		재건하다, 수복하다
recordar	ㄹ레꼬르다르		상기하다, 생각해내다
recorrer	ㄹ레꼬ㄹ레르		걷다, 답파하다, 훑어보다

National Geographic recorre los lagos y volcanes de Nicaragua.
내셔널지오그래픽은 니카라과의 호수와 화산을 답파한다.

recorrido	ㄹ레꼬ㄹ리도	m	여정, 진로, 여행

recortar	ㄹ레꼬르따르		떼어내다, 잘라내다
recreo	ㄹ레끄레오	m	오락, 즐거움
rectángulo	ㄹ렉땅굴로	m	직사각형
rectificar	ㄹ렉띠피까르		정정하다, 고치다
recto/ta	ㄹ렉또/따		직선의, 똑바른
rector	ㄹ렉또르		주요한, 지배적인
recuerdo	ㄹ레꾸에르도	m	기념품, 추억
	Este recuerdo lo compré para ti. 이 기념품은 너 주려고 사왔어.		
red	ㄹ레드	f	망, 그물
redacción	ㄹ레닥씨온	f	작문, 집필
redondo/da	ㄹ레돈도/다		둥근, 구형의, 완전한
reducción	ㄹ레둑씨온	f	축소, 감소
reducir	ㄹ레두씨르		줄이다, 축소하다
reembolsar	ㄹ레엠볼사르		환불하다, 상환하다
	Los portugueses podrán reembolsarse los gastos del veterinario. 포르투갈인들은 반려동물 관리에 소요한 비용을 환불받을 수 있게 된다.		
reembolso	ㄹ레엠볼소	m	환불, 변상
referencia	ㄹ레페렌씨아	f	언급, 보고
referéndum	ㄹ레페렌둠	m	국민투표
referir	ㄹ레페리르		말하다, 설명하다

refinar	ㄹ레피나르		정제하다, 세련시키다
reflejo	ㄹ레플레호		반사된, 반영된
reflexión	ㄹ레플렉씨온	*f*	숙고, 반성, 그림자
reforma	ㄹ레포르마	*f*	개혁
reforzar	ㄹ레포르싸르		강화하다, 강력하게 하다
refrescar	ㄹ레프레스까르		차갑게 하다, 냉각시키다
refresco	ㄹ레프레스꼬	*m*	청량음료
refrigerador	ㄹ레프리헤라도르	*m*	냉장고
refuerzo	ㄹ레푸에르쏘	*m*	보강, 강화
refugio	ㄹ레푸히오	*m*	피난(처), 보호
regalo	ㄹ레갈로	*m*	선물, 덤
regañar	ㄹ레가냐르		잔소리하다, 꾸짖다
	No me regañes. 내게 뭐라고 하지 마.		
regatear	ㄹ레가떼아르		가격 교섭을 하다
regio/gia	ㄹ레히오/히아		왕의, 화려한
región	ㄹ레히온	*f*	지방, 지역
registrar	ㄹ레히스뜨라르		검사하다, 기록하다
	Se registra sismo de 5.3 grados en Chiapas. 치아파스에서 진도 5.3 규모의 지진이 기록되었다.		
registro	ㄹ레히스뜨로	*m*	등록부, 장부, 등기

N O P Q R S T U V W X Y Z

regla	ㄹ레글라	ⓕ	자, 규칙
regocijo	ㄹ레고씨호	ⓜ	환희, 축제
regresar	ㄹ레그레사르		돌아가다

¿Cuándo regresa a su país?
언제 귀국하세요?

regular	ㄹ레굴라르		규칙적인, 올바른
regularidad	ㄹ레굴라리닫	ⓕ	규칙적임, 일정함
rehusar	ㄹ레우사르		거절하다, 거부하다
reina	ㄹ레이나	ⓕ	여왕, 퀸(Q)
reinado	ㄹ레이나도	ⓜ	치세, 군림
reinar	ㄹ레이나르		군림하다, 지배하다
reino	ㄹ레이노	ⓜ	왕국
reír	ㄹ레이르		웃다
reiterar	ㄹ레이떼라르		반복하다, 다시 말하다
reja	ㄹ레하	ⓕ	철책
relación	ㄹ렐라씨온	ⓕ	관계, 교제, 지인

5 consejos para mejorar tu relación de pareja
연인과의 관계를 개선하는 5가지 조언

relámpago	ㄹ렐람빠고	ⓜ	번개
relatar	ㄹ렐라따르		말하다, 이야기하다
relativo/va	ㄹ렐라띠보/바		상대적인, 비교적

relato	ㄹ렐라또	m	이야기, 서술
relieve	ㄹ렐리에베	m	요철, 탁월함
religión	ㄹ렐리히온	f	종교, 신앙
reloj	ㄹ렐로흐	m	시계
	Por mi reloj son las seis. 내 시계론 6시입니다.		
remediar	ㄹ레메디아르		대처하다, 타개하다
remedio	ㄹ레메디오	m	수단, 방법, 치료
remitir	ㄹ레미띠르		보내다, 발송하다
remo	ㄹ레모	m	(배의) 노, 고생
remodelar	ㄹ레모델라르		개축하다
remontar	ㄹ레몬따르		(산, 언덕을) 오르다, 날다
remoto	ㄹ레모또		먼, 떨어져 있는
remover	ㄹ레모베르		휘젓다, 이동시키다
renacer	ㄹ레나쎄르		다시 태어나다, 재생하다
	Renace el arte realista contemporáneo. 현대 리얼리즘 예술이 다시 태어난다.		
rendir	ㄹ렌디르		굴복시키다, 인도하다
renglón	ㄹ렌글론	m	(문장의) 행, 지출 항목
renovar	ㄹ레노바르		재생시키다, 재개하다
renta	ㄹ렌따	f	이자 소득, 연금
reñir	ㄹ레니르		싸우다, 다투다

R

renuncia	ㄹ레눈씨아	*f*	퇴직, 사직
reo	ㄹ레오	*mf*	범인, 죄인
reparación	ㄹ레빠라씨온	*f*	수리, 보상
reparar	ㄹ레빠라르		수리하다, 보상하다
repartir	ㄹ레빠르띠르		분배하다, 배달하다
repasar	ㄹ레빠사르		다시 조사하다, 복습하다
repente	ㄹ레뻰떼	*m*	돌발적인 동작, 충동
repertorio	ㄹ레뻬르또리오	*m*	목록, 리스트
repetición	ㄹ레뻬띠씨온	*f*	반복, 거듭 Repetición es la mejor manera de aprender. 반복은 가장 좋은 학습법이다.
repetir	ㄹ레뻬띠르		반복하다, 거듭 말하다
réplica	ㄹ레쁠리까	*f*	반박, 답변
reponer	ㄹ레뽀네르		보충하다, 복귀시키다
reposar	ㄹ레뽀사르		쉬다, 휴식하다
reposo	ㄹ레뽀소	*m*	휴식, 요양
representación	ㄹ레쁘레센따씨온	*f*	표현, 묘사, 대리
representante	ㄹ레쁘레센딴떼		대표의, 대리의 Salvador Dalí es uno de los representantes del surrealismo. 살바도르 달리는 초현실주의의 대표자 중 한 명이다.
representar	ㄹ레쁘레센따르		나타내다, 상징하다

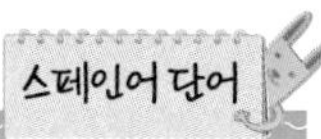

단어	발음	성	뜻
representativo/va	ㄹ레쁘레센따띠보/바		대표적인, 상징적인
reprimir	ㄹ레쁘리미르		억제하다, 제압하다
reproche	ㄹ레쁘로체	m	비난, 질책
reproducción	ㄹ레쁘로둑씨온	f	재생, 재현, 모사
república	ㄹ레뿌블리까	f	공화국
	República dominicana 도미니카공화국		
repugnante	ㄹ레뿌그난떼		불쾌감을 주는, 싫은
repulsión	ㄹ레뿔시온	f	증오, 혐오
reputación	ㄹ레뿌따씨온	f	평판, 명성
requisito	ㄹ레끼시또	m	필요조건, 자격
resaca	ㄹ레사까	f	숙취
resaltar	ㄹ레살따르		눈에 띄다, 뛰어나다
resbalar	ㄹ레스발라르		미끄러지다, 잘못을 저지르다
reseña	ㄹ레세냐	f	기술, 묘사
reserva	ㄹ레세르바	f	예약, 지정, 비축
reservado/da	ㄹ레세르바도/다		예약된, 보류된
reservar	ㄹ레세르바르		예약하다, 떼어 두다
	Quiero reservar una habitación. 객실을 예약하려고 해요.		
resfriado	ㄹ레스프리아도	m	감기
residencia	ㄹ레시덴시아	f	거주지

R

resignación	ㄹ레시그나씨온	ⓕ	사임, 사직
resistencia	ㄹ레시스뗀씨아	ⓕ	저항, 반항, 내구성
resistir	ㄹ레시스띠르		견디다, 참다
resolución	ㄹ레솔루씨온	ⓕ	결정, 해결
resolver	ㄹ레솔베르		해결하다, 결단하다
resonar	ㄹ레소나르		울려퍼지다, 공명하다
respecto	ㄹ레스뻭또	ⓜ	관계, 관련
respetable	ㄹ레스뻬따블레		존경할 만한, 상당한
respetar	ㄹ레스뻬따르		존경하다, 존중하다

La iglesia respeta la libertad de voto.
교회는 투표의 자유를 존중한다.

respeto	ㄹ레스뻬또	ⓜ	존경, 경의
respirar	ㄹ레스삐라르		호흡하다, 숨쉬다
respiro	ㄹ레스삐로	ⓜ	호흡
responder	ㄹ레스뽄데르		응답하다, 대답하다
responsable	ㄹ레스뽄사블레		책임감 있는, 책임을 지는
respuesta	ㄹ레스뿌에스따	ⓕ	대답, 반응
resta	ㄹ레스따	ⓕ	뺄셈
restaurante	ㄹ레스따우란떼	ⓜ	레스토랑
resto	ㄹ레스또	ⓜ	나머지, 잔액
restricción	ㄹ레스뜨릭씨온	ⓕ	제한, 절감

resucitar	ㄹ레수씨**따**르		소생시키다, 부활시키다
resultado	ㄹ레술**따**도	m	결과, 성과
resultar	ㄹ레술**따**르		결과로 생기다, 태어나다
resumen	ㄹ레**수**멘	m	요약, 개요
resurrección	ㄹ레수ㄹ렉씨온	f	부활, 되살아남 la resurrección de Jesús 예수의 부활
retener	ㄹ레떼**네**르		보존하다, 보유하다
retornar	ㄹ레또르**나**르		돌아가다, 돌아오다
retrasar	ㄹ레뜨라**사**르		늦게 하다, 지체시키다
retraso	ㄹ레뜨**라**소	m	지체, 지연
retroceder	ㄹ레뜨로쎄**데**르		후퇴하다, 뒤로 물러나다
reunión	ㄹ레우니온	f	모임, 집회, 참가자 No he podido comer, porque la reunión se alargó. 회의가 길어져서 점심도 못 먹었다.
reunir	ㄹ레우**니**르		모으다, 집합시키다
revelación	ㄹ레벨라씨온	f	폭로, 발각, 의외의 얘기
revelado	ㄹ레벨**라**도	m	(사진) 현상
reventar	ㄹ레벤**따**르		파열시키다, 부수다
revestir	ㄹ레베스**띠**르		덮다, 덧칠하다
revisar	ㄹ레비**사**르		점검하다, 재검토하다
revista	ㄹ레**비**스따	f	잡지, 정기간행물

단어	발음	성	뜻
revivir	ㄹ레비비르		되살아나다, 부활하다, 재발하다
revolución	ㄹ레볼루씨온	f	혁명, 혁신
	La revolución haitiana se produjo en Saint Domingue. 아이티 혁명은 생 도맹그에서 발생했다.		
revolver	ㄹ레볼베르		뒤섞다, 불쾌하게 하다
revuelta	ㄹ레부엘따	f	소란, 폭동
rey	ㄹ레이	m	국왕, 킹(트럼프의 K)
rezar	레싸르		기도하다, 낭송하다
rico/ca	ㄹ리꼬/까		맛있는, 부유한, 비옥한
ridículo	ㄹ리디꿀로		웃기는, 해학적인
riego	ㄹ리에고	m	물 뿌리기, 살수
	Riego por goteo es más efectivo y compensa la sequía. 찔금찔끔 물을 뿌리는 것이 더 효과적이고 가뭄을 해갈한다.		
rienda	ㄹ리엔다	f	고삐, 제어, 지배권
riesgo	ㄹ리에스고	m	위험, 모험
rígido/da	ㄹ리히도/다		단단한, 굽히지 않는
rigor	ㄹ리고르	m	엄격함, 정확
riguroso/sa	ㄹ리구로소/사		엄격한, 정확한
rincón	ㄹ린꼰	m	구석, 모퉁이
riñón	ㄹ리뇬	m	신장, 콩팥
río	ㄹ리오	m	강, 흐름, 대량

riqueza	ㄹ리께싸	f	부, 재산, 풍부
risa	ㄹ리사	f	웃음, 웃기는 일
	Me da risa. 나에게 웃음을 준다.		
ritmo	ㄹ리뜨모	m	리듬, 박자
rito	ㄹ리또	m	(종교적) 의식, 행사
ritual	ㄹ리뚜알		의식(儀式)의, 예식의
rival	ㄹ리발		경쟁하는
robar	ㄹ로바르		훔치다, 빼앗다
roble	ㄹ로블레	m	떡갈나무
robo	ㄹ로보	m	절도, 훔침
robusto/ta	ㄹ로부스또/따		건장한, 튼튼한
roca	ㄹ로까	m	바위, 돌
rocío	ㄹ로씨오	m	이슬, 물방울
rodar	ㄹ로다르		구르다, 굴러가다
rodear	ㄹ로데아르		둘러싸다, 포위하다
rodeo	ㄹ로데오	m	우회, 에두른 말씨
rodilla	ㄹ로디야	f	무릎
rogar	ㄹ로가르		탄원하다, 부탁하다
rojo	ㄹ로호	m	빨강; 붉은
	Me gusta el color rojo. 나는 빨간색을 좋아한다.		

rollo	ㄹ로요	m	원통형
Roma	ㄹ로마		로마
romano/na	ㄹ로마노/나		로마의, 가톨릭의
romanticismo	ㄹ로만띠씨스모	m	낭만주의
romántico/ca	ㄹ로만띠꼬/까		낭만적인, 감상적인
rombo	ㄹ롬보	m	마름모
romper	ㄹ롬뻬르		꺾다, 부수다, 나누다
ron	ㄹ론	m	럼주
ronda	ㄹ론다	f	야경, 순찰
ropa	ㄹ로빠	f	의복, 의류
rosa	ㄹ로사	f	장미, 분홍
rostro	ㄹ로스뜨로	m	얼굴, 안면
rotación	ㄹ로따씨온	f	회전, 자전
roto/ta	ㄹ로또/따 El pacto con el PSOE está roto. PSOE(스페인사회노동당)와 맺은 협정은 깨졌다		부서진, 갈라진
rótulo	ㄹ로뚤로	m	간판, 표식
rozar	ㄹ로싸르		스치다, 일구다, 마모시키다
rubí	ㄹ루비	m	루비
rubio/bia	ㄹ루비오/아		금발의
rudo/da	ㄹ루도/다		조잡한, 세련되지 않은

rueda	ㄹ루에다	*f* 바퀴, 자동차 바퀴
ruego	ㄹ루에고	*m* 부탁, 요망
ruido	ㄹ루이도	*m* 소음, 소리 Hace un ruido raro en el motor. 엔진에서 이상한 소음이 나기도 해요.
ruin	ㄹ루인	저열한, 인색한
ruina	ㄹ루이나	*f* 붕괴, 황폐, 몰락
ruindad	ㄹ루인닫	*f* 비열함, 야비함
ruinoso/sa	ㄹ루이노소/사	황폐한, 파멸적인
rumbo	ㄹ룸보	*m* 방향, 진로, 방침
rumor	ㄹ루모르	*m* 소문, 평판
rural	ㄹ루랄	지방의, 농촌의
Rusia	ㄹ루시아	러시아
ruta	ㄹ루따	*f* 길, 진로, 방법
rutina	ㄹ루띠나	*f* 정해진 일, 일상 업무

S

sábado	사바도	m	토요일
	Ven a salir conmigo el sábado por la noche. 토요일 밤에 나랑 놀러 나가자.		
sábana	사바나	f	침대보
saber	사베르		알다, 알고 있다, 이해하다
sabiduría	사비두리아	f	지혜, 현명
	El tiene sabiduría. 그는 지혜로운 사람이다.		
sabio/bia	사비오/비아		지혜로운, 현명한
sabor	사보르	m	맛, 미각
saborear	사보레아르		맛보다, 즐기다
sabroso/sa	사브로소/사		맛있는, 풍미가 있는, 실질적인
sacar	사까르		꺼내다, 획득하다
saco	사꼬	m	가방, 주머니
sacramento	사끄라멘또	m	성사(聖事), 신비
sacrificar	사끄리피까르		(제물을) 바치다
sacudir	사꾸디르		흔들다, 때리다
sagrado/da	사그라도/다		성스러운, 신성한
sal	살	m	소금, 재미

sala	살라	*f*	거실, 큰방, 회장
salado/da	살라도/다		짜다, 소금기 있는, 재미있는
salario	살라리오	*m*	급여
	¿Cuándo aumenta el salario mínimo? 언제 최저임금이 오르나요?		
saldo	살도	*m*	청산, 지불
salida	살리다	*f*	출구
saliente	살리엔떼		눈에 띄는, 튀어나온
salir	살리르		나가다, 외출하다
saliva	살리바	*f*	침, 타액
salmón	살몬	*m*	연어
salón	살롱	*m*	거실, 홀, 객실
salsa	살사	*f*	소스, 육즙
saltamontes	살따몬떼스	*m*	메뚜기
saltar	살따르		뛰다, 도약하다, 뛰어내리다
salto	살또	*m*	뛰어오름, 도약
salud	살룯		건강
	¡Salud! 건배!		
saludar	살루다르		인사하다, 경례하다
saludo	살루도	*m*	인사
salvación	살바씨온	*f*	구출, 구조

Diálogo

Sara: ¡Hola! Soy Sara. ¿Cómo te llamas?
안녕! 나는 사라야. 네 이름은 뭐니?

Ana: Hola Sara. Mi nombre es Ana.
안녕, 사라야. 내 이름은 아나.

Sara: Mucho gusto. Encantada de conocerte.
만나서 반가워. 너를 알게 되어 기뻐.

Ana: Gracias, Sara. Igualmente.
고마워, 사라야. 나도 마찬가지야.

전치목적격

스페인어 전치사 뒤에 te, me 와 같은 목적격대명사가 나올 때는 ti, mí로 바뀐다.

- Sin ti, no soy nada. 너 없이 난 아무것도 아니다.
- **A:** Gracias. 고마워.
  B: A ti. 너에게 (고마워) = 천만에!
- 전치사 con 뒤에 올 때는 반드시 다음과 같이 쓴다.
  Me quedo contigo. 너와 함께 머물 거야.
  Baila conmigo. 나랑 같이 춤추자.

salvaje	살바헤		야만적인, 조잡한
salvar	살바르		구하다, 회피하다
salvo/va	살보/바		안전한, 위험하지 않은;
	salvo~ ~을 제외하고		
sandalias	산달리아스	fpl	샌들
sandía	산디아	f	수박
	Me comería un trozo de sandía fría. 시원한 수박 한 조각 먹었으면….		
sándwich	산드위치	m	샌드위치
sangre	상그레	f	피, 혈액
sangría	상그리아	f	스페인의 대표적인 와인 칵테일
sanidad	사니닫	f	위생, 보건
sano/na	사노/나		건강한, 정상적인
	los mejores alimentos para un corazón sano 건강한 심장을 위해 좋은 음식들		
santidad	산띠닫	f	신성함, 고상함
santo/ta	산또/따		신성한, 성스러운, 성~
sardina	사르디나	f	정어리
sartén	사르뗀	f	프라이팬
sastre	사스뜨레	n	양복점
satélite	사뗄리떼	m	위성
satisfacción	사띠스팍씨온	f	만족(감), 충족

S

satisfacer	사띠스파세르		만족시키다, 납득시키다
satisfecho/cha	사띠스페초/차		만족한, 배부른
sauce	사우쎄	m	버드나무
sazón	사쏜	f	성숙, 원숙
secadora	세까도라	f	헤어드라이어
secar	세까르		말리다, 건조시키다
	Se seca el río. 강이 마른다.		
sección	섹씨온	f	코너, 전문
seco/ca	세꼬/까		건조한, 물이 마른
secretaría	세끄레따리아	f	사무국, 비서과
secretario/ria	세끄레따리오/리아	mf	비서
secreto	세끄레또	m	비밀
sector	섹또르	m	분야, 구역, 당파
secuestro	세꾸에스뜨로	m	유괴, 납치
secundario/ria	세꾼다리오/리아		제2의, 부차적인
sed	센	f	갈증, 목마름, 열망
	Tengo mucha sed. 무척 목이 말라요.		
seda	세다	f	비단
sede	세데	f	본거지, 본부
seducción	세둑씨온	f	유혹, 매력

seducir	세두씨르		나쁜 길로 꾀다, 매혹시키다
seguida	세기다	*f*	계속
seguir	세기르		뒤를 쫓다, 지키다, 준수하다
	la rutina beauty que debes seguir antes de ir a dormir 자기 전에 지켜야 할 뷰티 습관		
según	세군		~에 의하면, ~를 따라서
segundo	세군도	*f*	초(秒)
seguramente	세구라멘떼		분명히, 확실히, 아마도
seguridad	세구리닫	*f*	안전, 신뢰, 방어
seguro/ra	쎄구로/라		확신하는, 믿고 있는
seis	세이스		6
selección	셀렉씨온	*f*	고르기, 선택
selecto/ta	셀렉또/따		선택된, 극상의
sello	세요		도장
selva	셀바	*f*	밀림, 정글
semáforo	세마포로	*m*	신호등
semana	세마나	*f*	주, 1주일
	Mi amiga se casa este fin de semana. 내 친구가 이번 주말에 결혼한대.		
semanal	세마날		매주의, 주간의
semblante	셈블란떼	*m*	얼굴 (모습), 표정

단어	발음	성	뜻
sembrar	셈브라르		(씨를) 뿌리다
semejante	세메한떼		비슷한, 유사한
semejanza	세메한싸	*f*	유사함, 비슷함
semestre	세메스뜨레	*m*	학기
semilla	세미야	*f*	씨앗
sencillamente	센씨야멘떼		쉽게, 간단하게
sencillo	센씨요		간단한, 소박한
senda	센다	*f*	좁은 길, 방법
sensación	센사씨온	*f*	느낌, 감각
sensacional	센사씨오날		세상을 놀라게 할, 자극적인
sensibilidad	센시빌리닫	*f*	감수성, 감각
sensible	센시블레		민감한, 감각이 있는
	La fotografía es más sensible que la pintura. 사진이 그림보다 더 정밀하다.		
sensitivo/va	센시띠보/바		감각의, 민감한
sensual	센수알		관능적인, 육감적인
sentado/da	센따도/다		앉아 있는, 침착한
sentar	센따르		앉게 하다, 설립하다
sentencia	센뗀씨아	*f*	판결, 판정
sentido/da	센띠도/다	 *m*	감정이 서린, 슬픈 의미, 감각, 의식
sentimental	센띠멘딸		감상적인, 감동적인

sentimiento	센띠미엔또	m	기분, 느낌, 감정
sentir	센띠르		느끼다, 지각하다
seña	세냐	f	신호, 몸짓
señal	세냘	f	표시, 마크, 증거 Allí hay una señal. 저기 도로표지판이 있어.
señalar	세냘라르		표시를 하다, 지적하다
señor	세뇨르	m	아저씨, 삼촌 El señor me invitó un jugo. 그 아저씨가 내게 주스를 사줬다.
señora	세뇨라	f	아주머니, 이모, 고모
señorita	세뇨리따	f	~양, 아가씨
separación	세빠라씨온	f	분리, 나눔
separar	세빠라르		떼어내다, 멀리하다
septiembre	셉띠엠브레		9월
séptimo/ma	셉띠모/마		일곱 번째의, 7분의 1
sepulcro	세뿔끄로	m	묘, 무덤
sepultura	세뿔뚜라	f	매장, 묘
sequía	세끼아	f	가뭄
ser	세르		~이다
serenar	세레나르		진정시키다, 안도시키다
sereno/na	세레노/나		조용한, 평온한

seriamente	세리아멘떼		진지하게, 진심으로
serie	세리에	*f*	연속, (TV의) 연속물
serio/ria	세리오/리아		진지한, 성실한, 딱딱한
serpiente	세르삐엔떼	*f*	뱀
	Descubren el color original de una serpiente de hace 10 millones de años. 천만년 전 뱀의 원래 색을 발견했다.		
servicio	세르비씨오	*m*	봉사, 섬김
servidor/ra	세르비도르/라		하인, 사환, 저, 나
servir	세르비르		도움이 되다, 유용하다
sesenta	세센따		60
sesión	세시온	*f*	회의, 모임, 회기
seta	세따	*f*	버섯
setenta	세뗀따		70
Seúl	세울		서울
severo/ra	세베로/라		엄격한, 엄정한
sexo	섹소	*m*	성(性), 성별, 섹스
sexto/ta	섹스또/따		여섯 번째의, 6분의 1
	Es el sexto asiento de esta hilera. 이 줄 여섯 번째 좌석입니다.		
sexual	섹수알		성적인, 성의
sexy	섹시		섹시한

si	씨		만일 ~라면
sí	씨		자기, 그것; 예!, 맞아요.
siempre	시엠쁘레		언제나, 항상, 어차피
	Usted siempre conocerá a gente nueva. 언제나 새로운 사람들을 만나게 된다.		
sierra	시에ㄹ라	*f*	톱; 산맥
siervo/va	시에르보/바	*mf*	노예, 하인
siesta	시에스따	*f*	낮잠
siete	시에떼		7
siglo	시글로	*m*	세기(世紀)
significación	시그니피까씨온	*f*	의미, 중요성
significar	시그니피까르		의미하다, 나타내다
	¿Qué significa? 무슨 의미인가요?		
significativo/va	시그니피까띠보/바		의미를 갖는, 의미심장한
signo	시그노	*m*	기호, 표시
siguiente	시기엔떼		다음의, 이하의
silencio	실렌씨오	*m*	침묵, 무언, 비밀을 지킴
silencioso/sa	실렌씨오소/사		침묵하는, 조용한
silla	시야	*f*	의자, 안장
sillín	시인	*m*	(자전거, 오토바이 등의) 안장
sillón	시욘	*m*	안락의자

silueta	실루에따	ⓕ	그림자, 실루엣, 윤곽
silvestre	실베스뜨레		야생의
símbolo	심볼로	ⓜ	상징, 기호
similar	시밀라르		유사한, 공통점이 있는
simpatía	심빠띠아	ⓕ	호감, 애착
simpático/ca	심빠띠꼬/까		느낌이 좋은, 호의적인
	El dueño de esa tienda es muy simpático. 저 가게 주인은 무척 친절해.		
simple	심쁠레		단독의, 단일한
simplemente	심쁠레멘떼		그저, 단순히
simplicidad	심쁠리씨닫	ⓕ	단순성, 순진함
simplificar	심쁠리피까르		단순화하다
simular	시물라르		위장하다, 가장하다
sin	신		~없이, ~이 없는
sinceridad	신쎄리닫	ⓕ	성실
sincero/ra	신쎄로/라		성실한, 진심의
sindicato	신디까또	ⓜ	노동조합, 조직
sinfonía	신포니아	ⓕ	교향곡
singular	신굴라르		드물게 보는, 뛰어난
	El Ballet Nacional se presentará con singular puesta en escena. 국립발레단은 무대에서 특별한 포즈를 선보일 것이다.		

siniestro/tra	시니에스뜨로/뜨라		불길한, 비참한
sino	시노		(~이 아니라) ~이다, 단지
síntesis	신떼시스	f	통합, 총괄
sintético/ca	신떼띠꼬/까		종합적인, 합성의
síntoma	신또마	m	징조, 증상
siquiera	시끼에라		~조차도
sirena	시레나	f	사이렌, 경적
sistema	시스떼마	m	제도, 조직, 체계
sistemático/ca	시스떼마띠꼬/까		체계적인, 주도면밀한
sitio	시띠오	m	장점, 좌석, 자리
situación	시뚜아씨온	f	상황, 지위 El país está hoy en una situación de incertidumbre. 그 나라는 불확실한 상황에 처해 있다.
situar	시뚜아르		배치하다, 위치시키다
slip	슬립	m	슬립, 속치마
soberano/na	소베라노/나		주권을 갖는, 독립된
soberbio/bia	소베르비오/비아		거만한, 훌륭한
soborno	소보르노	m	뇌물, 매수
sobra	소브라	f	과잉, 초과
sobrar	소브라르		남다, 불필요하다

S

sobre	소브레		~의 위에, ~의 위를
	Pon el libro sobre la mesa. 그 책을 테이블 위에 두렴.		
sobre postal	소브레 뽀스딸	f	편지봉투
sobresaliente	소브레살리엔떼		뛰어난, 출중한
sobrevivir	소브레비비르		장수하다, 살아남다
sobriedad	소브리에닫	f	절제, 수수함
sobrino/na	소브리노/나	mf	조카
sobrio/bria	소브리오/브리아		수수한, 절제하는
social	소씨알		사회의, 회사의, 법인의
sociedad	소씨에닫	f	사회, 공동체, 협회
	La sociedad reconoce el trabajo de sus artistas. 사회는 예술가들의 노고를 인정한다.		
socorrer	소꼬ㄹ레르		구하다, 구조하다
socorro	소꼬ㄹ로	m	구조, 구출
sofá	소파	m	소파
sofocante	소포깐떼		(더위가) 숨막힐 정도의, 갑갑한
sofocar	소포까르		질식시키다, 호흡곤란시키다
soja	소하	f	콩
sol	솔	m	태양
solamente	솔라멘떼		그저 ~뿐
soldado	솔다도	mf	군인

soledad	솔레닫	ⓕ	고독(감)
solemne	솔렘네		성대한, 장엄한
soler	솔레르		~하는 것이 보통이다
solicitar	솔리씨따르		청구하다, 부르다
solicitud	솔리씨뚣	ⓕ	신청, 청구
solidez	솔리데쓰	ⓕ	견고함, 튼튼함
sólido	솔리도	ⓜ	고체
solitario/ria	쏠리따리오/리아		외로운, 쓸쓸한
solo	솔로		고독한, 유일한
sólo	솔로		~뿐, 단지 ~만
soltar	솔따르		해방하다, 풀어주다
	No te sueltes de mi mano. 내 손을 놓지 마!		
soltero/ra	솔떼로/라		미혼의, 독신의
solución	솔루씨온	ⓕ	해결, 해답
sombra	솜브라	ⓕ	그늘, 어둠
	Jóvenes estrellas que han conseguido salir de la sombra de sus famosos padres 유명 부모의 그늘에서 벗어나 성공한 젊은 스타들		
sombrero	솜브레로	ⓜ	모자
sombrilla	솜브리야	ⓕ	양산, 파라솔
someter	소메떼르		굴복시키다, 따르게 하다

N O P Q R S T U V W X Y Z

sonajero	소나헤로	m	(장난감) 딸랑이
sonar	소나르		소리를 내다, 울리다
sonido	소니도	m	소리, 음향
sonreír	손레이르		웃다, 미소 짓다
sonrisa	손리사	f	미소, 웃음
soñar	소냐르		꿈꾸다, 열망하다
sopa	소빠	f	수프 Quiero una sopa caliente de verduras. 따뜻한 야채수프를 먹고 싶어.
soplar	소쁠라르		숨을 강하게 내뿜다, (바람이) 불다
soplo	소쁠로	m	(바람이) 붊, (입으로) 한 번 붊
sordo/da	소르도/다		청각장애의, 들으려고 하지 않는
sorprender	소르쁘렌데르		놀라게 하다, 경악시키다
sorpresa	소르쁘레사	f	놀람, 생각지도 않은 선물
sorteo	소르떼오	m	제비뽑기
sosiego	소시에고	m	침착, 평정
sospecha	소스뻬차	f	의심, 혐의
sospechar	소스뻬차르		상상하다, 의심하다
sostén	소스뗀	m	지지, 지주, 기대는 사람
sostener	소스떼네르		받치다, 보강하다
sota	소따	f	잭(J)

sótano	소따노	*m*	지하실
suave	수아베		부드러운, 매끄러운
suavidad	수아비닫	*f*	부드러움, 다정함
subasta	수바스따	*f*	경매, 옥션
subir	수비르		오르다, 도달하다, 늘어나다
súbito/ta	수비또/따		갑작스런, 충동적인
subjetivo/va	숩헤띠보/바		주관적인, 개인적인
	el criterio subjetivo 주관적인 기준		
sublevación	숩레바씨온	*f*	반란, 봉기
sublime	숩리메		숭고한, 지고한
subsidio	숩시디오	*m*	보조(금), 수당
subsistir	숩시스띠르		존속하다, 생존하다
subterráneo/a	숩떼ㄹ라네오/아		지하의, 감춰진
subvención	숩벤씨온	*f*	조성금, 장려금
suceder	수쎄데르		일어나다, 생기다
sucesión	수쎄시온	*f*	연속, 계승
sucesivo/va	수쎄시보/바		차례대로, 연이어
suceso	수쎄소	*m*	사건, 사고
sucesor	수쎄소르	*m*	후계자, 상속인
sucinto/ta	수씬또/따		간결한, 짧은

S

sucio/cia	수씨오/씨오		더러운, 불결한, 비열한
	La habitación está sucia. 방이 더럽네.		
sucursal	수꾸르살	ⓕ	지사, 지점(의)
Sudamérica	수다메리까		남미
sudar	수다르		땀 흘리다, 수분을 내다
	¿Por qué sudo tanto? 왜 이리 땀이 많이 나지?		
sudor	수도르	ⓜ	땀, 발한
suegra	수에그라	ⓕ	시어머니, 장모
suegro	수에그로	ⓜ	시아버지, 장인
sueldo	수엘도	ⓜ	월급
suelo	수엘로	ⓜ	마루, 지면, 토지
suelto/ta	수엘또/따		해방된, 자유로운, 풀려난
sueño	수에뇨	ⓜ	수면, 잠, 졸림
suerte	수에르떼	ⓕ	운명, 운
	He tenido mucha suerte. 나는 복이 많아.		
suéter	수에떼르	ⓜ	스웨터
suficiente	수피씨엔떼		충분한, 적정한
sufrimiento	수프리미엔또	ⓜ	아픔, 고통
sufrir	수프리르		고민하다, 괴로워하다
sugerir	수헤리르		시사하다, 암시하다

sugestión	수헤스띠온	ⓕ	암시, 시사, 제안
suicidar(se)	수이씨다르		자살하다
suicidio	수이씨디오	ⓜ	자살(적 행동)
suite	수이떼	ⓕ	스위트룸
Suiza	수이싸		스위스
sujetador	수헤따도르	ⓜ	억압자, 브래지어
sujetar	수헤따르		지배하다, 복종시키다
sujeto/ta	수헤또/따		고정된, 구속된
	Está sujeta a la revisión. 수정해야 한다.		
suma	수마	ⓕ	덧셈
sumamente	수마멘떼		극도로, 무척
sumario/ria	수마리오/리아		요약된, 간결한
suministrar	수미니스뜨라르		공급하다, 지급하다
suministro	수미니스뜨로	ⓜ	공급, 지급, 제공
sumo/ma	수모/마		최고위의, 최고도의
superar	수뻬라르		능가하다, 초과하다
superficial	수뻬르피씨알		표면의, 겉핥기식의
	Una herida superficial daña solo la piel. 경상은 피부에만 상처를 입힌다.		
superficie	수뻬르피시에	ⓕ	표면, 면적

N O P Q R S T U V W X Y Z

superfluo/flua	수뻬르플루오/플루아		여분의, 불필요한
superior	수뻬리오르		~보다 위의, 상회하는, 상위의
superlativo/va	수뻬를라띠보/바		극도의, 최고의
supervisor/ra	수뻬르비소르/라	m/f	상사, 관리자, 감독
súplica	수쁠리까	f	탄원, 간청, 청원서
suplicio	수쁠리씨오	m	체벌, 고문
suponer	수뽀네르		상상하다, 추측하다, 가정하다
suposición	수뽀시씨온	f	상상, 추측, 가정
supremo/ma	수쁘레모/마		최고위의, 최고도의
supuesto/ta	수뿌에스또/따		~라고 추정된, 가정의, 혐의가 있는
sur	수르	m	남쪽
surf	수르프	m	서핑 El surf se ha convertido en un deporte de masas. 서핑은 이미 대중적인 스포츠가 되었다.
surgir	수르히르		분출하다, 뿜어나오다
suscribir	수스끄리비르		서명하다, 동조하다
suscripción	수스끄립씨온	f	예약, 신청
suspender	수스뻰데르		매달다, 걸다
suspirar	수스삐라르		한숨 쉬다, 애무하다 Suspira y se echa a reír. 한숨쉬고 웃는다.

suspiro	수스삐로	m	한숨
sustantivo/va	수스딴띠보/바	 m	실질적인, 본질적인 명사
sustituir	수스띠뚜이르		치환하다, 교체하다
susto	수스또	m	놀람, 경악
sutil	수띨		엷은, 가는, 희미한

T

tabaco	따바꼬	m	담배
tabla	따블라	f	판, 판자, 받침
tachar	따차르		(선을 그어) 지우다, 말소하다
taco	따코	m	타코(얇은 부침개)
tacón	따꼰	m	하이힐
tacto	딱또	m	촉각, 감촉, 능숙함
tal	딸		그러한, 그 정도의
talento	딸렌또	m	재능, 소질, 적성
talle	따예	m	체형, 스타일
taller	따예르	m	작업장, 아틀리에
tallo	따요	m	줄기(덩굴)
talón	딸론	m	뒤꿈치
tamaño	따마뇨	m	크기, 사이즈
también	땀비엔		~도 역시, 게다가
	¿Ah sí? Yo, también. 그러세요? 저도 그래요.		
tambor	땀보르	m	북, 드럼
tampoco	땀뽀꼬		~도 (~않다), 게다가 (~않다)

tango	땅고	ⓜ 탱고
tanto/ta	딴또/따	그렇게 많은, ~할 만큼의
tapar	따빠르	덮개를 덮다, 막다
tapa	따파	ⓕ 작은 접시에 나오는 전채 요리
tapia	따삐아	ⓕ (건축) 벽, 담
taquilla	따끼야	ⓕ 매표소, 물품보관소
tardanza	따르단싸	ⓕ 늦음, 지체, 지각
tardar	따르다르	시간이 걸리다, 수고가 들다
tarde	따르데	ⓕ 저녁, 오후; 늦게, 지각하여 Hoy por la tarde he quedado con mi amigo. 오늘 저녁에 친구와 만나기로 했다.
tardío/a	따르디오/아	지연된, 성과가 늦은
tarea	따레아	ⓕ 일, 작업, 임무
tarifa	따리파	ⓕ 교통비
tarjeta	따르헤따	ⓕ 카드
tasar	따사르	평가하다, 사정(査定)하다
taxi	딱시	ⓜ 택시 El taxi se acerca a la escuela. 택시가 학교 근처에 접근했다.
taxista	딱시스따	ⓜⓕ 택시기사
taza	따싸	ⓕ 컵(= vaso)
té	떼	ⓜ 차(茶)

T

teatro	떼아뜨로	*m*	연극, 희곡
techo	떼초	*m*	지붕, 천장
teclado	떼끌라도	*m*	키보드
	Ahora es normal que utilice un teclado inalámbrico. 요즘은 무선 키보드를 사용하는 것이 일반적이다.		
técnica	떽니까	*f*	기술, 방법
técnico/ca	떽니꼬/까		전문의, 기술의
teja	떼하	*f*	기와
tejano/na	떼하노/나		텍사스의
	*pantalón tejano 청바지		
tejer	떼헤르		(옷을) 짜다, 계획하다
tela	뗄라	*f*	천, 직물, 캔버스
telefax	뗄레팍스	*m*	팩시밀리
telefonear	뗄레포네아르		전화 걸다
teléfono	뗄레포노	*m*	전화기
telescopio	뗄레스꼬삐오	*m*	망원경
televisión	뗄레비시온	*f*	텔레비전
	He comido patatas fritas mirando la televisión. 텔레비전을 보면서 감자칩을 먹었다.		
tema	떼마	*m*	주제, 화제
temblar	뗌블라르		흔들리다, 동요하다

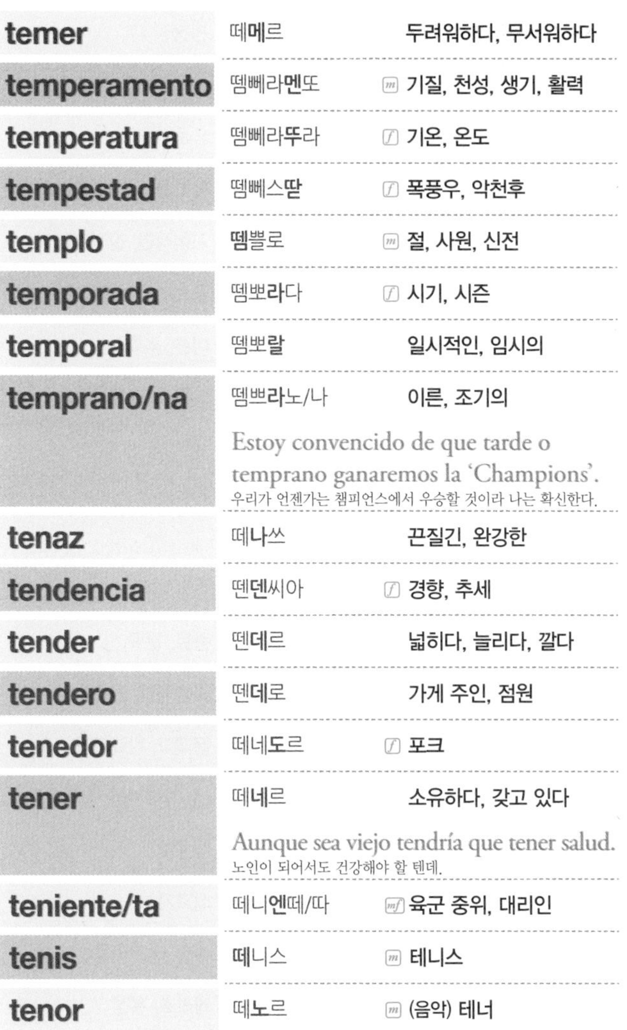

temer	떼메르		두려워하다, 무서워하다
temperamento	뗌뻬라멘또	m	기질, 천성, 생기, 활력
temperatura	뗌뻬라뚜라	f	기온, 온도
tempestad	뗌뻬스딷	f	폭풍우, 악천후
templo	뗌쁠로	m	절, 사원, 신전
temporada	뗌뽀라다	f	시기, 시즌
temporal	뗌뽀랄		일시적인, 임시의
temprano/na	뗌쁘라노/나		이른, 조기의

Estoy convencido de que tarde o temprano ganaremos la 'Champions'.
우리가 언젠가는 챔피언스에서 우승할 것이라 나는 확신한다.

tenaz	떼나쓰		끈질긴, 완강한
tendencia	뗀덴씨아	f	경향, 추세
tender	뗀데르		넓히다, 늘리다, 깔다
tendero	뗀데로		가게 주인, 점원
tenedor	떼네도르	f	포크
tener	떼네르		소유하다, 갖고 있다

Aunque sea viejo tendría que tener salud.
노인이 되어서도 건강해야 할 텐데.

teniente/ta	떼니엔떼/따	mf	육군 중위, 대리인
tenis	떼니스	m	테니스
tenor	떼노르	m	(음악) 테너

N O P Q R S T U V W X Y Z

T

tensión	뗀시온	ⓕ	긴장
tenso/sa	뗀소/사		팽팽한, 당겨진
tentación	뗀따시온	ⓕ	유혹
tentar	뗀따르		유혹하다, 매료하다
tentativo	뗀따띠보		시험적인, 잠정적인
teñir	떼니르		물들이다, 염색하다
teoría	떼오리아	ⓕ	이론, 추측
teórico/ca	떼오리꼬/까		이론의, 이론적인
tercero/ra	떼르쎄로/라		세 번째의, 3분의 1의
terco/ca	떼르꼬/까		완고한, 집요한 Todos tenemos ciertos límites, por más que yo sea muy terco. 내가 아무리 집요하다 해도 우리 모두는 한계를 지니고 있다.
terminación	떼르미나씨온	ⓕ	종료, 완료
terminante	떼르미난떼		결정적인, 단정적인
terminar	떼르미나르		끝내다, 완료하다
término	떼르미노	ⓜ	끝, 가장자리, 경계
termómetro	떼르모메뜨로	ⓜ	체온계
ternera	떼르네라	ⓕ	쇠고기
ternura	떼르누라	ⓕ	애정, 부드러움
terraza	떼ㄹ라싸	ⓕ	테라스, 옥상
terremoto	떼ㄹ레모또	ⓜ	지진

terreno	떼ㄹ레노	m	토지, 분야
terrestre	떼ㄹ레스뜨레		지구의, 지상의
terrible	떼ㄹ리블레		두려운, 잔학한, 굉장한
territorio	떼ㄹ리또리오	m	영토, 영역, 관할구역
terror	떼ㄹ로르	m	공포, 두려움
terrorismo	떼ㄹ로리스모	m	테러
tesis	떼시스	f	의견, 주장
tesoro	떼소로	m	보물, 재산 Eres mi tesoro. 너는 내 보물이야.
testamento	떼스따멘또	m	유언(장)
testigo	떼스띠고	mf	목격자
testimonio	떼스띠모니오	m	증언, 증거
tetera	떼떼라	f	주전자
textil	떽스띨		섬유의, 직물의
texto	떽스또	m	문헌, 서적, 교재
tez	떼쓰	f	피부, 안색 Él tiene 77 años de edad, tez morena clara. 그는 77세이며 낯빛은 밝은 갈색이다.
tía	띠아	f	아주머니, 숙모
tiburón	띠부론	m	상어, 야심가
tiempo	띠엠뽀		날씨, 시간

T

tienda	띠엔다	*f*	가게, 천막
tierno/na	띠에르노/나		부드러운, 젊은
tierra	띠에ㄹ라	*f*	지구, 육지, 땅, 토양
	La tierra en que vivimos es esfera. 우리가 사는 지구는 구체(球體)이다.		
tieso/sa	띠에소/사		경직된, 팽팽해진
tigre	띠그레	*m*	호랑이
tijeras	띠헤라스	*fpl*	가위
timbre	띰브레	*m*	초인종
tímido/da	띠미도/다		부끄러워하는, 겁많은
tinta	띤따	*f*	잉크, 색조
tío	띠오	*m*	아저씨, 숙부
tiovivo	띠오비보	*m*	회전목마
	¿Nos montamos en el tiovivo, también? 우리 회전목마도 타볼까?		
típico/ca	띠삐꼬/까		전형적인, 전통적인
tipo	띠뽀	*m*	유형, 스타일, 형태
tiranía	띠라니아	*f*	전제정치, 폭정
tirano	띠라노	*n*	폭군, 전제군주
tirar	띠라르		던지다, 뿌리다
tiro	띠로	*m*	발포, 발사
tirón	띠론	*m*	세게 당김

título	띠뚤로	ⓜ	제목, 표제, 자격
toalla	또아야	ⓕ	수건, 타올
tobillo	또비요	ⓜ	발목
tocar	또까르		만지다, 연주하다
tocador	또까도르	ⓜ	화장대
tocar	또까르		닿다, 만지다
todavía	또다비아		아직(도), 그래도
todo/da	또도/다		~전부, 완전한
Tokio	또끼오		도쿄
tolerancia	똘레란씨아	ⓕ	저항력, 인내력
tolerar	똘레라르		참다, 견디다, 인내하다
tomar	또마르		잡다, 들다, 먹다
	¿Para tomar aquí o para llevar? 여기서 드실 건가요, 아니면 가져가실 건가요?		
tomate	또마떼	ⓜ	토마토
tomo	또모	ⓜ	(책) ~권
tonalidad	또날리닫	ⓕ	색조, 음조
tonelada	또넬라다	ⓕ	톤(t)
tónico	또니꼬	ⓜ	스킨(화장품)
tono	또노	ⓜ	음색, 어조, 기품
tontería	똔떼리아	ⓕ	어리석음, 바보 같음

T

tonto/ta	똔또/따		어리석은, 순진한
	Sería tonto subestimarlos. 그들을 과소평가하는 것은 어리석은 짓이야.		
topar	또빠르		부딪치다, 충돌하다
tópico/ca	또삐꼬/까		평범한, 흔한
toque	또께		닿음, 만짐
torbellino	또르베이노	m	회오리바람, 선풍
torcer	또르쎄르		꼬다, 비틀다, 꾸부리다
tormenta	또르멘따	f	폭풍우
	en medio de la tormenta 폭풍우의 한가운데서		
tormento	또르멘또	m	고통, 고민, 괴로움
tornar	또르나르		돌아가다, 돌아오다
tornillo	또르니요	m	나사, 볼트
torno	또르노	m	선반(旋盤)
toro	또로	m	수소(소의 수컷)
torpe	또르뻬		둔한, 느린, 서투른
torpeza	또르뻬싸	f	서투름, 둔함
torre	또ㄹ레	f	탑, 누각
torrente	또ㄹ렌떼	m	급류, 쇄도
torta	또르따	f	케이크
tortilla	또르띠야	f	스페인식 오믈렛

tortuga	또르뚜가	f	거북이
tos	또스	f	기침
	Remedio natural para aliviar la tos 기침 완화를 위한 자연요법		
tosco/ca	토스꼬/까		조잡한, 간소한
toser	또세르		기침하다
tostadora	또스따도라	f	토스터
total	또딸		전체의, 전면적인
totalidad	또딸리닫	f	전체, 전부
totalmente	또딸멘떼		완전히
	Estoy totalmente de acuerdo contigo. 나는 너에게 완전 동의해.		
trabajar	뜨라바하르		일하다, 작업하다
trabajo	뜨라바호	m	일, 업무, 직업
	El trabajo colaborativo exige a los participantes habilidades comunicativas. 협업에는 구성원들의 의사소통 능력이 필요하다.		
trabar	뜨라바르		연결시키다, 결합시키다
tradición	뜨라디씨온	f	전통, 관습, 전설
tradicional	뜨라디씨오날		전통의, 전통적인
traducción	뜨라둑씨온	f	번역
traducir	뜨라두씨르		번역하다, 해설하다
traductor/ra	뜨라둑또르/라	mf	번역자, 통역자

N O P Q R S T U V W X Y Z

T

traer	뜨라에르		가져오다, 지참하다
tráfico	뜨라피꼬	m	교통, 수송
	Aquí el trafico está complicado. 여긴 교통체증이 심하네.		
tragar	뜨라가르		삼키다, 소비하다
tragedia	뜨라헤디아	f	비극, 참사
traición	뜨라이씨온	f	배신, 반역
traidor/ra	뜨라이도르/라		배신의, 반역의, 반항적인
traje	뜨라헤	m	정장
trampa	뜨람빠	f	함정, 덫, 계략
	Él cayó en la misma trampa. 그는 똑같은 함정에 빠졌다.		
trance	뜨란쎄	m	고비, 위기
tranquilidad	뜨란낄리닫	f	평온, 침착, 진정
tranquilizar	뜨란낄리싸르		진정시키다, 안심시키다
tranquilo/la	뜨란낄로/라		조용한, 온화한, 평온한
transbordar	뜨란스보르다르		옮겨 싣다, 바꿔 타다
transcribir	뜨란스끄리비르		옮겨 쓰다, 베끼다
transcripción	뜨란스끄립씨온	f	필사, 복사
transeúnte	뜨란세운떼	mf	통행인, 단기체류자
transformación	뜨란스포르마씨온	f	변형, 변질
transformar	뜨란스포르마르		바꾸다, 변화시키다

Transforma tus muebles de manera fácil y económica.
저렴하고 쉬운 방법으로 가구를 리폼해 봐!

transición	뜨란시씨온	f	변천, 이행, 과도기
tránsito	뜨란시또	m	통행, 지나감, 왕래
transmitir	뜨란스미띠르		전달하다, 방송하다
transparencia	뜨란스빠렌씨아	f	투명한 상태, 투명도
transparente	뜨란스빠렌떼		투명한, 맑은, 명백한
transponer	뜨란스뽀네르		옮기다, 이전하다
transportar	뜨란스뽀르따르		운반하다, 수송하다
transporte	뜨란스뽀르떼	m	교통, 운송
trapo	뜨라뽀	m	걸레, 누더기
tras	뜨라스		~뒤에서, ~이후에
trascendencia	뜨라스쎈덴씨아	f	중요성, 통찰력, 탁월함
trascender	뜨라스쎈데르		알려지다, (영향력)이 퍼지다

Quiere Europa trascender políticas de austeridad. 유럽은 긴축정책이 퍼지길 원한다.

trasladar	뜨라슬라다르		이동하다, (인원) 배치를 바꾸다
traslado	뜨라슬라도	m	이동, 이사
trasnochar	뜨라스노차르		철야하다, 외박하다

Evite trasnochar. 밤새지 마세요.

traspasar	뜨라스빠사르		옮기다, 건너다

N O P Q R S T U V W X Y Z

traspaso	뜨라스빠소	*m*	통과, 횡단, 이동
trasplantar	뜨라스쁠란따르		이식하다, 도입하다
trasto	뜨라스또	*m*	도구, 가구
trastorno	뜨라스또르노	*m*	혼란, 동요, 소동
tratado	뜨라따도	*m*	조약, 협정
	tratado internacional 국제 협약		
tratamiento	뜨라따미엔또	*m*	취급, 조치, 치료
tratar	뜨라따르		다루다, 취급하다
trato	뜨라또	*m*	취급(법), 교제, 교섭
través	뜨라베스	*m*	경사, 기울기
travesía	뜨라베시아	*f*	골목, 횡단로
trazado/da	뜨라싸도/다	*m*	그려진, 설계된, 도면, 설계도
trazo	뜨라쏘	*m*	(그려진) 선, 필치, 윤곽
tréboles	뜨레볼레스	*mpl*	클로버(포커)
trece	뜨레쎄		13
trecho	뜨레초	*m*	거리, 노정
tregua	뜨레구아	*f*	휴전(협정), 휴식
	De la tregua a la paz 휴전에서 평화로		
treinta	뜨레인따		30
tremendo/da	뜨레멘도/다		무서운, 굉장한, 엄청난

tren	뜨렌	m	열차, 기계
	¿En dónde tengo que cambiar de tren? 어디에서 열차를 갈아타야 할까요?		
trepar	뜨레빠르		기어오르다, 등반하다
tres	뜨레스		3
triángulo	뜨리앙굴로	m	삼각형
tribu	뜨리부	f	(원시) 부족, 종족
tribuna	뜨리부나	f	연단, 연설대
tribunal	뜨리부날	m	법정, 재판소
tributo	뜨리부또	m	세금
trigo	뜨리고	m	밀
triple	뜨리쁠레		3배의, 3단의
triste	뜨리스떼		슬퍼하는, 상심한
	Estoy triste. 나는 슬프다.		
tristeza	뜨리스떼싸	f	슬픔
triunfal	뜨리운팔		승리의, 성공한
triunfante	뜨리운판떼		승리한, 성공한
triunfar	뜨리운파르		이기다, 성공하다
triunfo	뜨리운포	m	승리, 대성공, 당첨
	Ella recuerda con buen humor último triunfo. 그녀는 기분 좋게 최근 승리를 기억한다.		
trivial	뜨리비알		사소한, 별거 아닌

trona	뜨로나	*f*	유아 의자
tronco	뜨롱꼬	*m*	나무줄기
trono	뜨로노	*m*	왕위, 왕권
tropa	뜨로빠	*f*	군대, 병사들
tropel	뜨로뻴	*m*	(움직이는) 군중, 쇄도, 혼잡
tropezar	뜨로뻬싸르		넘어지다, 충돌하다
tropical	뜨로삐깔		열대의, 혹서의

El clima tropical es ideal para la supervivencia del virus.
열대 기후는 바이러스의 생존에 이상적이다.

trotar	뜨로따르		(말이) 빠른 걸음으로 달리다
trozo	뜨로쏘	*m*	부분, 조각
trucha	뜨루차	*f*	송어
trueno	뜨루에노	*m*	천둥
tubo	뚜보	*m*	파이프, 관
tulipa	뚤리빠	*f*	튤립
tumba	뚬바	*f*	무덤
tumbar	뚬바르		쓰러뜨리다, 타도하다
túnel	뚜넬	*m*	터널, 지하도
turbar	뚜르바르		방해하다, 혼란시키다
turismo	뚜리스모	*m*	관광

turista 뚜리스따 *mf* **관광객**

Muchos turistas vienen aquí para ver el monumento histórico.
많은 관광객들은 유적지를 찾아 여기에 온다.

turno 뚜르노 *m* **차례**

U

últimamente	울띠마멘떼	최근, 요즘, 결국
último/ma	울띠모/마	지난, 마지막의
uno/na	우노/나	하나의, 한 사람의, 어떤
unánime	우나니메	만장일치의, 이구동성의 He consultado al equipo unánime. 나는 익명의 팀과 상의했다.
únicamente	우니까멘떼	오로지 ~뿐, 그저 ~뿐
único/ca	우니꼬/까	유일한, 하나뿐인
unidad	우니닫	*f* 한 개, 단위, 단일성
unificar	우니피까르	하나로 묶다, 통합하다
uniforme	우니포르메	같은, 동일한
unión	우니온	*f* 결합, 동맹
unir	우니르	결합시키다, 연결짓다
universal	우니베르살	전세계의, 보편적인
un millón	운 미욘	백만
universidad	우니베르시닫	*f* 대학교
universitario/ria	우니베르시따리오/리아	*mf* 대학생
untar	운따르	칠하다, 바르다

uña	우냐	ⓕ	손톱, 발굽
	Tienes las uñas largas. 네 손톱은 길다.		
uña del pie	우냐 델 삐에	ⓕ	발톱
urbano/na	우르바노/나		도시의, 세련된
urdir	우르디르		(음모를) 꾀하다
urgencia	우르헨씨아	ⓕ	긴급, 절박
urgente	우르헨떼		긴급한, 절박한
urgir	우르히르		긴급을 요하다
urología	우롤로히아	ⓕ	비뇨기과
urraca	우ㄹ라까	ⓕ	까치
usado/da	우사도/다		중고의, 사용된
usar	우사르		쓰다, 이용하다
uso	우소	ⓜ	이용, 사용, 용도
usted	우스떼드		당신은, 귀하는
ustedes	우스떼데스		당신들, 귀하들
usual	우수알		보통의, 상용의
útil	우띨		유용한, 도움이 되는
utilidad	우띨리닫	ⓕ	유용성, 실효성
utilizar	우띨리싸르		이용하다, 사용하다
	Ya es la hora de utilizar el orinal infantil. 이제 유아 변기를 사용할 때가 되었어.		

U

uva 우바 *f* 포도

V

vaca	바까	f	암소
vacación	바까씨온	f	휴가, 방학
	No puedo planificar mis vacaciones porque tengo mucho trabajo. 바빠서 휴가 계획을 잡을 수 없다.		
vacilación	바씰라씨온	f	흔들림, 동요, 망설임
vacilar	바씰라르		흔들리다, 망설이다
vacío/cía	바씨오/아	m	공백, 공간; 비어 있는
	El vagón está vacio, porque es un día laboral. 평일이라 객실이 텅 비었네.		
vagabundo/da	바가분도/다	mf	방랑자; 방랑하는, 유랑하는
vagón	바곤	m	객실
vaguedad	바게닫	f	모호함, 뚜렷하지 않음
valentía	발렌띠아	f	용기, 대담성
valer	발레르		가치가 ~이다, ~의 가치가 있다
valiente	발리엔떼		용감한
	No tengas miedo y sé valiente. 두려워하지 말고 용기를 내라.		
valla	바야	f	담장, 울타리
valle	바예	f	계곡

valor	발로르	Ⓜ	가치, 용기, 효력
vanidad	바니닫	Ⓕ	허영(심), 우쭐함
vano/na	바노/나		허무한, 알맹이가 없는, 허영심이 강한
vapor	바뽀르	Ⓜ	증기, 김
variación	바리아씨온	Ⓕ	변화, 편차
variar	바리아르		바꾸다, 변경하다
variedad	바리에닫	Ⓕ	변화, 다양성
vario/ria	바리오/리아		여러 명의, 다양한
varón	바론	Ⓜ	남자
vaso	바소	Ⓜ	컵, 글라스, 용기
	Cuando veo un vaso bonito quiero comprarlo. 나는 예쁜 컵만 보면 사고 싶다.		
vaso sanguíneo	바소 상기네오	Ⓜ	혈관
vecindad	베씬닫	Ⓕ	근처, 인근
vecino/na	베씨노/나	Ⓜ	이웃
vega	베가	Ⓕ	비옥한 평야
vegetación	베헤따씨온	Ⓕ	식물, 초목
	Vegetación seca eleva riesgo de incendios. 건초는 화재 위험을 높인다.		
vehículo	베이꿀로	Ⓜ	교통수단
veinte	베인떼		20

vejez	베헤쓰	ⓕ	노년, 노령
vejiga	베히가	ⓕ	방광
velo	벨로	ⓜ	베일, 덮는 천, 숄
velocidad	벨로씨닫	ⓕ	속도, 신속함
vena	베나	ⓕ	정맥, 혈관
vencedor	벤쎄도르	ⓝ	승자, 승리자
vencer	벤쎄르		무찌르다, 극복하다 Dirigentes del mundo llaman a la unidad para vencer al terrorismo. 전 세계 지도자들은 테러리즘에 맞서 연대를 요구한다.
venda	벤다	ⓕ	붕대
vendedor/ra	벤데도르/라	ⓜⓕ	판매하는 판매원, 점원, 판매기
vender	벤데르		팔다, 판매하다
veneno	베네노	ⓜ	독, 유해물
venerar	베네라르		존경하다, 숭배하다
venganza	벤간싸	ⓕ	보복, 앙갚음
venida	베니다	ⓕ	찾아옴, 방문
venir	베니르		오다, 찾아오다, 나타나다
venta	벤따	ⓕ	판매, 팔기
ventaja	벤따하	ⓕ	우세, 우위, 강점
ventana	벤따나	ⓕ	창문, 창틀

	Yo voy a limpiar las ventanas. 나는 창문을 닦을게.	
ventanilla	벤따니야	*f* 창구, (탈것의) 창
ventilador	벤띨라도르	*m* 선풍기
ventura	벤뚜라	*f* 운, 운명, 행운
Venus	베누스	*f* 금성
ver	베르	보다, ~하는 것을 보다, 만나다
vera	베라	*f* 가장자리, 기슭
veraneo	베라네오	*m* 피서
verano	베라노	*m* 여름
verbo	베르보	*m* 동사(動詞)
verdad	베르닫	*f* 진실, 진짜
	¿Es verdad? 진짜야?	
verde	베르데	*m* 녹색; 싱싱한, 수분이 있는
verdura	베르두라	*m* 채소
vergonzoso/sa	베르곤쏘소/사	부끄러운, 창피한
vergüenza	베르구엔싸	*f* 부끄러움, 수치심
verificar	베리피까르	증명하다, 입증하다
versión	베르시온	*f* 버전
verso	베르소	*m* 시(詩), 운문
verter	베르떼르	붓다, 비우다

vértigo	베르띠고	m	어지러움, 현기증
vestíbulo	베스띠불로	m	로비, 현관
vestido	베스띠도	f	옷, 복장, 원피스
vestir	베스띠르		옷을 입히다, 옷을 주다
	¿Qué me visto hoy? 오늘은 어떤 옷을 입을까?		
veterano/na	베떼라노/나	n	(군대의) 고참의
vez	베쓰	f	~회, ~번, 기회
vía	비아	f	선로, 철도
viajante	비아한떼	mf	여행하는 봇짐장수같이 판매를 위해 여행하는 사람
viaje	비아헤	m	여행, 운반
viaje de trabajo	비아헤 데 뜨라바호	m	출장
viajero/ra	비아헤로/라	mf	나그네, 여행객
vibración	비브라씨온	f	흔들림, 진동
vicio	비씨오	m	악덕, 악습
vicisitud	비씨시뚣	f	변동, 부침, 영고성쇠
víctima	빅띠마	f	피해자, 희생자
victoria	빅또리아	f	승리, 이김
vida	비다	f	인생, 생활
	La vida es hermosa. 인생은 아름다워.		

vidrio	비드리오	ⓜ	유리(제품)
viejo/ja	비에호/하		낡은, 늙은
viento	비엔또	ⓜ	바람, 허영
vientre	비엔뜨레	ⓜ	배(腹)
viernes	비에르네스	ⓜ	금요일
Vietnam	비엣남		베트남
vigilancia	비힐란씨아	ⓕ	조심, 경계, 감시
vigilante	비힐란떼	 ⓜⓕ	감시하는, 망을 보는 감시원
vigor	비고르	ⓜ	힘, 활력
villa	비야	ⓕ	별장, 별채
vinagre	비나그레	ⓜ	식초
vino	비노	ⓜ	와인, 과실주
	El consumo moderado de vino mejora el funcionamiento del cerebro. 적량의 포도주는 뇌 기능을 활성화시킨다.		
violar	비올라르		위반하다, 강간하다
violencia	비올렌씨아	ⓕ	폭력
violación	비올라씨온	ⓕ	위반, 침해, 강간
violento/ta	비올렌또/따		폭력적인, 맹렬한
	El crimen violento 강력 범죄		
violeta	비올레따	ⓕ	제비꽃

virolín	비올린	m	바이올린
virgen	비르헨	f	성모, 처녀
virginal	비르히날		처녀의, 순결한
viril	비릴		남성의, 남자다운
virtud	비르뚣	f	덕, 선, 미덕
virtuoso/sa	비르뚜오소/사		덕이 있는, 고결한
virus	비루스	m	바이러스, 병균
visado	비사도	m	비자(= la visa 비사) Un visado es un documento emitido por un país extranjero que autoriza la entrada a dicho país. 비자는 외국에서 출입을 허락하며 발행한 문서입니다.
visible	비시블레		눈에 보이는, 분명한
visión	비시온	f	보기, 시력, 보이는 것
visita	비시따	f	방문, 병문안, 구경
visitante	비시딴떼	mf	방문객; 방문하다
visitar	비시따르		방문하다, 관광하다
víspera	비스뻬라	f	전날, 전야
vista	비스따	f	시각, 시력, 경치 La vista de ese templo es excelente. 그 절의 경치는 수려하다.
visto/ta	비스또/따		보여진, 고려된
vistoso/sa	비스또소/사		화려한

V

viudo/da	비우다/다	mf	미망인
víveres	비베레스	m	식량, 음식
viveza	비베싸	f	민첩성, 재빠름
viviente	비비엔떼		살아 있는
vivir	비비르		살다, 생활하다
vivo/va	비보/바		살아 있는, 활발한
vizconde	비쓰꼰데	m	자작(子爵)
vocablo	보까블로	m	말, 어휘
vocabulario	보까불라리오	m	어휘(집)
vocación	보까씨온	f	사명, 천직
vocal	보깔		소리의, 구두의
vodka	보드까	mf	보드카
volar	볼라르		날다, 비행하다 Esperamos que Sol vuelva a volar. 쏠이 다시 날기를 우리는 바랍니다.
volcán	볼깐	m	화산
voleibol	볼레이볼	m	배구
volumen	볼루멘	m	부피, 크기
voluntad	볼룬딷	f	의지, 의욕, 결의
voluntario/ria	볼룬따리오/리아		자발적인, 자유의지의
volver	볼베르		돌아가[오]다

vomitar	보미따르		토하다, 구토하다
vomito	보미또	m	구토, 토함
	La comida me ha sentado mal y estoy vomitando. 점심 먹은 게 체해서 구토를 한다.		
votación	보따씨온	f	투표, 표결
voto	보또	m	투표, 투표권
voz	보쓰	f	목소리, 말, 의견
vuelco	부엘꼬	m	전복, 뒤집어짐, 변천
vuelta	부엘따	f	회전, 선회
vulgar	불가르		통속적인, 평범한
vulgo	불고		민중, 인민

W

whisky 위스끼 ⓜ **위스키**

Póngame un whisky con hielo.
위스키 온더록스 한 잔 주세요.

X

xilófono 씰로포노 *m* **실로폰**

Y

y	이		그리고, ~ 및, ~에다가
ya	야		이미, 지금은
yacer	야세르		가로눕다, 잠들어 있다
yate	야떼	m	요트
yerno	예르노	m	사위 Yerno es el marido de mi hija. 사위는 내 딸의 남편을 말한다.
yeso	예소	m	석고
yo	요		나는, 내가

Z

zafiro	싸피로	m	사파이어
zaga	싸가	f	뒤쪽, 배후
zanahoria	싸나오리아	f	당근
zapatos	싸빠또스	mpl	구두
zona	쏘나	f	지역, 구역
zoo	쏘-	m	동물원
zorro	쏘ㄹ로	m	여우
zumo	쑤모	m	주스, 이익
zurcir	쑤르씨르		꿰매다, 이어 맞추다

| SECTION 02 |

한국어
+
스페인어 단어

| 스페인어 필수 단어 |

ㄱ

가건물	ⓕ barraca	바ㄹ라까
가게	ⓕ tienda	띠엔다
가격	ⓜ precio	쁘레씨오
가격표	ⓕ etiqueta	에띠께따
가공	ⓕ elaboración	엘라보라씨온
가공할 만한	horrible	오ㄹ리블레
가구	ⓜ mueble	무에블레
가까이	cerca	쎄르까
가까이에 놓다	arrimar (+a)	아ㄹ리마르
가끔	a veces	아 베쎄스
가난한	pobre	뽀브레
가능성	ⓕ posibilidad	뽀시빌리닫
가능케 하다	facilitar	파씰리따르
가능한	posible	뽀시블레
가다	ir	이르
가득 찬	lleno/na	예노/나
가라앉히다, 침몰시키다	hundir	운디르

가로	ⓕ	anchura	안추라
가로등	ⓜ	farol	파롤
가르마	ⓕ	raya	ㄹ라야
가르치다		enseñar	엔세냐르
		instruir	인스뜨루이르
가리키다		apuntar	아뿐따르
가망	ⓕ	posibilidad	뽀시빌리닫
가면	ⓕ	careta	까레따
	ⓕ	máscara	마스까라
가뭄	ⓕ	sequía	세끼아
가방	ⓜ	bolso	볼소
	ⓜ	saco	사꼬
가벼운		leve	레베
		ligero/ra	리헤로/라
가설	ⓕ	hipótesis	이뽀떼시스
가수	ⓜⓕ	cantante	깐딴떼
가슴	ⓜ	pecho	뻬초
가습기	ⓜ	humidificador	우미디피까도르
가시	ⓕ	espina	에스삐나
가연성의		combustible	꼼부스띠블레

ㄱ ㄴ ㄷ ㄹ ㅁ ㅂ ㅅ ㅇ ㅈ ㅊ ㅋ ㅌ ㅍ ㅎ

ㄱ

가요	m	pop	폽
가위	fpl	tijeras	띠헤라스
가을	m	otoño	오또뇨
가이드	mf	guía	기아
가입하다		afiliar(se) +a	아필리아르
		ingresar +en	인그레사르
		inscribir(se) +en	인스끄리비르
가장(假裝)하다		aparentar	아빠렌따르
가장자리	m	borde	보르데
	m	cabo	까보
	m	término	떼르미노
	f	vera	베라
가장하다		simular	시물라르
가전제품	m	electrodoméstico	엘렉뜨로도메스띠꼬
가정(假定)	f	suposición	수뽀시씨온
가정(家庭)	m	hogar	오가르
가정(家庭)의		casero/ra	까세로/라
		doméstico/ca	도메스띠꼬/까
가정하다		suponer	수뽀네르
가져가다		llevar	예바르

한국어	성	스페인어	발음
가져오다		traer	뜨라에르
가족	f	familia	파밀리아
	m	hogar	오가르
가죽	f	piel	삐엘
가죽(술병)	m	cuero	꾸에로
가지	f	berenjena	베렝헤나
가짜의		falso/sa	팔소/사
가차 없는		implacable	임쁠라까블레
가축	m	ganado	가나도
가치	m	mérito	메리또
	m	precio	쁘레씨오
	m	valor	발로르
(~받을 만한, ~정도의) 가치가 있다		merecer	메레쎄르
가톨릭의		católico/ca	까똘리꼬/까
각각의		cada	까다
각색	f	adaptación	아답따씨온
각서	f	nota	노따
	m	memorándum	메모란둠
간(肝)	m	hígado	이가도
간격	m	intervalo	인떼르발로

ㄱ

간결한		breve	브레베
		sucinto/ta	수씬또/따
간부	mf	dirigente	디리헨떼
간소한		sobrio/bria	소브리오/브리아
		sencillo/lla	센시요/야
간식	f	merienda	메리엔다
간접적인		indirecto/ta	인디렉또/따
간첩	n	espía	에스삐아
간청	f	súplica	수쁠리까
간파하다		adivinar	아디비나르
		leer	레에르
간판	m	rótulo	ㄹ로뚤로
간호	f	asistencia	아시스뗀씨아
간호사	mf	enfermera	엔페르메라
갈대	f	caña	까냐
	m	carrizo	까ㄹ리쏘
갈망	f	ansia	안시아
갈망하는		ávido/da	아비도/다
		ansioso/sa	안시오소/사
갈망하다		ansiar	안시아르

한국어	성	스페인어	발음
갈매기	f	gaviota	가비오따
갈비뼈	f	costilla	꼬스띠야
갈색	m	marrón	마ㄹ론
갈색의		moreno/na	모레노/나
갈아타다		transbordar	뜨란스보르다르
갈증	f	sed	셀
갈채를 보내다		aclamar	아끌라마르
감	m	caqui	까끼
감각	f	sensación	센사씨온
	m	sentido	센띠도
감각의		sensitivo/va	센시띠보/바
감금하다		encerrar	엔쎄ㄹ라르
감기	m	catarro	까따ㄹ로
	m	resfriado	ㄹ레스프리아도
감독	mf	director/ra	디렉또르/라
감동	f	emoción	에모씨온
감동시키다		emocionar	에모씨오나르
		conmover	꽁모베르
감동적인		dramático/ca	드라마띠꼬/까
		emocionante	에모씨오난떼

ㄱ

한국어	성	스페인어	발음
감명	f	**impresión**	임쁘레시온
감사	m	**agradecimiento**	아그라데씨미엔또
	f	**gratitud**	그라띠뚣
감사하다		**agradecer**	아그라데쎄르
감상적인		**sentimental**	센띠멘딸
감소	f	**disminución**	디스미누씨온
	f	**reducción**	ㄹ레둑씨온
감소하다		**declinar**	데끌리나르
		disminuir	디스미누이르
감수성	f	**sensibilidad**	센시빌리닫
감시	f	**vigilancia**	비힐란씨아
감자	f	**patata**	빠따따
감자튀김	fpl	**patatas fritas**	빠따따스 프리따스
감정(感情)	m	**sentimiento**	센띠미엔또
감정(鑑定)	f	**apreciación**	아쁘레시아씨온
감정(鑑定)하다		**apreciar**	아쁘레씨아르
감촉	m	**tacto**	딱또
감추다		**encubrir**	엔꾸브리르
		esconder	에스꼰데르
감춰진		**oculto/ta**	오꿀또/따

한국어	성	스페인어	발음
감탄	f	admiración	아드미라씨온
감탄하다		admirar	아드미라르
감탄할 만한		admirable	아드미라블레
갑갑한		apretado/da	아쁘레따도/다
		sofocante	소포깐떼
갑자기		bruscamente	브루스까멘떼
갑작스런		súbito/ta	수비또/따
갑판	f	cubierta	꾸비에르따
값비싼		costoso/sa	꼬스또소/사
강	m	río	ㄹ리오
강간	f	violación	비올라씨온
강낭콩	f	judía	후디아
강당	m	auditorio	아우디또리오
강력한		intenso/sa	인뗀소/사
		potente	뽀뗀떼
강세	m	acento	아쎈또
강연	m	discurso	디스꾸르소
강요하다		exigir	엑시히르
		forzar+a	포르싸르
강의	f	lección	렉씨온

한국어	성	스페인어	발음
강의실	f	aula	아울라
강점	f	ventaja	벤따하
강제하다		obligar	오블리가르
강조하다		acentuar	아쎈뚜아르
		destacar	데스따까르
강좌	m	curso	꾸르소
강철	m	acero	아쎄로
강한		fuerte	푸에르떼
강화하다		acentuar	아쎈뚜아르
		reforzar	ㄹ레포르싸르
같은		igual	이구알
		mismo	미스모
개	mf	perro/rra	뻬ㄹ로/ㄹ라
개구리	f	rana	ㄹ라나
개나리	m	forsitia	포르시띠아
개념	f	noción	노씨온
개똥벌레	f	luciérnaga	루씨에르나가
개미	f	hormiga	오르미가
개선	f	mejora	메호라
개성	f	característica	까락떼리스띠까

한국어	성	스페인어	발음
	f	personalidad	뻬르소날리닫
개시	f	iniciación	이니씨아씨온
	m	principio	쁘린씨삐오
개업, 개회식	f	inauguración	인아우구라씨온
개울	m	arroyo	아ㄹ로요
개인	f	persona	뻬르소나
개인적인		individual	인디비두알
개인주의	m	individualismo	인디비두알리스모
개정	f	enmienda	엔미엔다
개척	f	explotación	엑스쁠로따씨온
개척자		pionero/ra	삐오네로/라
개척하다		explotar	엑스쁠로따르
개축하다		remodelar	ㄹ레모델라르
개혁하다		reformar	ㄹ레포르마르
개회	f	apertura	아뻬르뚜라
객관적인		objectivo/va	옵헥띠보/바
객실	m	salón	살롱
	m	habitación	아비따시온
거대한		colosal	꼴로살
		enorme	에노르메

거래	m	negocio	네고씨오
거리	f	distancia	디스딴시아
	m	trecho	뜨레초
거만한		soberbio/bia	소베르비오/비아
		arrogante	아ㄹ로간떼
거미	f	araña	아라냐
거물	m	magnate	마흐나떼
거북이	f	tortuga	또르뚜가
거실	f	sala	살라
	m	salón	살롱
거울	m	espejo	에스뻬호
거의		casi	까시
거절	m	rechazo	ㄹ레차쏘
거절하다		rechazar	ㄹ레차싸르
		rehusar	ㄹ레우사르
거주자	mf	habitante	아비딴떼
거주지	f	residencia	ㄹ레시덴시아
거주하다		habitar	아비따르
거즈	f	gasa	가사
거짓말	f	mentira	멘띠라

거짓말하다		mentir	멘띠르
거친(촉감)		áspero/ra	아스뻬로/라
거품	f	espuma	에스뿌마
거행	f	celebración	쎌레브라씨온
걱정	f	angustia	앙구스띠아
	f	preocupación	쁘레오꾸빠씨온
걱정되는		alarmante	알라르만떼
걱정시키다		preocupar	쁘레오꾸빠르
걱정하여		ansioso/sa	안시오소/사
건강한		fuerte	푸에르떼
건너다		atravesar	아뜨라베사르
		cruzar	끄루싸르
		traspasar	뜨라스빠사르
건너편에		al otro lado	알 오뜨로 라도
건네다		dar	다르
		entregar	엔뜨레가르
건배!	m	brindis	브린디스
		salud	살룯
건설하다		construir	꼰스뜨루이르
		edificar	에디피까르

한국어	성	스페인어	발음
건장한		robusto/ta	ㄹ로부스또/따
건전지	f	pila	삘라
건조시키다		secar	세까르
건조한		árido/da	아리도/다
		seco/ca	세꼬/까
건축	f	construcción	꼰스뜨룩씨온
건축가	mf	arquitecto/ta	아르끼떽또/따
건축학	f	arquitectura	아르끼떽뚜라
건포도	f	pasa	빠사
걷다		andar	안다르
		caminar	까미나르
		marchar	마르차르
		recorrer	ㄹ레꼬ㄹ레르
걸레	m	trapo	뜨라뽀
걸출	f	eminencia	에미넨씨아
걸출한		destacado/da	데스따까도/다
검사	f	inspección	인스뻭씨온
검사하다		examinar	엑싸미나르
		revisar	ㄹ레비사르
검색하다		buscar	부스까르

한국어	성	스페인어	발음
검역	f	cuarentena	꾸아렌떼나
검열하다		censurar	쎈수라르
검정	m	negro	네그로
	f	negrura	네그루라
겁이 많은		asustadizo/za	아수스따디쏘/싸
겁쟁이		cobarde	꼬바르데
겉보기엔		en apariencia	엔 아빠리엔씨아
게	m	cangrejo	깡그레호
게다가		además	아데마스
		también	땀비엔
게시판		tablón de anuncios	따블론 데 아눈씨오스
게으른(사람)	n	perezoso/sa	뻬레쏘소/사
게을리하다		descuidar	데스꾸이다르
겨냥하다		apuntar	아뿐따르
겨울	m	invierno	인비에르노
겨자	f	mostaza	모스따싸
격년의		bienal	비에날
격노	f	furia	푸리아
격려	m	estímulo	에스띠물로
격려하다		alentar	알렌따르

ㄱ ㄴ ㄷ ㄹ ㅁ ㅂ ㅅ ㅇ ㅈ ㅊ ㅋ ㅌ ㅍ ㅎ

한국어	성	스페인어	발음
		animar	아니**마**르
격리된		aislado/da	아이슬**라**도/다
격분	f	furia	**푸**리아
격언	m	proverbio	쁘로**베**르비오
격차	m	desnivel	데스니**벨**
견고한		firme	**피**르메
		sólido/da	**솔**리도/다
견고함	f	solidez	솔리**데**쓰
견디다		resistir	ㄹ레시스**띠**르
		tolerar	똘레**라**르
견본	m	ejemplo	에**헴**쁠로
	m	modelo	모**델**로
견사	f	seda	**세**다
견습	mf	aprendiz	아쁘렌**디**쓰
결과	f	consecuencia	꼰세꾸**엔**씨아
	m	efecto	에**펙**또
	m	resultado	ㄹ레술**따**도
결국		finalmente	피**날멘**떼
결근	f	ausencia	아우**센**씨아
결단력	f	decisión	데씨시**온**

결단하다		resolver	ㄹ레솔베르
결론	f	conclusión	꼰끌루시온
결말	m	desenlace	데센라쎄
	f	conclusión	꼰끌루시온
결백	f	inocencia	이노쎈씨아
결산(상업)	m	balance	발란쎄
결석한		ausente	아우센떼
결점	m	fallo	파요
	m	defecto	데펙또
결정	f	decisión	데씨시온
	f	determinación	데떼르미나씨온
	f	resolución	ㄹ레솔루씨온
결정되지 않은		indeciso/sa	인데씨소/사
결정된		decidido/da	데씨디도/다
		determinado/da	데떼르미나도/다
결정적인		decisivo/va	데씨시보/바
		definitivo/va	데피니띠보/바
		terminante	떼르미난떼
결정하는		determinante	데떼르미난떼
결정하다		decidir	데씨디르

한국어	성	스페인어	발음
결코 (~아니다)		**nunca**	**눈**까
결투	m	**desafío**	데사**피**오
결핍	f	**escasez**	에스까**세**쓰
	f	**falta**	**팔**따
	f	**pobreza**	뽀브**레**싸
결함이 있는		**deficiente**	데피씨**엔**떼
결합	f	**combinación**	꼼비나씨**온**
	f	**conjunción**	꼰훈씨**온**
	f	**unión**	우니**온**
결합시키다		**aliar**	알리**아**르
		combinar	꼼비**나**르
		unir	우**니**르
결혼(식)	m	**casamiento**	까사미**엔**또
	m	**matrimonio**	마뜨리**모**니오
	m	**boda**	**보**다
결혼하다		**casar(se)**	까**사**르
결혼한		**casado/da**	까**사**도/다
겸손	f	**humildad**	우밀**닫**
겸손한		**humilde**	우**밀**데
		modesto/ta	모**데**스또/따

경건한		devoto/ta	데보또/따
경계	f	frontera	프론떼라
경계(선)	m	límite	리미떼
경고	f	advertencia	아드베르뗀시아
경기장	m	estadio	에스따디오
경도(經度)	f	longitud	롱히뚣
경도(硬度)	f	dureza	두레싸
경력	f	historia	이스또리아
	f	carrera	까ㄹ레라
경련	f	rampa	ㄹ람빠
	f	convulsión	꼰불시온
경매	f	subasta	수바스따
경멸	m	desprecio	데스쁘레씨오
경멸하다		desdeñar	데스데냐르
		despreciar	데스쁘레시아르
경박한		frívolo/la	프리볼로/라
경보(警報)	f	alarma	알라르마
경사(비탈)	m	declive	데끌리베
경솔한		imprudente	임쁘루덴떼
		indiscreto/ta	인디스끄레또/따

ㄱ

경악	m	asombro	아솜브로
	m	susto	수스또
경악케 하다		sorprender	소르쁘렌데르
		asombrar	아솜브라르
경영	f	administración	아드미니스뜨라씨온
경영의		administrativo/va	아드마니스뜨라띠보/바
경영자	mf	gerente	헤렌떼
경영하다		dirigir	디리히르
		administrar	아드미니스뜨라르
경우	m	caso	까소
경유	m	gasóleo	가솔레오
경이	m	milagro	밀라그로
	m	prodigio	쁘로디히오
경이적인		prodigioso/sa	쁘로디히오소/사
경작자	n	cultivador	꿀띠바도르
경작하다		cultivar	꿀띠바르
		labrar	라브라르
경쟁	f	competencia	꼼뻬뗀씨아
경쟁하는		rival	ㄹ리발
경쟁하다		competir	꼼뻬띠르

		disputar	디스뿌따르
경적	f	sirena	시레나
경제적으로		económicamente	에꼬노미까멘떼
경제학	f	economía	에꼬노미아
경주(競走)	f	carrera	까ㄹ레라
경직된		tieso/sa	띠에소/사
경찰	mf	policía	폴리씨아
경찰관	mf	guardia	구아르디아
	mf	vigilante	비힐란떼
경찰서	f	comisaría	꼬미사리아
경청하다		atender	아뗀데르
		escuchar	에스꾸차르
경치		paisaje	빠이사헤
	f	vista	비스따
경쾌함	f	ligereza	리헤레싸
경향	f	tendencia	뗀덴씨아
경험	f	experiencia	엑스뻬리엔씨아
경험하다		experimentar	엑스뻬리멘따르
계곡	f	valle	바예
계급	f	categoría	까떼고리아

한국어	성	스페인어	발음
계란	m	huevo	우에보
계산	m	cálculo	깔꿀로
	f	cuenta	꾸엔따
계산기	f	calculadora	깔꿀라도라
계산서	f	cuenta	꾸엔따
계산하다		calcular	깔꿀라르
계속	f	seguida	세기다
계속하다		continuar	꼰띠누아르
계승	f	sucesión	수쎄시온
계약	m	contrato	꼰뜨라또
계절	f	estación	에스따씨온
계획	m	plan	쁠란
계획하다		proyectar	쁘로옉따르
		tejer	떼헤르
고개 숙이다		agachar	아가차르
고객	mf	cliente/ta	끌리엔떼/따
고결한		noble	노블레
고고학	f	arqueología	아르께올로히아
고구마	m	boniato	보니아또
	m	camote	까모떼

고기	*f*	carne	까르네
고도	*f*	altitud	알띠뚣
고독(감)	*f*	soledad	솔레닫
고독한		solitario/ria	솔리따리오/리아
고등어	*f*	caballa	까바야
고등학교(과정)	*m*	bachillerato	바치예라또
고래	*f*	ballena	바예나
고려	*f*	consideración	꼰시데라씨온
	m	pensamiento	뻰사미엔또
고르기	*f*	selección	셀렉씨온
고르다		elegir	엘레히르
고리	*m*	cerco	쎄르꼬
고릴라	*m*	gorila	고릴라
고립	*m*	aislamiento	아이슬라미엔또
고립된		aislado/da	아이슬라도/다
고립시키다		aislar	아이슬라르
고마움	*m*	agradecimiento	아그라데씨미엔또
고무	*m*	caucho	까우초
고문	*f*	tortura	또르뚜라
	m	suplicio	수쁠리씨오

고민	f	angustia	앙구스띠아
고발	f	acusación	아꾸사씨온
고발하다		acusar	아꾸사르
고백	f	confesión	꼰페시온
고백하다		confesar	꼰페사르
고삐	f	rienda	ㄹ리엔다
고양이	m	gato	가또
고용하다		emplear	엠쁠레아르
고원	f	meseta	메세따
고유의		propio/pia	쁘로삐오/삐아
고인	n	difunto	디푼또
고장	f	avería	아베리아
고정된		fijo/ja	피호/하
		inmóvil	인모빌
		sujeto	수헤또
고정시키다		fijar	피하르
고집하다		asir	아시르
		insistir	인시스띠르
고참의	n	veterano/na	베떼라노/나
고체	m	sólido	솔리도

고추	m	chile	칠레
	m	guindilla	긴디야
고층건물	mpl	rascacielos	ㄹ라스까씨엘로스
고치다		corregir	꼬ㄹ레히르
		rectificar	ㄹ렉띠피까르
고통	f	pena	뻬나
	m	sufrimiento	수프리미엔또
	m	tormento	또르멘또
고풍스러운		arcaico/ca	아르까이꼬/까
고함치는		ahillón/na	치욘/요나
고향	f	patria	빠뜨리아
고혈압	f	alta tensión	알따 뗀시온
곡괭이	f	azada	아싸다
곡물	m	grano	그라노
곡선	f	curva	꾸르바
곡식	m	cereal	쎄레알
곤란한		difícil	디피씰
곤충	m	insecto	인섹또
골라내다		escoger	에스꼬헤르
골목	m	callejón	까예혼

한국어	성	스페인어	발음
	f	callejuela	까예후엘라
골반	f	pelvis	뻴비스
골프	m	golf	골프
곰	m	oso	오소
곰인형	m	peluche	뻴루체
곱셈	f	multiplicación	물띠쁠리까시온
공	f	pelota	뻴로따
공간	f	amplitud	암쁠리뚣
공격	f	agresión	아그레시온
	m	asalto	아살또
	m	ataque	아따께
공격하다		atacar	아따까르
		asaltar	아살따르
공급	f	oferta	오페르따
공급하다		proveer	쁘로베에르
		suministrar	수미니스뜨라르
공기	m	aire	아이레
공기의		aéreo/a	아에레오/아
공동의		colectivo/va	꼴렉띠보/바
공동체	f	comunidad	꼬무니닫

	f	sociedad	소씨에닫
공백	m	vacío	바씨오
공부하다		estudiar	에스뚜디아르
공사	f	obra	오브라
공산주의	m	comunismo	꼬무니스모
공산주의자	mf	comunista	꼬무니스따
공상	f	fantasía	판따시아
공상적인		fantástico/ca	판따스띠꼬/까
공업		industria	인두스뜨리아
공예품	f	artesanía	아르떼사니아
공원	m	jardín	하르딘
	m	parque	빠르께
공작(公爵)	m	duque	두께
공장	f	fábrica	파브리까
공적인		oficial	오피씨알
공정한		justo/ta	후스또/따
공주	f	princesa	쁘린쎄사
공포	m	espanto	에스빤또
	m	horror	오ㄹ로르
	f	miedo	미에도

ㄱ ㄴ ㄷ ㄹ ㅁ ㅂ ㅅ ㅇ ㅈ ㅊ ㅋ ㅌ ㅍ ㅎ

	m	terror	떼ㄹ로르
공표	f	publicación	뿌블리까씨온
공항	m	aeropuerto	아에로뿌에르또
공헌	f	aportación	아뽀르따씨온
	f	contribución	꼰뜨리부씨온
공헌하다		contribuir	꼰뜨리부이르
공화국	f	república	ㄹ레뿌블리까
과거	m	pasado	빠사도
과도한		demasiado/da	데마시아도/다
		excesivo/va	엑스쎄시보/바
과목	f	asignatura	아시그나뚜라
과실(過失)	f	culpa	꿀빠
과일	f	fruta	프루따
과잉	m	exceso	엑스쎄소
	f	sobra	소브라
과자	m	galleta	가예따
과장	f	exageración	엑사헤라씨온
과장하다		exagerar	엑사헤라르
과정	m	proceso	쁘로쎄소
과즙	m	jugo	후고

과학	f	ciencia	씨**엔**씨아
관(棺)	m	ataúd	아따**우**드
관객	f	audiencia	아우디**엔**시아
	n	espectador	에스뻭따**도**르
관계	m	enlace	엔라**쎄**
	f	relación	ㄹ렐라씨온
관광	m	turismo	뚜**리**스모
관광객	mf	turista	뚜**리**스따
관광하다		visitar	비시**따**르
관능적인		sensual	센수**알**
관대한		blando/da	블**란**도/다
		generoso/sa	헤네**로**소/사
관리	m	control	꼰뜨**롤**
		administración	앋미니스뜨라씨온
관리자	m	administrador	아드미니스뜨라**도**르
	myf	supervisor/ra	수뻬르비**소**르/라
관리하다	m	administrar	아드미니스뜨**라**르
		controlar	꼰뜨롤**라**르
관심	m	interés	인떼**레**스
관심 끌다		interesar	인떼레**사**르

ㄱ

관용	ⓕ	indulgencia	인둘헨씨아
관절	ⓕ	articulación	아르띠꿀라씨온
관찰	ⓕ	observación	옵세르바씨온
관찰하다		observar	옵세르바르
관통하다		penetrar	뻬네뜨라르
관현악단	ⓕ	orquesta	오르께스따
광고	ⓜ	publicidad	뿌블리씨닫
	ⓜ	comercial	꼬메르씨알
광고지	ⓜ	encarte	엔까르떼
광기	ⓕ	locura	로꾸라
광대한		inmenso/sa	인멘소/사
광물(의)	ⓜ	mineral	미네랄
광범위한		amplio/plia	암쁠리오/쁠리아
광산	ⓕ	mina	미나
광선	ⓕ	luz	루쓰
	ⓜ	rayo	ㄹ라요
광장	ⓕ	plaza	쁠라싸
광채	ⓜ	brillo	브리요
괴로운		penoso/sa	뻬노소/사
괴로움	ⓕ	amargura	아마르구라

	ⓕ	pena	뻬나
괴로워하다		sufrir	수프리르
괴롭히다		molestar	몰레스따르
괴물	ⓜ	monstruo	몬스뜨루오
굉장한		tremendo/da	뜨레멘도/다
교과서	ⓜ	libro (de texto)	리브로 (데 떽스또)
교도소	ⓕ	prisión	쁘리시온
교섭	ⓕ	negociación	네고씨아씨온
	ⓜ	trato	뜨라또
교수	ⓜⓕ	profesor/ra	쁘로페소르/라
교수형시키다		ahorcar	아오르까르
교실	ⓕ	aula	아울라
	ⓕ	clase	끌라세
교양	ⓕ	cultura	꿀뚜라
교양 있는		culto/ta	꿀또/따
교육	ⓕ	educación	에두까씨온
	ⓕ	instrucción	인스뜨룩씨온
	ⓕ	enseñanza	엔세냔싸
교육받은		educado/da	에두까도/다
교육하다		educar	에두까르

ㄱ ㄴ ㄷ ㄹ ㅁ ㅂ ㅅ ㅇ ㅈ ㅊ ㅋ ㅌ ㅍ ㅎ

		instruir	인스뜨루이르
교재	m	texto	떽스또
교제하다		tener relaciones	떼네르 ㄹ렐라씨오네스
		tener amistad	떼네르 아미스땉
교직	m	magisterio	마히스떼리오
교차로	m	cruce	끄루쎄
교체하다		alternar	알떼르나르
		mudar	무다르
		sustituir	수스띠뚜이르
교통	f	circulación	씨르꿀라씨온
	m	transporte	뜨란스뽀르떼
	m	tráfico	뜨라피꼬
교통비	f	tarifa	따리파
교통수단	m	vehículo	베이꿀로
교향곡	f	sinfonía	신포니아
교환	m	cambio	깜비오
교환하다		cambiar	깜비아르
교활	f	malicia	말리씨아
교회	f	iglesia	이글레시아
교훈	f	lección	렉씨온

구(九)		nueve	누에베
구(球)	f	esfera	에스페라
구경	f	visita	비시따
구급차	f	ambulancia	암불란시아
구기(球技)	f	pelota	뻴로따
구내	m	recinto	ㄹ레씬또
구두	mpl	zapatos	싸빠또스
구두의		oral	오랄
구르다		rodar	ㄹ로다르
구름	m	nube	누베
구름 낀		nublado/da	누블라도/다
구리	m	cobre	꼬브레
구멍(결손)	m	agujero	아구헤로
구별	f	distinción	디스띵씨온
구별하다		distinguir	디스띵기르
구석	m	rincón	ㄹ린꼰
구성	f	composición	꼼뽀시씨온
	f	formación	포르마씨온
구성하다		componer	꼼뽀네르
구속하다		detener	데떼네르

ㄱ ㄴ ㄷ ㄹ ㅁ ㅂ ㅅ ㅇ ㅈ ㅊ ㅋ ㅌ ㅍ ㅎ

ㄱ

구슬	*f* bolita	볼리따
구십(90)	noventa	노벤따
구월(9월)	septiembre	셉띠엠브레
구입	*f* adquisición	아드끼시씨온
	f compra	꼼쁘라
구조(構造)	*f* composición	꼼뽀시씨온
	f estructura	에스뜨룩뚜라
	m mecanismo	메까니스모
구조(救助)	*m* socorro	소꼬ㄹ로
구조하다	socorrer	소꼬ㄹ레르
구체적으로	concretamente	꽁끄레따멘떼
구체적인	concreto/ta	꽁끄레또/따
구체화하다	concretar	꼰끄레따르
구출	*m* rescate	ㄹ레스까떼
구타	*m* golpe	골뻬
구토	*m* vomito	보미또
구하다	salvar	살바르
국가	*m* estado	에스따도
	m país	빠이스
국경	*f* frontera	프론떼라

국내의		doméstico/ca	도메스띠꼬/까
		nacional	나씨오날
국민투표	m	referéndum	ㄹ레페렌둠
국어(모국어)	f	lengua materna	렝구아 마떼르나
국영의		estatal	에스따딸
국왕	m	rey	ㄹ레이
국자	m	cucharón	꾸차론
국제적인		internacional	인떼르나씨오날
국화(菊花)	m	crisantemo	끄리산떼모
국회	f	Asamblea	아삼블레아
	m	Congreso	꽁그레소
	m	Parlamento	빠를라멘또
군대	m	ejército	에헤르씨또
군도(群島)	m	archipiélago	아르치삐엘라고
군림	m	reinado	ㄹ레이나도
군림하다		imperar	임뻬라르
		reinar	ㄹ레이나르
군인	mf	combatiente	꼼바띠엔떼
	mf	soldado	솔다도
군주	m	monarca	모나르까

ㄱ ㄴ ㄷ ㄹ ㅁ ㅂ ㅅ ㅇ ㅈ ㅊ ㅋ ㅌ ㅍ ㅎ

군주제	ⓕ	monarquía	모나르끼아
굴(해산물)	ⓕ	ostra	오스뜨라
굴뚝	ⓕ	chimenea	치메네아
굴복시키다		rendir	ㄹ렌디르
		someter	소메떼르
굶주림	ⓕ	hambre	암브레
굽다		asar	아사르
궁전	ⓜ	palacio	빨라씨오
궁지	ⓜ	aprieto	아쁘리에또
	ⓜ	apuro	아뿌로
권(책)	ⓜ	tomo	또모
권력	ⓜ	poder	뽀데르
	ⓕ	autoridad	아우또리닫
권리	ⓜ	derecho	데레초
권총	ⓕ	pistola	삐스똘라
권투	ⓜ	boxeo	복쎄오
권한을 주다		apoderar	아뽀데라르
궤도	ⓕ	órbita	오르비따
귀	ⓜ	oído	오이도
	ⓕ	oreja	오레하

한국어	성	스페인어	발음
귀금속	f	joyería	호예리아
귀뚜라미	m	grillo	그리요
귀여운		lindo/da	린도/다
귀여워하다		mimar	미마르
귀족	mf	aristócrata	아리스또끄라따
귀족적인		aristocrático/ca	아리스또끄라띠꼬/까
		noble	노블레
귀족층	f	aristocracia	아리스또끄라씨아
귀중한		precioso/sa	쁘레씨오소/사
귀착시키다		atribuir	아뜨리부이르
귀하	m	don	돈
	f	doña	도냐
규격	f	norma	노르마
규모	f	escala	에스깔라
	f	dimensión	디멘시온
규율	f	disciplina	디스씨쁠리나
규칙	f	regla	ㄹ레글라
규칙적인		regular	ㄹ레굴라르
규칙적임	f	regularidad	ㄹ레굴라리닫
균형	m	equilibrio	에낄리브리오

귤	f	mandarina	만다리나
그때		entonces	엔똔쎄스
그 후		después	데스뿌에스
그것		él	엘
		ello	에요
		eso	에소
그네	m	columpio	꼴룸삐오
그녀		ella	에야
그늘	f	sombra	솜브라
그램(g)	m	gramo	그라모
그러나		pero	뻬로
		sin embargo	신 엠바르고
그러한		tal	딸
그렇지만		aunque	아운께
그룹 분류		agrupación	아그루빠씨온
그릇	m	bol	볼
그리고		y	이
그리다		pintar	삔따르
그림	m	cuadro	꾸아드로
	f	pintura	삔뚜라

그림(인쇄된)	f	estampa	에스땀빠
그림자	f	silueta	실루에따
그물	f	red	레드
그 외의		demás	데마스
그저		mero	메로
그저께		anteayer	안떼아이에르
그치다		cesar	쎄사르
극단적인		extremo/ma	엑스뜨레모/마
극복하다		vencer	벤쎄르
근거	f	base	바세
	m	fundamento	푼다멘또
	f	razón	ㄹ라쏜
근거를 두다		basar	바사르
근무하다		actuar	악뚜아르
근본적인		radical	ㄹ라디깔
근원	f	fuente	푸엔떼
	m	germen	헤르멘
	f	raíz	ㄹ라이쓰
근육	f	hebra	에브라
	m	músculo	무스꿀로

ㄱ

근처	f	vecindad	베씬닫
글자	f	letra	레뜨라
금	m	oro	오로
금고	f	caja	까하
금발의		rubio/bia	ㄹ루비오/비아
금성	f	venus	베누스
금속	m	metal	메딸
금요일	m	viernes	비에르네스
금융의		financiero/ra	피난씨에로/라
금지하다		prohibir	쁘로이비르
급류	m	torrente	또ㄹ렌떼
급박한		apremiante	아쁘레미안떼
급습	m	asalto	아살또
급여	f	paga	빠가
	m	salario	살라리오
급진적인		radical	ㄹ라디깔
급행	m	exprés	엑스프레스
	m	expreso	엑스프레소
긍정적인		positivo/va	뽀시띠보/바
기간	m	período	뻬리오도

기계	f	máquina	마끼나
기계장치	m	mecanismo	메까니스모
기괴한		extravagante	엑스뜨라바간떼
기구(器具)	m	aparato	아빠라또
기권	m	abandono	아반도노
기념식	f	conmemoración	꼰메모라씨온
기념일	m	aniversario	아니베르사리오
기념품	m	recuerdo	ㄹ레꾸에르도
기념하다		conmemorar	꼰메모라르
기능	f	función	풍씨온
기다리다		aguardar	아구아르다르
기다림	f	espera	에스뻬라
기대	f	esperanza	에스뻬란싸
기대하다		esperar	에스뻬라르
기도(祈禱)	f	oración	오라씨온
기도하다		rezar	ㄹ레싸르
기독교	m	cristianismo	끄리스띠아니스모
기독교 신자	m/f	cristiano/na	끄리스띠아노/나
기둥	m	pilar	삘라르
기러기	m	ganso	간소

ㄱ

한국어	성	Español	발음
기록보관소	m	archivo	아르**치**보
기록하다		registrar	ㄹ레히스뜨**라**르
기르다		criar	끄리**아**르
기린	f	jirafa	히**라**파
기묘한		curioso/sa	꾸리**오**소/사
기발한		excéntrico/ca	엑스**쎈**뜨리꼬/까
기법	m	artificio	아르띠**피**씨오
기본적인		elemental	엘레멘**딸**
기분	m	sentimiento	센띠미**엔**또
기쁘게 하다		complacer	꼼쁠라**쎄**르
		alegrar	알레그**라**르
기쁨	m	placer	쁠라**쎄**르
	f	alegría	알레그**리**아
기사(記事)	m	artículo	아르**띠**꿀로
	f	crónica	끄로니까
기숙사	m	dormitorio	도르미**또**리오
기술	f	técnica	**떽**니까
기술적인		técnico/ca	**떽**니꼬/까
기어오르다		trepar	뜨레**빠**르
기온	f	temperatura	뗌뻬라**뚜**라

한국어	성	스페인어	발음
기와	f	teja	떼하
기울기	f	inclinación	인끌리나씨온
기원	m	germen	헤르멘
	m	origen	오리헨
	f	procedencia	쁘로쎄덴씨아
기자	mf	periodista	뻬리오디스따
기적	m	milagro	밀라그로
	m	prodigio	쁘로디히오
기적적인		milagroso/sa	밀라그로소/사
기절	m	desmayo	데스마요
기절시키다		desmayar	데스마야르
기준	m	criterio	끄리떼리오
	f	norma	노르마
기질	m	temperamento	뗌뻬라멘또
기체	m	gas	가스
기초	m	cimiento	씨미엔또
기침	f	tos	또스
기침하다		toser	또세르
기타(악기)	f	guitarra	기따ㄹ라
기품	f	elegancia	엘레간씨아

ㄱ

기호	m	**signo**	씨그노
	m	**símbolo**	심볼로
기회	f	**oportunidad**	오뽀르뚜니닫
기후	m	**clima**	끌리마
긴		**largo/ga**	라르고/가
긴급	f	**urgencia**	우르헨씨아
긴장	f	**tensión**	뗀시온
길	f	**calle**	까예
	m	**camino**	까미노
	f	**ruta**	ㄹ루따
길게 하다		**alargar**	알라르가르
길들이다		**acostumbrar**	아꼬스뚬브라르
깃발	f	**bandera**	반데라
깃털	f	**pluma**	쁠루마
깊이	m	**fondo**	폰도
	f	**profundidad**	쁘로푼디닫
깊이 있는		**profundo/da**	쁘로푼도/다
까마귀	m	**cuervo**	꾸에르보
까치	f	**urraca**	우ㄹ라까
깨끗한		**limpio/pia**	림삐오/삐아

ㄱ ㄴ ㄷ ㄹ ㅁ ㅂ ㅅ ㅇ ㅈ ㅊ ㅋ ㅌ ㅍ ㅎ

깨닫다		dar(se) cuenta +de	다르 꾸엔따
		enterar(se) +de	엔떼라르
깨우다		despertar	데스뻬르따르
꺼내다		sacar	사까르
꺾다, 깨다		romper	ㄹ롬뻬르
꼬다		torcer	또르쎄르
꼬리	f	cola	꼴라
	m	rabo	ㄹ라보
꼬마	m/f	niño/ña	니뇨/냐
꼭대기	f	cima	씨마
꼭두각시	m	títere	띠떼레
꽃	f	flor	플로르
꽃가루	m	polen	뽈렌
꽃봉오리		botón	보똔
꽃잎	f	hoja	오하
	m	pétalo	뻬딸로
꾀하다		tramar	뜨라마르
꾸짖다		regañar	ㄹ레가냐르
꿈꾸다		soñar	소냐르
꿰매다		coser	꼬세르

한국어	성	스페인어	발음
		zurcir	쑤르**씨**르
끄다		**apagar**	아빠**가**르
끈	f	**cuerda**	꾸**에**르다
끈질긴		**tenaz**	떼**나**쓰
끊임없는		**incesante**	인쎄**산**떼
끊임없이		**constantemente**	꼰스**딴**떼멘떼
끌고 가다		**arrastrar**	아ㄹ라스뜨**라**르
끌어당김	f	**atracción**	아뜨락씨**온**
끓다		**hervir**	에르**비**르
끝	m	**fin**	핀
끝내다		**acabar**	아까**바**르
		concluir	꽁끌루**이**르
		extinguir	엑스띵**기**르
		terminar	떼르미**나**르
끝부분	f	**punta**	**뿐**따
	m	**término**	**떼**르미노

ㄴ

나가다		salir	살리르
나귀	n	asno	아스노
		burro	부ㄹ로
나누다		compartir	꼼빠르띠르
		dividir	디비디르
나눗셈	f	división	디비시온
나라	m	país	빠이스
나레이션	f	narración	나ㄹ라씨온
나머지	m	resto	ㄹ레스또
나무	m	árbol	아르볼
나무껍질	f	corteza	꼬르떼싸
나무줄기	m	tronco	뜨롱꼬
나뭇가지	m	brazo	브라소
	f	rama	ㄹ라마
나비	f	mariposa	마리뽀사
나쁜		malo/la	말로/라
나사	m	tornillo	또르니요

나아가다		marchar	마르차르
나중에		después	데스뿌에스
		luego	루에고
나체의		desnudo/da	데스누도/다
나침반	m	compás	꼼빠스
	f	brújula	브루훌라
나타나다		aparecer	아빠레쎄르
나타내다		representar	ㄹ레쁘레센따르
		significar	씨그니피까르
나태	f	pereza	뻬레싸
나팔꽃	m	campanilla	깜빠니야
낙관주의	m	optimismo	옵띠미스모
낙타	m	camello	까메요
낙하	f	caída	까이다
낚시	f	pesca	뻬스까
난초	f	orquídea	오르끼데아
난폭한		brutal	브루딸
		bruto/ta	브루또/따
날개(새, 곤충의)	f	ala	알라
날것의		crudo/da	끄루도/다

날다		volar	볼라르
날씨		tiempo	띠엠뽀
날씬한		esbelto/ta	에스벨또/따
날조	m	invento	인벤또
	f	falsificación	팔시피까씨온
날짜	f	fecha	페차
늙은		viejo/ja	비에호/하
남겨두다		quedar	께다르
남극	f	polar sur	뽈라르 수르
남다		quedar(se)	께다르
남미 사람		sudamericano/na	수다메리까노/나
남성	m	caballero	까바예로
남용		abuso	아부소
남자	m	macho	마초
	m	varón	바론
남자다운		viril	비릴
남자배우	m	actor	악또르
남작	m	barón	바론
남쪽	m	sur	수르
남편	m	marido	마리도

ㄴ

납치	m	secuestro	세꾸**에**스뜨로
낭만적인		romántico/ca	ㄹ로**만**띠꼬/까
낭만주의	m	romanticismo	ㄹ로만띠**씨**스모
낭비하다		derrochar	데ㄹ로**차**르
낮	m	día	디아
낮잠	f	siesta	시**에**스따
낯선		extraño/ña	엑스뜨**라**뇨/냐
낳다		engendrar	엔헨드**라**르
내각		gabinete de gobierno	가비네떼 데 고비에르노
내구성	f	resistencia	ㄹ레시스**뗀**씨아
내기	f	apuesta	아뿌**에**스따
내리다		bajar	바**하**르
		descender	데스쎈**데**르
내리다(짐을)		desembarcar	데셈바르**까**르
내복약	f	medicina	메디**씨**나
내부에		dentro	**덴**뜨로
내부의		interior	인떼리**오**르
		interno	인**떼**르노
내용	m	contenido	꼰떼**니**도
내일	m	mañana	마**냐**나

내쫓다		expulsar	엑스뿔사르
		deportar	데뽀르따르 (국외추방하다)
냄비	f	cacerola	까쎄롤라
	f	olla	오야
냄새 맡다		oler	올레르
냉각하다		congelar	꽁헬라르
냉동식품	mpl	congelados	꽁헬라도스
냉장고	f	nevera	네베라
	m	refrigerador	ㄹ레프리헤라도르
넓이	f	amplitud	암쁠리뚣
	f	extensión	엑스뗀시온
넓히다		ensanchar	엔산차르
		extender	엑스뗀데르
		tender	뗀데르
(~에 걸려) 넘어지다		tropezar	뜨로뻬싸르
넣다		echar	에차르
		meter	메떼르
넥타이	f	corbata	꼬르바따
노(배의)	m	remo	ㄹ레모
노년	f	vejez	베헤쓰

노동	f	**labor**	라**보**르
노동자	mf	**obrero/ra**	오브**레**로/라
	mf	**peón/na**	뻬**온**/**오**나
노동조합	m	**sindicato**	신디**까**또
노랑	m	**amarillo**	아마**리**요
노래	f	**canción**	깐씨**온**
	m	**canto**	**깐**또
노래하다		**cantar**	깐**따**르
노력	m	**esfuerzo**	에스푸**에**르쏘
노력하다		**procurar**	쁘로꾸**라**르
노선	f	**línea**	**리**네아
노예	n	**esclavo/va**	에스끌**라**보/바
노인	mf	**anciano/na**	안씨**아**노/나
노출된		**descubierto/ta**	데스꾸비**에**르또/따
노트북컴퓨터	m	**portátil**	뽀르**따**띨
녹색	m	**verde**	**베**르데
녹이다		**derretir**	데ㄹ레**띠**르
		disolver	디솔**베**르
녹초가 된		**agotado/da**	아고**따**도/다
논리	f	**lógica**	**로**히까

논설	m	artículo	아르띠꿀로
논평	m	comentario	꼬멘따리오
놀다		jugar	후가르
놀라게 하다		asustar	아수스따르
		extrañar	엑스뜨라냐르
		sorprender	소르쁘렌데르
놀랄 만한		asombroso/sa	아솜브로소/사
놀림	f	burla	부를라
놀이	m	juego	후에고
농구	m	baloncesto	발론쎄스또
농담	f	broma	브로마
	f	burla	부를라
	m	chiste	치스떼
	m	juego	후에고
농부	m/f	agricultor/ra	아그리꿀또르/라
농업	f	agricultura	아그리꿀뚜라
농업의		agrícola	아그리꼴라
농촌의		rural	ㄹ루랄
높은		alto/ta	알또/따
높이	f	altura	알뚜라

한국어	성	스페인어	발음
높이다		levantar	레반따르
뇌물	m	soborno	소보르노
뇌의		cerebral	쎄레브랄
누구		quién	끼엔
누군가		alguien	알기엔
누리다		gozar	고싸르
눈(目)	m	ojo	오호
눈(雪)	f	nieve	니에베
눈동자	f	pupila	뿌삘라
눈물	f	lágrima	라그리마
눈부시게 하다		cegar	쎄가르
눈썹	f	ceja	쎄하
눈치채다		advertir	아드베르띠르
		notar	노따르
눕히다		acostar	아꼬스따르
뉴스	f	noticia	노띠씨아
느끼다		sentir	센띠르
느낌	f	sensación	센사씨온
느린		lento/ta	렌또/따
느슨한		flojo/ja	플로호/하

늑대	m	lobo	로보
늘리다		acrecentar	아끄레센따르
		aumentar	아우멘따르
늠름한		brioso/sa	브리오소/사
능가하다		exceder	엑스쎄데르
		superar	수뻬라르
능력	f	capacidad	까빠씨닫
	f	potencia	뽀뗀씨아
능률	f	eficacia	에피까씨아
능숙한		hábil	아빌
능욕하다		deshonrar	데스온라르
늦추다		atrasar	아뜨라사르

| 스페인어 필수 단어 |

ㄷ

다가가다		acercar	아쎄르까르
		aproximar	아쁘록씨마르
다니다		acudir	아꾸디르
		ir	이르
다락방	m	desván	데스반
다람쥐	f	ardilla	아르디야
다량	f	abundancia	아분단씨아
다루다		tratar	뜨라따르
다른		diferente	디페렌떼
		otro/tra	오뜨로/뜨라
다리(脚)	f	pata	빠따
	f	pierna	삐에르나
다리(橋)	m	puente	뿌엔떼
다리미	f	plancha	쁠란차
다수	f	multitud	물띠뚣
다 쓰다		agotar	아고따르
다양성	f	variedad	바리에닫

다양한		diverso/sa	디베르소/사
		vario/ria	바리오/리아
다음의		posterior	뽀스떼리오르
		próximo/ma	쁘록씨모/마
		siguiente	시기엔떼
다이아몬드	m	diamante	디아만떼
다이어리	f	agenda	아헨다
다정함	f	suavidad	수아비닫
	f	terneza	떼르네싸
다투다		pelear	뻴레아르
다행히도		afortunadamente	아포르뚜나다멘떼
단단한		duro/ra	두로/라
		rígido/da	ㄹ리히도/다
단독의		solo/la	솔로/라
단맛	f	dulzura	둘쑤라
단발머리	f	melena	멜레나
단순성	f	simplicidad	심쁠리씨닫
단순화하다		simplificar	심쁠리피까르
단순히		simplemente	심쁠레멘떼
단식	m	ayuno	아유노

단어	f	**palabra**	빨**라**브라
단언	f	**afirmación**	아피르마씨**온**
단언하다		**afirmar**	아피르**마**르
단위	f	**unidad**	우니**닫**
단추	m	**botón**	보**똔**
단축하다		**abreviar**	아브레비**아**르
단풍나무	m	**arce**	**아**르쎄
닫다		**cerrar**	쎄ㄹ**라**르
닫힌		**cerrado/da**	쎄ㄹ**라**도/다
달	f	**luna**	**루**나
	m	**mes**	**메**스
달러	m	**dólar**	**돌**라르
달력	m	**calendario**	깔렌**다**리오
달리다		**correr**	꼬ㄹ**레**르
달아나다		**evadir**	에바**디**르
		huir	우**이**르
달인	mf	**perito/ta**	뻬**리**또/따
달콤한		**dulce**	**둘**쎄
닭고기	m	**pollo**	**뽀**요
담배	m	**cigarro**	씨**가**ㄹ로

한국어	성	스페인어	발음
	m	tabaco	따바꼬
담보	f	garantía	가란띠아
담요	f	manta	만따
담장	f	valla	바야
답변하다	f	responder	ㄹ레스뽄데르
답파하다		recorrer	ㄹ레꼬ㄹ레르
당(黨)	m	bando	반도
당구	m	billar	비야르
당근	f	zanahoria	싸나오리아
당뇨병	f	diabetes	디아베떼스
당신들		ustedes	우스떼데스
당연히		naturalmente	나뚜랄멘떼
당파		partido	빠르띠도
당황스러운		perplejo/ja	뻬르쁠레호/하
닻	f	ancla	앙끌라
닿다		llegar	예가르
		tocar	또까르
대가	n	maestro/ra	마에스뜨로/라
대결하다		enfrentar	엔프렌따르
대구(어류)	m	bacalao	바깔라오

대기(大氣)	f	**atmosfera**	앗모스**페**라
대나무	m	**bambú**	밤**부**
대담성	m	**atrevimiento**	아뜨레비미**엔**또
대담한		**audaz**	아우**다**쓰
대답	f	**contestación**	꼰떼스따씨**온**
	f	**respuesta**	ㄹ레스뿌**에**스따
대략		**aproximadamente**	아쁘록씨**마**다멘떼
대로	f	**avenida**	아베**니**다
대륙	m	**continente**	꼰띠**넨**떼
대리(대표하는)	f	**representante**	ㄹ레쁘레센**딴**떼
대리석	m	**mármol**	**마**르몰
대리인	mf	**agente**	아**헨**떼
대머리	mf	**calvo/va**	**깔**보/바
대변	fpl	**heces**	**에**쎄스
	fpl	**excrementos**	엑스끄레**멘**또스
대부분	f	**mayoría**	마요**리**아
대사(大使)		**embajador/ra**	엠바하**도**르/라
대사관	f	**embajada**	엠바**하**다
대상	m	**objeto**	옵**헤**또
대양	m	**océano**	오**쎄**아노

대응하다		corresponder (+a)	꼬ㄹ레스뽄데르
대장	m/f	capitán	까삐딴
대조	m	contraste	꼰뜨라스떼
대중	f	multitud	물띠뚣
대중적인		popular	뽀뿔라르
대책	f	medida	메디다
(적과) 대치하다		confrontar(se) +con	꼰프론따르
대출	m	préstamo	쁘레스따모
대통령	m/f	presidente/ta	쁘레시덴떼/따
대통령직	f	presidencia	쁘레시덴씨아
대포	f	artillería	아르띠예리아
	m	cañon	까뇬
대표단	f	delegación	델레가씨온
대표의(자)		representante	ㄹ레쁘레센딴떼
대표적인		representativo/va	레쁘레센따띠보/바
대학교	f	universidad	우니베르시닫
대학살	f	matanza	마딴싸
대학생	m/f	universitario/ria	우니베르시따리오/리아
대합	f	almeja	알메하
대화	f	conversación	꼰베르사씨온

ㄱ ㄴ ㄷ ㄹ ㅁ ㅂ ㅅ ㅇ ㅈ ㅊ ㅋ ㅌ ㅍ ㅎ

	m	diálogo	디알로고
대화하다		conversar	꼰베르사르
더 작은		menor	메노르
더 좋은		mejor	메호르
더 큰		mayor	마요르
더듬이	f	antena	안떼나
더러운		sucio/cia	수씨오/씨아
더럽히다		ensuciar	엔수씨아르
		manchar	만차르
더위	m	calor	깔로르
던지다		arrojar	아ㄹ로하르
		echar	에차르
		lanzar	란싸르
		tirar	띠라르
덧셈	f	suma	수마
덧칠하다		revestir	ㄹ레베스띠르
덩어리	f	masa	마사
덫	f	trampa	뜨람빠
덮다		cubrir	꾸브리르
		tapar	따빠르

덮치다(습격하다)		**acometer**	아꼬메**떼**르
데우다		**calentar**	깔렌**따**르
데이트	f	**cita**	**씨**따
도구	f	**herramienta**	에ㄹ라미**엔**따
	m	**instrumento**	인스뜨루**멘**또
도끼	f	**hacha**	**아**차
도넛	m	**donut**	**도**눗
도달하다		**alcanzar**	알깐**싸**르
		llegar	예**가**르
도덕학(윤리학)	f	**ética**	**에**띠까
도덕적인		**moral**	모**랄**
도둑	m/f	**ladrón/na**	라드**론**/로나
도로	f	**calle**	**까**예
	f	**carretera**	까ㄹ레**떼**라
도망	f	**fuga**	**푸**가
도망가다		**escapar**	에스까**빠**르
도박하다		**apostar**	아뽀스**따**르
		jugar	후**가**르
도발	f	**provocación**	쁘로보까씨**온**
도서관	f	**biblioteca**	비블리오**떼**까

ㄷ

도시	ⓕ	ciudad	씨우**달**
도시의		urbano/na	우르**바**노/나
도심	ⓜ	centro	**쎈**뜨로
도약	ⓜ	salto	**살**또
도약하다		saltar	살**따**르
도움	ⓜ	auxilio	아욱**실**리오
	ⓕ	ayuda	아**유**다
도전	ⓜ	desafío	데사**피**오
도착	ⓕ	llegada	예**가**다
도착하다		llegar	예**가**르
도취시키다		embriagar	엠브리아**가**르
도쿄		Tokio	또끼오
도표	ⓜ	gráfico	그**라**피꼬
	ⓜ	esquema	에스**께**마
도형	ⓕ	forma	**포**르마
독	ⓜ	veneno	베**네**노
독감	ⓕ	gripe	그**리**뻬
독단적인		arbitrario/ria	아르비뜨**라**리오/리아
독립	ⓕ	independencia	인데뻰**덴**씨아
독립된		soberano/na	소베**라**노/나 (주권을 가진)

한국어	성	스페인어	발음
		independiente	인데뻰디**엔**떼
독서	f	lectura	렉**뚜**라
독수리	f	águila	**아**길라
독신의		soltero/ra	솔**떼**로/라
독일		Alemania	알레**마**니아
독재(정치)	f	dictadura	딕따**두**라
독창성	m	ingenio	인**헤**니오
독특한		peculiar	뻬꿀리**아**르
독해하다		leer	레**에**르
돈	m	dinero	디**네**로
돈가스	f	escalopa	에스깔**로**빠
돌	f	piedra	삐**에**드라
	m	roca(바위)	ㄹ**로**까
돌다		girar	히**라**르
돌려주다		devolver	데볼**베**르
돌아가(오)다		volver	볼**베**르
		regresar	ㄹ레그레**사**르
돕다		ayudar	아유**다**르
동(아파트)	m	edificio	에디**피**씨오
동굴	f	cueva	꾸**에**바

동그라미	m	círculo	씨르꿀로
동기	m	motivo	모띠보
동네	f	aldea	알데아
동료	mf	camarada	까마라다
	mf	colega	꼴레가
		compañero/ra	꼼빠녜로/라
동맹	f	alianza	알리안싸
동물	m	animal	아니말
동물원	m	zoo	쏘-
동반자	mf	acompañante	아꼼빠냔떼
동백꽃	f	camelia	까멜리아
동사(動詞)	m	verbo	베르보
동시대의		contemporáneo/a	꼰뗌뽀라네오/아
동업자 단체	f	corporación	꼬르뽀라씨온
동요(動搖)	f	agitación	아히따씨온
	m	trastorno	뜨라스또르노
	f	vacilación	바씰라씨온
동의하다		acceder (+a)	아쎄데르
		asentir+a	아센띠르
동이 트다		amanecer	아마네쎄르

한국어	성	스페인어	발음
동일시하다		**asimilar**	아시밀라르
동일한		**uniforme**	우니포르메
동작	m	**movimiento**	모비미엔또
동정	f	**compasión**	꼼빠시온
	f	**lástima**	라스띠마
동정하다		**compadecer**	꼼빠데쎄르
동쪽	m	**este**	에스떼
	m	**oriente**	오리엔떼
동포	mf	**compatriota**	꼼빠뜨리오따
동행하다		**acompañar**	아꼼빠냐르
동호회	m	**club**	끌룹
돼지고기	m	**cerdo**	쎄르도
	m	**puerco**	뿌에르꼬
되찾다		**recobrar**	ㄹ레꼬브라르
두 개	m	**par**	빠르
두개골	f	**calavera**	깔라베라
두꺼운		**grueso/sa**	그루에소/사
두께	m	**grosor**	그로소르
두뇌		**cabeza**	까베싸
	m	**cerebro**	쎄레브로

두다		poner	뽀네르
두려운		horrible	오ㄹ리블레
		terrible	떼ㄹ리블레
두려움	f	miedo	미에도
	m	terror	떼ㄹ로르
두려워하다		temer	떼메르
두루미	f	grulla	그루야
두 배로 하다		duplicar	두쁠리까르
		doblar	도블라르
둔한		torpe	또르뻬
둘러싸다		rodear	ㄹ로데아르
둥근		redondo	ㄹ레돈도
둥근 천장	f	bóveda	보베다
둥지	m	nido	니도
뒤꿈치	m	talón	딸론
뒤섞다		revolver	ㄹ레볼베르
뒤에		detrás	데뜨라스
뒤쪽	f	zaga	싸가
드라이버	m	destornillador	데스또르니야도르
드럼		tambor	땀보르

드문		poco/ca	뽀꼬/까
듣다		escuchar	에스꾸차르
듣지 못하는		sordo/da	소르도/다
들리다		oír	오이르
들어가다		entrar	엔뜨라르
들어올리다		alzar	알싸르
		levantar	레반따르
등	f	espalda	에스빨다
	m	lomo	로모
등기	m	registro	ㄹ레히스뜨로
등대	m	faro	파로
등록	f	inscripción	인스끄립씨온
등록하다		inscribir	인스끄리비르
디저트	m	postre	뽀스뜨레
따뜻함	m	calor	깔로르
따로		aparte	아빠르떼
따스한		cálido/da	깔리도/다
딸	f	chica	치까
	f	hija	이하
딸기	f	fresa	프레사

ㄱ ㄴ ㄷ ㄹ ㅁ ㅂ ㅅ ㅇ ㅈ ㅊ ㅋ ㅌ ㅍ ㅎ

딸꾹질	m	hipo	이뽀
딸랑이(장난감)	m	sonajero	소나헤로
땀	m	sudor	수도르
땀 흘리다		sudar	수다르
땅	f	tierra	띠에ㄹ라
땅콩	m	cacahuete	까까우에떼
때때로		de vez en cuando	데 베쓰 엔 꾸안도
때리다		golpear	골뻬아르
떡갈나무	m	roble	ㄹ로블레
(값을) 떨어뜨리다		rebajar	ㄹ레바하르
떨어지다		caer	까에르
떼어내다		quitar	끼따르
		recortar	ㄹ레꼬르따르
		separar	세빠라르
똑바른		recto/ta	ㄹ렉또/따
뚱뚱한		gordo/da	고르도/다
뛰어나다		resaltar	ㄹ레살따르
뛰어난		eminente	에미넨떼
		singular	신굴라르
		sobresaliente	소브레살리엔떼

뛰어내리다	**saltar**	살**따**르
뜨거운	**ardiente**	아르디**엔**떼
	caliente	깔리**엔**떼
뜨다	**flotar**	플로**따**르

| 스페인어 필수 단어 |

ㄹ

라켓	f	raqueta	ㄹ라께따
라틴계의		latino/na	라띠노/나
라틴어	m	latín	라띤
러시아		Rusia	ㄹ루시아
런던		Londres	론드레스
럼주	m	ron	ㄹ론
레몬	m	limón	리몬
레스토랑	m	restaurante	ㄹ레스따우란떼
레어(스테이크)		poco cocido	뽀꼬 꼬씨도
레이더	m	radar	ㄹ라다르
레코드	m	disco	디스꼬
렌즈	mf	lente	렌떼
로마		Roma	ㄹ로마
로션	f	loción	로씨온
루비	m	rubí	ㄹ루비
리그	f	liga	리가
리넨	m	lienzo	리엔쏘

리듬	m ritmo	ㄹ리뜨모
리모컨	m mando	만도
리본	m lazo	라쏘
리터(ℓ)	m litro	리뜨로
린스	m acondicionador	아꼰디씨오나도르

| 스페인어 필수 단어 |

ㅁ

한국어	성	스페인어	발음
마늘	m	ajo	아호
마드리드		Madrid	마드릳
마력	m	duende	두엔데
마루	m	suelo	수엘로
마르게 하다 (식물을)		abrasar	아브라사르
마름모	m	rombo	ㄹ롬보
마무리하다		concluir	꽁끌루이르
마법	f	magia	마히아
마법사	m	brujo/ja	브루호/하
마법에 걸린, 매혹된		encantado/da	엔깐따도/다
마비시키다		paralizar	빠랄리싸르
마시다		beber	베베르
마약	f	droga	드로가
마우스	m	ratón	ㄹ라똔
마을	f	aldea	알데아
	m	pueblo	뿌에블로
마을의		aldeano/na	알데아노/나

한국어	성	스페인어	발음
마음	f	alma	알마
	m	ánimo	아니모
	f	mente	멘떼
마음대로		a su antojo	아 수 안또호
마음에 들다		agradar	아그라다르
		gustar	구스따르
마일	m	milla	미야
마지막의		último/ma	울띠모/마
마찬가지로		asimismo	아시미스모
마침내		finalmente	피날멘떼
막대한		inmenso/sa	인멘소/사
막사	m	cuartel	꾸아르뗄
만(萬)		diez mil	디에스 밀
만나다		ver	베르
만남	m	encuentro	엔꾸엔뜨로
만들다		confeccionar	꼰펙씨오나르
		crear	끄레아르
		hacer	아쎄르
만일(~라면)		si	씨
만장일치의		unánime	우나니메

ㅁ

만족(감)	ⓕ	satisfacción	사띠스팍씨온
만족시키다		contentar	꼰뗀따르
		satisfacer	사띠스파세르
만족한		contento/ta	꼰뗀또/따
		satisfecho/cha	사띠스페초/차
만지다		tocar	또까르
만행	ⓕ	barbaridad	바르바리닫
많은		abundante	아분단떼
		mucho/cha	무초/차
말(馬)	ⓜ	caballo	까바요
말(言)	ⓜ	lenguaje	렝구아헤
말다툼	ⓜ	argumento	아르구멘또
	ⓕ	discusión	디스꾸시온
말단	ⓜ	cabo	까보
말리다		secar	세까르
말소하다		tachar	따차르
말하다		hablar	아블라르
		decir	데씨르
		referir	ㄹ레페리르
맑은		despejado/da	데스뻬하도/다

한국어	성	스페인어	발음
맛	m	sabor	사보르
맛보다		saborear	사보레아르
맛있는		rico/co	ㄹ리꼬/까
		sabroso/sa	사브로소/사
망각	m	olvido	올비도
망상적인		quimérico/ca	끼메리꼬/까
		maníaco/ca	마니아꼬/까
망설이다		vacilar	바씰라르
망설임	f	vacilación	바씰라씨온
망원경	m	telescopio	뗄레스꼬삐오
망치	m	martillo	마르띠요
망토	f	capa	까빠
맞서다		afrontar	아프론따르
맡기다		depositar	데뽀시따르
		encargar	엔까르가르
		encomendar	엔꼬멘다르
매(鷹)	m	halcón	알꼰
매끈한		raso/sa	ㄹ라소/사
매달다		colgar	꼴가르
		suspender	수스뻰데르

ㅁ

매력	m	encanto	엔**깐**또
	f	seducción	세둑씨온
매력적인		atractivo/va	아뜨**락**띠보/바
매운		picante	삐**깐**떼
매월의		mensual	멘수**알**
매일의		cotidiano/na	꼬띠디**아**노/나
		diario/ria	디아리오/리아
매장	m	entierro	엔띠**에**ㄹ로
	f	sepultura	세뿔뚜라
매장하다		enterrar	엔떼ㄹ**라**르
매점	f	cafetería	까페떼**리**아 (카페)
	m	quiosco	끼**오**스꼬
매표소	f	taquilla	따**끼**야
매혹적인		encantador/ra	엔깐따**도**르/라
매혹하다		atraer	아뜨라**에**르
		encantar	엔깐**따**르
		fascinar	파스씨**나**르
맥	m	pulso	**뿔**소
맥주	f	cerveza	쎄르**베**싸
맨발의		descalzo/za	데스**깔**쏘/싸

한국어	성	스페인어	발음
맹목적인	m	ciego/ga	씨**에**고/가
맹세	m	juramento	후라**멘**또
머리(부분)		cabeza	까**베**싸
머리카락	m	pelo	**뻴**로
	m	cabello	까**베**요
먹다		comer	꼬**메**르
먹이	f	presa	쁘**레**사
먼		distante	디스**딴**떼
		remoto/ta	ㄹ레**모**또/따
먼지	m	polvo	**뽈**보
멀리		lejos	**레**호스
멀리하다		alejar	알레**하**르
멈추다		parar	빠**라**르
멋진 것	f	maravilla	마라**비**야
메뉴	m	menú	메**누**
메달	f	medalla	메**다**야
메뚜기	m	saltamontes	살따**몬**떼스
메모	m	apunte	아**뿐**떼
	m	guión	기**온**
	f	nota	**노**따

메아리	(m)	eco	에꼬
멕시코		México	메히꼬
면도하다		afeitar(se)	아페이따르
면식이 있다		conocer	꼬노쎄르
면적	(f)	área	아레아
	(f)	extensión	엑스뗀시온
	(f)	superficie	수뻬르피시에
면접	(f)	entrevista	엔뜨레비스따
면접관	(m/f)	entrevistador/ra	엔뜨레비스따도르/라
면제된		exento (+de)	엑센또
		libre	리브레
면허(증)		carné	까르네
명령	(m)	mandato	만다또
명령하다		mandar	만다르
		ordenar	오르데나르
		decretar	데끄레따르
명백한		evidente	에비덴떼
		manifiesto/ta	마니피에스또/따
		patente	빠뗀떼
명상	(f)	meditación	메디따씨온

명성	f	fama	파마
	m	prestigio	쁘레스띠히오
	f	reputación	ㄹ레뿌따씨온
명예	m	honor	오노르
	f	honra	온라
명칭	f	denominación	데노미나씨온
	m	nombre	놈브레
명확한		cierto/ta	씨에르또/따
		claro/ra	끌라로/라
모계의		materno/na	마떼르노/나
모기	m	mosquito	모스끼또
모니터	m	monitor	모니또르
모란	f	peonía	뻬오니아
모래	f	arena	아레나
모르다		desconocer	데스꼬노쎄르
모범	m	ejemplo	에헴쁠로
모범적인		ejemplar	에헴쁠라르
모순된		contradictorio/ria	꼰뜨라딕또리오/리아
모습	f	figura	피구라
	f	imagen	이마헨

모욕	m	desdén	데스덴
	f	injuria	인후리아
	f	ofensa	오펜사
모욕하다		insultar	인술따르
		ofender	오펜데르
모으다		coleccionar	꼴렉씨오나르
		juntar	훈따르
		reunir	ㄹ레우니르
모자	m	sombrero	솜브레로
모조품	f	imitación	이미따씨온
모직물	m	tejido de lana	떼히도 데 라나
모퉁이	m	rincón	ㄹ린꼰
모험	f	aventura	아벤뚜라
	m	riesgo	ㄹ리에스고
모험적인		azaroso	아싸로소
모형	m	modelo	모델로
모호함	f	vaguedad	바게닫
목걸이	m	collar	꼬야르
목격자	m/f	testigo	떼스띠고
목구멍	f	garganta	가르간따

한국어	성	스페인어	발음
목록	m	catálogo	까딸로고
	f	lista	리스따
목발	f	muleta	물레따
목소리	f	voz	보쓰
목수	m/f	carpintero/ra	까르삔떼로/라
목요일	m	jueves	후에베스
목욕하다		bañar(se)	바냐르
목재	f	madera	마데라
목적	m	intento	인뗀또
	m	propósito	쁘로뽀시또
목적지	m	destino	데스띠노
목표	m	objeto	옵헤또
몰락	f	decadencia	데까덴씨아
	f	caída	까이다
몰래 훔치다		hurtar	우르따르
몰아내다		expulsar	엑스뿔사르
몸	m	cuerpo	꾸에르뽀
몸무게	m	peso	뻬소
몸짓	m	gesto	헤스또
못	m	clavo	끌라보

ㄱ ㄴ ㄷ ㄹ ㅁ ㅂ ㅅ ㅇ ㅈ ㅊ ㅋ ㅌ ㅍ ㅎ

한국어	성	스페인어	발음
몽둥이	f	barra	바ㄹ라
묘사	f	descripción	데스끄립씨온
	f	reseña	ㄹ레세냐
묘사하다		describir	데스끄리비르
묘지(공동)	m	cementerio	쎄멘떼리오
무	m	nabo	나보
무거운		pesado/da	뻬사도/다
무관심	f	indiferencia	인디페렌씨아
무관한		ajeno (+a)	아헤노
무기	f	arma	아르마
무기질의		mineral	미네랄
무너뜨리다		derribar	데ㄹ리바르
무능	f	impotencia	임뽀뗀씨아
무당벌레	f	mariquita	마리끼따
무덤	m	sepulcro	세뿔끄로
	f	tumba	뚬바
무력한		impotente	임뽀뗀떼
무례한		maleducado/da	말에두까도/다
무료로		gratis	그라띠스
무릎	f	rodilla	ㄹ로디야

무리	m	grupo	그루뽀
무모한		temerario/ria	떼메라리오/리아
무소속의		independiente	인데뻰디엔떼
무시하다		ignorar	익노라르
무신론(자)의		ateo/a	아떼오/아
무언	m	silencio	실렌씨오
무언의		tácito/ta	따씨또/따
무역의		comercial	꼬메르씨알
무욕	m	desinterés	데스인떼레스
무용	m	baile	바일레
	f	danza	단싸
무용가	n	bailarín/na	바일라린/리나
무의식의		inconsciente	인꼰스씨엔떼
무장시키다		armar	아르마르
무적의		invencible	인벤씨블레
무정부(상태)	f	anarquía	아나르끼아
무정부주의	m	anarquismo	아나르끼스모
무죄의		inocente	이노쎈떼
무지개	m	arco iris	아르꼬 이리스
무지한		ignorante	이그노란떼

한국어	성	Español	발음
무질서	m	desorden	데소르덴
무질서의		desordenado/da	데소르데나도/다
무찌르다		derrotar	데ㄹ로따르
		vencer	벤쎄르
무척		mucho	무초
		sumamente	수마멘떼
무한한		infinito/ta	인피니또/따
무화과	m	higo	이고
문	f	puerta	뿌에르따
문명(사회)	f	civilización	씨빌리싸씨온
문명화시키다		civilizar	씨빌리싸르
문방구	f	papelería	빠뻴레리아
문법	f	gramática	그라마띠까
문서	m	documento	도꾸멘또
	m	papel	빠뻴
문어	m	pulpo	뿔뽀
문자	f	letra	레뜨라
문장	f	frase	프라세
문제	m	problema	쁘로블레마
문체	m	estilo	에스띨로

문패	ⓕ	placa	쁠라까
문학	ⓕ	literatura	리떼라뚜라
문화	ⓕ	cultura	꿀뚜라
묻다(땅에 묻는 것)		enterrar	엔떼ㄹ라르
묻다(질문하다)		preguntar	쁘레군따르
물	ⓕ	agua	아구아
물결	ⓕ	ola	올라
물고기	ⓜ	pez	뻬쓰
물들이다		teñir	떼니르
물리학	ⓕ	física	피시까
물방울	ⓕ	gota	고따
	ⓜ	rocío	로씨오
물 뿌리기	ⓜ	riego	ㄹ리에고
물약	ⓜ	jarabe	하라베
물질	ⓜ	material	마떼리알
물집	ⓕ	ampolla	암뽀야
물체	ⓕ	cosa	꼬사
	ⓜ	objeto	옵헤또
미각	ⓜ	gusto	구스또
	ⓜ	sabor	사보르

미국		Estados Unidos	에스따도스 우니도스
미끼	m	cebo	쎄보 (낚시)
미덕	f	virtud	비르뚣
미디엄(굽기)		medio	메디오
미래	m	futuro	푸뚜로
	m	porvenir	뽀르베니르
미루다		aplazar	아쁠라싸르
미리		de antemano	데 안떼마노
미망인	f	viuda	비우다
미묘한		delicado/da	델리까도/다
미소	f	sonrisa	손리사
미소 짓다		sonreír	손레이르
미술	m	arte	아르떼
미술관	f	pinacoteca	삐나꼬떼까
미용사	mf	peluquero/ra	뻴루께로/라
미움	m	odio	오디오
미워하다		detestar	데떼스따르
미지의		desconocido/da	데스꼬노씨도/다
미친		loco/ca	로꼬/까
미터(m)	m	metro	메뜨로

미학의		estético/ca	에스떼띠꼬/까
미혼의		soltero/ra	솔떼로/라
믹서	f	batidora	바띠도라
민감한		susceptible	수스쎕띠블레
민족	f	nación	나씨온
민주적인		democrático/ca	데모끄라띠꼬/까
민주주의	f	democracia	데모끄라씨아
민중	m	pueblo	뿌에블로
민중의		popular	뽀뿔라르
민첩성	f	agilidad	아힐리닫
	f	viveza	비베싸
믿을 수 없는		increíble	인끄레이블레
믿을 수 있는		creíble	끄레이블레
밀	m	trigo	뜨리고
밀가루	f	harina	아리나
밀랍	f	cera	쎄라
밀리미터(mm)	m	milímetro	밀리메뜨로
밀림	f	selva	셀바
밀수	m	contrabando	꼰뜨라반도
밀다		empujar	엠뿌하르

ㅂ

바구니	*f*	cesta	쎄스따
	m	cesto	쎄스또
바깥		fuera	푸에라
바깥의		externo/na	엑스떼르노/나
바꾸다		alterar	알떼라르
		cambiar	깜비아르
		convertir	꼰베르띠르
		mudar	무다르
		transformar	뜨란스포르마르
바나나	*f*	banana	바나나
	m	plátano	쁠라따노
바늘	*f*	aguja	아구하
바다	*f*	mar	마르
바다의		marino/na	마리노/나
바닥	*m*	fondo	폰도
바닷가재	*m*	bogavante	보가반떼
		langosta	랑고스따

한국어	성	스페인어	발음
바람 불다		soplar	소쁠라르
바람직한		deseable	데세아블레
바른		decente	데쎈떼
바리케이드	f	barricada	바ㄹ리까다
바비큐	f	barbacoa	바르바꼬아
바위	f	roca	ㄹ로까
바이올린	m	violín	비올린
바지	mpl	pantalones	빤딸로네스
바치다(헌신하다)		dedicar	데디까르
바퀴	f	rueda	ㄹ루에다
바퀴벌레	f	cucaracha	꾸까라차
바텐더		barman	바르만
박물관	m	museo	무세오
박수갈채	m	aplauso	아쁠라우소
박식한		docto/ta	독또/따
박자	m	ritmo	ㄹ리뜨모
박탈하다		despojar	데스뽀하르
		privar	쁘리바르
밖으로		afuera	아푸에라
반경	m	radio	ㄹ라디오

반대	f	objeción	옵헤씨온
	f	oposición	오뽀시씨온
반대말	m	antónimo	안또니모
반대의		contradictorio/ria	꼰뜨라딕또리오/리아
		contrario/ria	꼰뜨라리오/리아
반도	f	península	뻬닌술라
반란	f	rebelión	ㄹ레벨리온
	f	sublevación	수블레바씨온
반박		refutación	ㄹ레푸따씨온
반복	f	repetición	ㄹ레뻬띠씨온
반복하다		reiterar	ㄹ레이떼라르
		repetir	ㄹ레뻬띠르
반사된		reflejo/ja	ㄹ레플레호/하
반성	f	reflexión	ㄹ레플렉씨온
반응	f	reacción	ㄹ레악씨온
반응하다		reaccionar	ㄹ레악씨오나르
반지	m	anillo	아니요
반항	f	resistencia	ㄹ레시스뗀씨아
반항적인		rebelde	ㄹ레벨데
받다		recibir	ㄹ레씨비르

한국어	성	스페인어	발음
받아들이다		aceptar	아셉따르
받아들임	f	acogida	아꼬히다
받아쓰게 하다		dictar	딕따르
받음	m	recibo	ㄹ레씨보
받치다		sostener	소스떼네르
받침	f	tabla	따블라
발	f	pata	빠따
	m	pie	삐에
발가락	m	dedos de pie	데도스 데 삐에
발각	f	revelación	ㄹ레벨라씨온
발견(물)	m	descubrimiento	데스꾸브리미엔또
발견하다		descubrir	데스꾸브리르
		encontrar	엔꼰뜨라르
발굽	f	pezuña	뻬쑤냐
발단	m	origen	오리헨
발달시키다		desarrollar	데사ㄹ로야르
발명	f	invención	인벤씨온
발명품	m	invento	인벤또
발명하다		inventar	인벤따르
발목	m	tobillo	또비요

발사	m	disparo	디스빠로
	m	tiro	띠로
발사하다		disparar	디스빠라르
		lanzar	란싸르
발산하다		emanar	에마나르
		exhalar	엑스알라르
발상지, 요람	f	cuna	꾸나
발생하다		acontecer	아꼰떼쎄르
발송	m	envío	엔비오
발송하다		remitir	ㄹ레미띠르
발음하다		pronunciar	쁘로눈씨아르
발자국	f	huella	우에야
발전	m	desarrollo	데사ㄹ로요
	f	expansión	엑스빤시온
발진	f	erupción	에룹씨온
발톱	f	uña del pie	우냐 델 삐에
	f	garra	가ㄹ라 (짐승의 발톱)
발포	m	tiro	띠로
발표	f	declaración	데끌라라씨온
발행	f	emisión	에미시온

한국어	성	스페인어	발음
발행하다		emitir	에미띠르
		expedir	엑스뻬디르
밝은		brillante	브리얀떼
밝음	f	lumbre	룸브레
밟다		atropellar	아뜨로뻬야르
밤(夜)	f	noche	노체
밤(栗)	f	castaña	까스따냐
밤나무	m	castaño	까스따뇨
밧줄	f	cuerda	꾸에르다
방광	f	vejiga	베히가
방귀	m	pedo	뻬도
방랑하는	mf	vagabundo/da	바가분도/다
		errante	에ㄹ란떼
방문	f	visita	비시따
방문객	mf	visitante	비시딴떼
방문하다		visitar	비시따르
방법	f	manera	마네라
	m	método	메또도
	m	modo	모도
	m	remedio	ㄹ레메디오

	f	senda	센다
방심	m	descuido	데스꾸이도
방어	f	defensa	데펜사
방어하다		defender	데펜데르
방울	f	campanilla	깜빠니야
방치하다		dejar	데하르
방패	m	escudo	에스꾸도
방학	f	vacación	바까씨온
방해	m	obstáculo	옵스따꿀로
방해하다		impedir	임뻬디르
방향	f	dirección	디렉씨온
	m	rumbo	ㄹ룸보
배(梨)	f	pera	뻬라
배(腹)	m	vientre	비엔뜨레
배(船)	m	barco	바르꼬
	m	bote	보떼
	m	nave	나베
배경	f	escena	에스쎄나
배구	m	voleibol	볼레이볼
배급(제도)	m	racionamiento	ㄹ라씨오나미엔또

배꼽	m	ombligo	옴블리고
배달(가정으로)	m	servicio a domicilio	세르비씨오 아 도미씰리오
배려	f	consideración	꼰시데라씨온
배부른		lleno/na	예노/나
배수구	f	desagüe	데사구에
배신	f	traición	뜨라이씨온
배신하다		traicionar	뜨라이씨오나르
배역	m	papel	빠뻴
배열	f	ordenación	오르데나씨온
배우다		aprender	아쁘렌데르
배우자	m/f	esposo/sa	에스뽀소/사
	mf	cónyuge	꽁유헤
배은망덕한		ingrato/ta	인그라또/따
배추	f	col	꼴
배치	f	colocación	꼴로까씨온
	f	disposición	디스뽀시씨온
배치하다		disponer	디스뽀네르
		situar	시뚜아르
배타적인		exclusivo/va	엑스끌루시보/바
배터리	f	batería	바떼리아

ㅂ

백(百)		cien	씨엔
백과사전	f	enciclopedia	엔씨끌로뻬디아
백만		un millón	운 미욘
백만장자(의)	n	millonario/ria	미요나리오/리아
백 번째		ciento	씨엔또
백(100)의		centenario/ria	센떼나리오/리아
백작	m	conde	꼰데
백작부인	f	condesa	꼰데사
백조	m	cisne	씨스네
백화점	mpl	grandes almacenes	그란데스 알마쎄네스
뱀	f	serpiente	세르삐엔떼
뱃머리	f	proa	쁘로아
뱃멀미	m	mareo	마레오
버드나무	m	sauce	사우쎄
버릇	m	hábito	아비또
버리다		abandonar	아반도나르
		dejar	데하르
		desechar	데세차르
버섯	f	seta	세따
버스	m	autobús	아우또부스

한국어	성	스페인어	발음
번개	m	relámpago	ㄹ렐람빠고
번역	f	traducción	뜨라둑씨온
번역자	n	traductor/ra	뜨라둑또르/라
번역하다		traducir	뜨라두씨르
번창하는		próspero/ra	쁘로스뻬로/라
번호	m	número	누메로
번화가	f	rambla	ㄹ람블라
벌(蜂)	f	abeja	아베하
벌금	f	multa	물따
벌꿀	f	miel	미엘
벌레	m	gusano	구사노
범위	f	esfera	에스페라
	f	órbita	오르비따
범죄	m	crimen	끄리멘
	m	delito	델리또
법률	f	ley	레이
법정	m	tribunal	뜨리부날
벗기다		desnudar	데스누다르
벗다		quitar(se)	끼따르
베개	f	almohada	알모아다

ㄱ ㄴ ㄷ ㄹ ㅁ ㅂ ㅅ ㅇ ㅈ ㅊ ㅋ ㅌ ㅍ ㅎ

베끼다		transcribir	뜨란스끄리비르
베레모	f	boina	보이나
베를린		Berlín	베를린
베이지색	m	beige	베이스
베일	m	velo	벨로
베트남		Vietnam	비엣남
벨트	m	cinturón	씬뚜론
	f	faja	파하
벽	m	muro	무로
	f	pared	빠레드
변경	f	alteración	알떼라씨온
변경하다		alterar	알떼라르
변덕	m	capricho	까쁘리초
변두리	m/f	margen	마르헨
	m	suburbio	수부르비오
	f	periferia	뻬리페리아
변명	f	disculpa	디스꿀빠
	f	excusa	엑스꾸사
	m	pretexto	쁘레떽스또
변비	m	estreñimiento	에스뜨레니미엔또

변상	m	reembolso	ㄹ레엠볼소
변제	f	amortización	아모르띠싸씨온
변천	f	transición	뜨란시씨온
변형	f	transformación	뜨란스포르마씨온
변형시키다		deformar	데포르마르
변호사	m/f	abogado/da	아보가도/다
변화	m	cambio	깜비오
	f	alteración	알떼라씨온
	f	variación	바리아씨온
별	m	astro	아스뜨로
	f	estrella	에스뜨레야
별도로		aparte	아빠르떼
별장	f	villa	비야
병(甁)	f	botella	보떼야
병균	m	virus	비루스
병아리	m	pollito	뽀이또
병약한		enfermizo/za	엔페르미쏘/싸
병에 걸린		enfermo/ma	엔페르모/마
병영	m	cuartel	꾸아르뗄
병원	m	hospital	오스삐딸

ㄱ ㄴ ㄷ ㄹ ㅁ ㅂ ㅅ ㅇ ㅈ ㅊ ㅋ ㅌ ㅍ ㅎ

보강	m	refuerzo	ㄹ레푸에르쏘
보건	f	sanidad	사니닫
보고(報告)	m	informe	인포르메
보관하다		almacenar	알마쎄나르
보급	f	difusión	디푸시온
보급시키다		difundir	디푼디르
보까디요	m	bocadillo	보까디요
보내다		enviar	엔비아르
		remitir	ㄹ레미띠르
보너스	m	plus	쁠루스
보다		mirar	미라르
보답	f	recompensa	ㄹ레꼼뻰사
보도	f	acera	아쎄라
보드카	m/f	vodka	보드까
보류된		reservado/da	ㄹ레세르바도/다
보물	m	tesoro	떼소로
보복	f	venganza	벤간싸
보상하다		compensar	꼼뻰사르
		reparar	ㄹ레빠라르
보석	f	joya	호야

보수	f	recompensa	ㄹ레꼼뻰사
보수적인		conservador/ra	꼰세르바도르/라
보여주다		mostrar	모스뜨라르
보완적인		complementario/ria	꼼쁠레멘따리오/리아
보이지 않는		invisible	인비시블레
보조(금)	m	subsidio	숩시디오
보조개	f	hoyuelo	오유엘로
보조의		auxiliar	아욱실리아르
보존	f	conservación	꼰세르바씨온
보존하다		retener	ㄹ레떼네르
보증	f	garantía	가란띠아
보증금	m	depósito	데뽀시또
보증하다		acreditar	아끄레디따르
		garantizar	가란띠싸르
보충	m	complemento	꼼쁠레멘또
보충하다		complementar	꼼쁠레멘따르
보통의		mediano/na	메디아노/나
보트	f	barca	바르까
보편적인		universal	우니베르살
보행기	m	andador	안다도르

ㄱ ㄴ ㄷ ㄹ ㅁ ㅂ ㅅ ㅇ ㅈ ㅊ ㅋ ㅌ ㅍ ㅎ

보호	*m*	amparo	암**빠**로
	f	protección	쁘로떽씨**온**
보호자		defensor/ra	데펜**소**르/라
		patrón	빠뜨**론**
보호하다		amparar	암빠**라**르
		abrigar	아브리**가**르
		proteger	쁘로떼**헤**르
복권(판매소)	*f*	lotería	로떼**리**아
복귀시키다		reintegrar	ㄹ레인떼그**라**르
복도	*m*	corredor	꼬레**도**르
	f	galería	갈레**리**아
	m	pasillo	빠**시**요
복사	*f*	copia	**꼬**삐아
복사기	*f*	fotocopiadora	포또꼬삐아**도**라
복사하다		copiar	꼬삐**아**르
복숭아	*m*	melocotón	멜로꼬**똔**
복습하다		repasar	ㄹ레빠**사**르
복용량	*fpl*	dosis	**도**시스
복잡성	*f*	complejidad	꼼쁠레히**닫**
복잡하게 하다		complicar	꼼쁠리**까**르

복잡한		complicado/da	꼼쁠리**까**도/다
복종하는		obediente	오베디**엔**떼
복종하다		obedecer	오베데**쎄**르
복지	m	bienestar	비에네스**따**르
복합적인		múltiple	**물**띠쁠레
본능	m	instinto	인스**띤**또
본능적인		instintivo/va	인스띤**띠**보/바
본부	f	sede	**세**데
본성	f	naturaleza	나뚜랄**레**싸
본질	f	esencia	에**센**씨아
본질적으로		esencialmente	에센씨**알**멘떼
본질적인		esencial	에센씨**알**
볼	f	mejilla	메**히**야
볼링	mpl	bolos	**볼**로스
볼펜	m	bolígrafo	볼**리**그라포
봄	f	primavera	쁘리마**베**라
봉사	f	prestación	쁘레스따씨**온**
봉오리	m	brote	브**로**떼
봉지	f	bolsa	**볼**사
봉헌	f	consagración	꼰사그라씨**온**

한국어	성	스페인어	발음
부(部)	m	departamento	데빠르따**멘**또
부끄러운		vergonzoso/sa	베르곤**쏘**소/사
부끄러움	f	vergüenza	베르구**엔**싸
부당한		injusto/ta	인**후**스또/따
부동산	m	inmueble	인무**에**블레
부두	m	embarcamiento	엠바르까미**엔**또
	m	muelle	무**에**예
부드러운		blando/da	블**란**도/다
		gentil	헨**띨**
		suave	수**아**베
		tierno/na	띠**에**르노/나
부드러움	f	suavidad	수아비**닫**
부딪치다		chocar	초**까**르
부러워하다		envidiar	엔비디**아**르
부러워할 만한		envidiable	엔비디**아**블레
부러지다		quebrar(se)	께브**라**르
		romper(se)	ㄹ롬**뻬**르
부르다		llamar	야**마**르
부르주아지	f	burguesía	부르게**시**아
부리(새의)	m	pico	**삐**꼬

한국어	성	스페인어	발음
부모	mpl	padres	빠드레스
부부	m	matrimonio	마뜨리모니오
부분	f	parte	빠르떼
	m	trozo	뜨로쏘
부분적인		parcial	빠르시알
부상	f	lesión	레시온
	f	herida	에리다
부수다		derribar	데ㄹ리바르
		deshacer	데스아쎄르
		destruir	데스뜨루이르
부언하다		añadir	아냐디르
부엉이	m	búho	부오
부유(浮游)하다		flotar	플로따르
부인하다		negar	네가르
부재	f	ausencia	아우센씨아
부적합한		inconveniente	인꼰베니엔떼
부정적인		negativo/va	네가띠보/바
부조(浮彫)	m	relieve	ㄹ렐리에베
부족	f	escasez	에스까세쓰
	f	falta	팔따

ㄱ ㄴ ㄷ ㄹ ㅁ ㅂ ㅅ ㅇ ㅈ ㅊ ㅋ ㅌ ㅍ ㅎ

부족하다		carecer	까레쎄르
		faltar	팔따르
부족한		escaso	에스까소
부주의	m	descuido	데스꾸이도
부주의한		imprudente	임쁘루덴떼
부지런한		diligente	딜리헨떼
부지런함	f	diligencia	딜리헨씨아
부차적인		secundario/ria	세꾼다리오/리아
부채(負債)	f	deuda	데우다
부처	m	buda	부다
부츠	fpl	botas	보따스
부침	f	vicisitud	비씨시뚣
부탁하다		pedir	뻬디르
		rogar	ㄹ로가르
부풀리다		hinchar	인차르
부품	f	pieza	삐에싸
부피	m	volumen	볼루멘
부활	f	resurrección	ㄹ레수ㄹ렉씨온
부활시키다		resucitar	ㄹ레수씨따르
부활하다		revivir	ㄹ레비비르

북(鼓)		tambor	땀보르
북극	*f*	polar norte	뽈라르 노르떼
북쪽	*m*	norte	노르떼
분(分)	*f*	minuto	미누또
분간하다, 인지하다		reconocer	ㄹ레꼬노쎄르
분노	*f*	cólera	꼴레라
	m	coraje	꼬라헤
	m	enojo	에노호
	f	ira	이라
	f	rabia	ㄹ라비아
분류	*f*	clasificasión	끌라시피까시온
분류하다		agrupar	아그루빠르
		clasificar	끌라시피까르
분리	*f*	separación	세빠라씨온
분리된		apartado/da	아빠르따도/다
		separado/da	세빠라도/다
분리하다		desprender	데스쁘렌데르 (껍질을 벗기다)
분리할 수 없는		inseparable	인세빠라블레
분만	*m*	parto	빠르또

분명하다(~임이 확실하다, ~에 기재되어 있다)		constar	꼰스**따**르
분명한		obvio/via	**옵**비오/비아
		evidente	에비**덴**떼
분명히		seguramente	세**구**라멘떼
분발케 하다		motivar	모띠**바**르
분배	f	distribución	디스뜨리부씨**온**
분배하는		distribuidor/ra	디스뜨리부이**도**르/라
분배하다		compartir	꼼빠르**띠**르
		distribuir	디스뜨리부**이**르
		repartir	ㄹ레빠르**띠**르
분석	m	análisis	아**날**리시스
분석하다		analizar	아날리**싸**르
분수(수학용어)	f	fracción	프락시**온**
분실	f	pérdida	**뻬**르디다
분야	m	ámbito	**암**비또
	m	sector	섹**또**르
분위기	m	ambiente	암비**엔**떼
	m	clima	끌**리**마
분쟁	m	conflicto	꼰플**릭**또

한국어	성	스페인어	발음
분출하다		surgir	수르**히**르
분할하다		dividir	디비**디**르
분해하다		descomponer	데스꼼뽀**네**르
		desarmar	데사르**마**르
불	m	fuego	푸**에**고
불가결한		indispensable	인디스뻰**사**블레
불가능	f	imposibilidad	임뽀시빌리**닫**
불가능한		imposible	임뽀**시**블레
불가사의	m	misteriso/sa	미스떼리**오**소/아
불결한		puerco/ca	뿌**에**르꼬/까
		sucio/a	**수**씨오/아
불공평	f	injusticia	인후스**띠**씨아
불교	m	budismo	부**디**스모
불교 신자	m	budista	부**디**스따
불규칙한		irregular	이ㄹ레굴**라**르
불균형	f	desigualdad	데시구알**닫**
	f	desproporción	데스쁘로뽀르씨**온**
불길한		siniestro/ra	시니**에**스뜨로/라
		funesto/ta	푸**네**스또/따
불꽃	f	llama	**야**마

불러일으킴	f	evocación	에보까씨온
불만족한		descontento/ta	데스꼰뗀또/따
		insatisfecho/cha	인사띠스페초/차
불멸의		inmortal	인모르딸
		perenne	빼렌네
불모의		árido/da	아리도/다
		estéril	에스떼릴
불변의		inmutable	인무따블레
불성실한		infiel	인피엘
불신		desconfianza	데스꼰피안싸
	m	recelo	ㄹ레셀로
불안	f	ansiedad	안시에닫
불운하게도		desgraciadamente	데스그라시아다멘떼
불운한		desgraciado/da	데스그라시아도/다
		fatal	파딸
불이익	m	perjuicio	뻬르후이씨오
	f	desventaja	데스벤따하
불일치		discordancia	디스꼬르단씨아
불쾌	m	asco	아스꼬
		disgusto	디스구스또

한국어	성	스페인어	발음
불쾌한		**desagradable**	데스아그라**다**블레
불타는		**ardiente**	아르디**엔**떼
불타다		**arder**	아르**데**르
불투명한		**opaco/ca**	오**빠**꼬/까
불평등	f	**desigualdad**	데시구알**닫**
불평등한		**desigual**	데시구**알**
불평하다		**quejar(se)**	께**하**르
불필요한		**innecesario/ria**	인네쎄**사**리오/리아
불합리한		**absurdo/da**	압**수**르도/다
불행	f	**desgracia**	데스그**라**씨아
불행한		**desdichado**	데스디**차**도
		miserable	미세**라**블레
붓	m	**cepillo**	쎄**삐**요
붓꽃	m	**lirio**	**리**리오
붓다		**verter**	베르**떼**르
붕괴	m	**derrumbe**	데ㄹ**룸**베
	f	**caída**	까**이**다
붕대	f	**venda**	**벤**다
붙이다		**adherir**	아드에**리**르
		pegar	뻬**가**르

붙잡다	agarrar	아가ㄹ라르
	prender	쁘렌데르
브라질	Brasil	브라실
브래지어	m sujetador	수헤따도르
브레이크	m freno	프레노
브로치	m broche	브로체
브로콜리	m brócoli	브로꼴리
블라우스	f blusa	블루사
블로그	m blog	블로그
비	f lluvia	유비아
비가 잦은	lluvioso/sa	유비오소/사
비가 오다	llover	요베르
비결	f clave	끌라베
비교	f comparación	꼼빠라씨온
비교의	comparado/da	꼼빠라도/다
비교적으로	relativamente	ㄹ렐라띠바멘떼
비교하다	comparar	꼼빠라르
비극	f tragedia	뜨라헤디아
비기다	empatar	엠빠따르
비꼼	f ironía	이로니아

비난	m	reproche	ㄹ레뽀로체
비난하다		acusar	아꾸사르
		condenar	꼰데나르
비뇨기과	f	urología	우롤로히아
비누	m	jabón	하본
비늘(생선의)	f	escama	에스까마
비둘기	f	paloma	빨로마
비만		gordura	고르두라
	f	obesidad	오베시닫
비밀 이야기	f	confidencia	꼰피덴씨아
비밀번호	f	clave	끌라베
	m	número secreto	누메로 세끄레또
	f	contraseña	꼰뜨라세냐
비방	f	calumnia	깔룸니아
비서	m/f	secretario/ria	세끄레따리오/리아
비슷한		similar	시밀라르
비슷함	f	semejanza	세메한싸
비싼		caro/ra	까로/라
비열한		vil	빌
비옥한		fértil	페르띨

ㄱ ㄴ ㄷ ㄹ ㅁ ㅂ ㅅ ㅇ ㅈ ㅊ ㅋ ㅌ ㅍ ㅎ

	rico/ca	ㄹ리꼬/까
비용	m costo	꼬스또
	mpl gastos	가스또스
비우다	vaciar	바씨아르
	apurar	아뿌라르
비유하다	asemejar	아세메하르
비율	f proporción	쁘로뽀르씨온
비자	m visado	비사도
	f visa	비사
비참	f miseria	미세리아
비참한	lamentable	라멘따블레
	miserable	미세라블레
비추다	f alumbrar	알룸브라르
	iluminar	일루미나르
비축	m ahorro	아오ㄹ로
	f reserva	ㄹ레세르바
비탈	f cuesta	꾸에스따
	f ladera	라데라
비틀다	torcer	또르쎄르
비판적인	crítico/ca	끄리띠꼬/까

비평, 비판	f	crítica	끄리띠까
비할 데 없는		incomparable	인꼼빠라블레
비행	f	aviación	아비아씨온
비행기	m	avión	아비온
비행장	m	aeródromo	아에로드로모
비행하다		volar	볼라르
비어 있는		vacío/a	바씨오/아
빈곤	f	pobreza	뽀브레싸
빈번한		frecuente	프레꾸엔떼
빈번히		frecuentemente	프레꾸엔떼멘떼
빌딩	m	edificio	에디피씨오
빌려주다		prestar	쁘레스따르
빗	m	peine	뻬이네
빗자루	f	escoba	에스꼬바
빙산	m	iceberg	아이스베르그
빚	f	deuda	데우다
빛	f	luz	루쓰
빛나는		luminoso/sa	루미노소/사
		radiante	ㄹ라디안떼
빛나다		brillar	브리야르

ㄱ ㄴ ㄷ ㄹ ㅁ ㅂ ㅅ ㅇ ㅈ ㅊ ㅋ ㅌ ㅍ ㅎ

한국어	성	스페인어	발음
		lucir	루씨르
빠른		rápido/da	ㄹ라삐도/다
빨강	m	rojo	ㄹ로호
빨대	f	pajita	빠히따
	f	pajilla	빠히야
	m	popote	뽀뽀떼
빨래집게	f	pinza	삔싸
빨아들이다		aspirar	아스삐라르
빵	m	pan	빤
빻다		moler	몰레르
빼앗다		despojar	데스뽀하르
		privar	쁘리바르
		robar	ㄹ로바르
뺄셈	f	resta	ㄹ레스따
뼈	m	hueso	우에소
뽑아내다		arrancar	아ㄹ랑까르
뾰족하게 하다		afilar	아필라르
뾰족한		agudo/da	아구도/다
뿌리	f	raíz	ㄹ라이쓰
뿔	f	cuerno	꾸에르노

ㅅ

사(4)		cuatro	꾸아뜨로
사건	m	asunto	아순또
		caso	까소
	m	suceso	수쎄소
	m	accidente	악시덴떼
	m	acontecimiento	아꼰떼씨미엔또
사과(沙果)	f	manzana	만싸나
사과(謝過)	f	disculpa	디스꿀빠
사기	m	engaño	엔가뇨
	m	fraude	프라우데
사기꾼	n	bandido	반디도
사기치다		burlar	부를라르
		engañar	엔가냐르
사냥하다		cazar	까싸르
사다		comprar	꼼쁘라르
사다리	f	escalera	에스깔레라
사라지다		desaparecer	데사빠레쎄르

사람	m	hombre	옴브레
	f	persona	뻬르소나
사랑	m	amor	아모르
	m	cariño	까리뇨
사랑받는		querido/da	께리도/다
사랑스러운		amoroso/sa	아모로소/사
		cariñoso/sa	까리뇨소/사
사랑하다		amar	아마르
사막	m	desierto	데시에르또
사망하다		morir	모리르
사명	f	misión	미시온
사무국	f	secretaría	세끄레따리아
사무실	f	oficina	오피씨나
사분의 일(의)		cuarto/ta	꾸아르또/따
사상	f	idea	이데아
사색(思索)	m	pensamiento	뻰사미엔또
사소한		trivial	뜨리비알
사슴	m	ciervo	씨에르보
사실상		efectivamente	에펙띠바멘떼
사업	m	negocio	네고씨오

사용	m	uso	우소
사용법	m	modo de empleo	모도 데 엠쁠레오
	m	modo de usar	모도 데 우사르
사용하다		usar	우사르
사원	m	templo	뗌쁠로
사월(4월)		abril	아브릴
사위	m	yerno	예르노
사육하다		criar	끄리아르
사이(막간)	m	intervalo	인떼르발로
사이즈	m	tamaño	따마뇨
사자	m	león	레온
사적인		privado/da	쁘리바도/다
사전	m	diccionario	딕씨오나리오
사절(使節)		delegado	델레가도
사정,상황	f	circunstancia	씨르꾼스딴씨아
사직	f	renuncia	ㄹ레눈씨아
	f	resignación	ㄹ레시그나씨온
사진	f	foto	포또
사진의		fotográfico/ca	포또그라피꼬/까
사촌		primo/ma	쁘리모/마

사춘기	f	**adolescencia**	아돌레스**쎈**시아
사치	m	**lujo**	**루**호
사탕류	mpl	**dulces**	**둘**쎄스
사투리	m	**dialecto**	디알**렉**또
사파이어	m	**zafiro**	싸**피**로
사환		**recadero/ra**	ㄹ레까**데**로/라
사회	f	**sociedad**	소씨에**닫**
사회의		**social**	소씨**알**
삭제하다, 생략하다		**borrar**	보ㄹ**라**르
		omitir	오미**띠**르
산(山)	f	**montaña**	몬**따**냐
산들바람	f	**brisa**	브**리**사
산맥	f	**cordillera**	꼬르디**예**라
	f	**sierra**	시**에**ㄹ라
산문	f	**prosa**	쁘**로**사
산부인과	f	**ginecología**	히네꼴로**히**아
산소	m	**oxígeno**	옥**시**헤노
산악의		**montañoso/sa**	몬따**뇨**소/사
산책	m	**paseo**	빠**세**오
산호	m	**coral**	꼬**랄**

살구	m	albaricoque	알바리꼬께
살다		vivir	비비르
살아남다		sobrevivir	소브레비비르
살아 있는		viviente	비비엔떼
		vivo/va	비보/바
살인	m	asesinato	아세시나또
	m	homicidio	오미씨디오
살인범		asesino/na	아세시노/나
	mf	homicida	오미씨다
살찌다		engordar	엔고르다르
삼(3)		tres	뜨레스
삼각팬티(여성용)	fpl	bragas	브라가스
삼각형	m	triángulo	뜨리앙굴로
삼십(30)		treinta	뜨레인따
삼월(3월)		marzo	마르쏘
삼키다		tragar	뜨라가르
삽	f	pala	빨라
삽화	f	ilustración	일루스뜨라씨온
상(喪)	m	luto	루또
상	m	premio	쁘레미오

상기하다		recordar	ㄹ레꼬르다르
상담	f	consulta	꼰술따
상담역	n	asesor	아세소르
		consejero	꽁세헤로
상담하다		consultar	꼰술따르
상대적인		relativo/va	ㄹ렐라띠보/바
상륙시키다		desembarcar	데셈바르까르
상사(上司)	m/f	supervisor/ra	수뻬르비소르/라
상상		imaginación	이마히나씨온
상상하다		imaginar	이마히나르
		suponer	수뽀네르
상세	m	detalle	데따예
상속인		sucesor/ra	수쎄소르/라
상속하다		heredar	에레다르
상승	m	aumento	아우멘또
	f	elevación	엘레바씨온
상실	f	pérdida	뻬르디다
상어	m	tiburón	띠부론
상업	m	comercio	꼬메르씨오
상업의	m	comercial	꼬메르시알

상위의		superior	수뻬리오르
상이한		distinto/ta	디스띤또/따
상인	mf	comerciante	꼬메르씨안떼
상자	f	caja	까하
상징	m	símbolo	심볼로
상징적인		representativo/va	ㄹ레쁘레센따띠보/바
		simbólico/ca	심볼리꼬/까
상처	f	herida	에리다
상처 주다		lastimar	라스띠마르
		herir	에리르
상태	f	condición	꼰디씨온
	m	estado	에스따도
상표	f	marca	마르까
상황	f	circunstancia	씨르꾼스딴씨아
	f	ocasión	오까시온
	f	situación	시뚜아씨온
새	f	ave	아베
새끼손가락	m	dedo meñique	데도 메니께
새로운		nuevo/va	누에보/바
새로움	f	novedad	노베닫

새롭게하다		renovar	ㄹ레노바르
새벽	f	alba	알바
	f	madrugada	마드루가다
새우	m	camarón	까마론
	f	gamba	감바
색깔	m	color	꼴로르
색조	f	tinta	띤따
샌드위치	m	sándwich	산드위치
샌들	fpl	sandalias	산달리아스
샐러드	f	ensalada	엔살라다
샐러리맨	m/f	asalariado/da	아살라리아도/다
샘	f	fuente	푸엔떼
생각	m	concepto	꼰셉또
	f	idea	이데아
	m	pensamiento	뻰사미엔또
생각하다		pensar	뻰사르
생각해내다		concebir	꼰쎄비르
생강	m	jengibre	헹히브레
생기다		suceder	수쎄데르
생략형	f	abreviatura	아브레비아뚜라

생리대	f	compresa	꼼쁘레사
생맥주	f	caña	까냐
생물	f	biología	비올로히아
생산	f	producción	쁘로둑씨온
생산물	m	producto	쁘로둑또
생산적인		productivo/va	쁘로둑띠보/바
생산하다		producir	쁘로두씨르
생선	m	pez	뻬쓰
생일	mpl	cumpleaños	꿈쁠레아뇨스
생크림	f	nata	나따
생활	f	vida	비다
샤워	f	ducha	두차
샤워하다		duchar(se)	두차르
샴페인	m	cava	까바
	m	champán	참빤
샴푸	m	champú	샴푸
서두르다		apresurar	아쁘레수라르
서둘러		aprisa	아쁘리사
서랍	m	cajón	까혼
서로의(상호의)		recíproco/ca	ㄹ레씨쁘로꼬/까

서리	f	escarcha	에스까르차
서명	f	firma	피르마
서문	m	prólogo	쁘롤로고
서술하다		narrar	나ㄹ라르
서양	m	occidente	옥씨덴떼
서울		Seúl	세울
서적, 책	m	libro	리브로
서점	f	librería	리브레리아
서쪽	m	oeste	오에스떼
서투른		torpe	또르뻬
서투름	f	torpeza	또르뻬싸
서핑	m	surf	수르프
석고	m	yeso	예소
석방하다		absolver	압솔베르
석유	m	petróleo	뻬뜨롤레오
석탄	m	carbón	까르본
섞다		agitar	아히따르
		mezclar	메쓰끌라르
선(線)	m	hilo	일로
	f	línea	리네아

한국어	성	스페인어	발음
	f	raya	ㄹ라야
선거	f	elección	엘렉씨온
선단(船團)	f	flota	플로따
선동	f	agitación	아히따씨온
선명한		claro/ra	끌라로/라
		vívido/da	비비도/다
선물	m	regalo	ㄹ레갈로
선미	f	popa	뽀빠
선박	m	buque	부께
	m	nave	나베
선박 여행	m	crucero	끄루쎄로
선박의		naval	나발
선반	m	estante	에스딴떼
선발 시험	m	concurso	꼰꾸르소
선상(線狀)의		lineal	리네알
선언	f	declaración	데끌라라씨온
선언하다		declarar	데끌라라르
선을 긋다		rayar	ㄹ라야르
선인장	m	cactus	깍뚜스
선입견	m	prejuicio	쁘레후이씨오

선전(상품, 사상의)	f	propaganda	쁘로빠**간**다
선택	f	elección	엘렉씨**온**
	f	selección	셀렉씨**온**
선택된		selecto/ta	셀**렉**또/따
선택하다		elegir	엘레**히**르
선풍기	m	ventilador	벤띨라**도**르
선행(先行)	f	antelación	안뗄라씨온
선행하는		antecedente	안떼쎄**덴**떼
		precedente	쁘레쎄**덴**떼
선행하다		anteceder	안떼쎄**데**르
		preceder	쁘레쎄**데**르
설계된		trazado/da	뜨라**싸**도/다
설교하다		predicar	쁘레디**까**르
설득	f	convicción	꼰빅씨**온**
설득력	f	elocuencia	엘로꾸**엔**씨아
설득력 있는		persuasivo/va	뻬르수아**시**보/바
설득하다		convencer	꼰벤**쎄**르
설립	m	establecimiento	에스따블레씨미**엔**또
설립하다		establecer	에스따블레**쎄**르
		sentar	센**따**르

설명	f	**definición**	데피니씨온
	f	**explicación**	엑스쁠리까씨온
설명하다		**explicar**	엑스쁠리까르
		referir	ㄹ레페리르
설사	f	**diarrea**	디아ㄹ레아
설치	f	**instalación**	인스딸라씨온
설치하다		**colocar**	꼴로까르
		instalar	인스딸라르
설탕	m	**azúcar**	아쑤까르
섬	f	**isla**	이슬라
섬세한		**detallista**	데따이스따
섬세함		**delicadeza**	델리까데싸
섬유의		**textil**	떽스띨
섬유질	f	**hebra**	에브라
성(姓)	m	**apellido**	아뻬이도
성(性)	m	**sexo**	섹소
성격	m	**carácter**	까락떼르
	f	**personalidad**	뻬르소날리닫
	m	**rasgo**	ㄹ라스고
성경	f	**la Bíblia**	라 비블리아

성공	m	éxito	엑시또
성공하다		triunfar	뜨리운파르
성공한		triunfante	뜨리운판떼
성과	f	realización	ㄹ레알리싸씨온
	m	resultado	ㄹ레술따도
성당	f	catedral	까떼드랄
성대한		solemne	솔렘네
성벽	f	muralla	무라야
성분	m	componente	꼼뽀넨떼
	m	elemento	엘레멘또
성숙	f	madurez	마두레쓰
	f	sazón	사쏜
성숙한		maduro/ra	마두로/라
성실	f	sinceridad	신쎄리닫
성실한		honrado/da	온라도/다
		serio/ria	세리오/리아
		sincero/ra	신쎄로/라
성인	m	adulto	아둘또
성장	m	crecimiento	끄레시미엔또
성장(盛裝)	f	gala	갈라

성장하는		creciente	끄레씨엔떼
성적	f	calificación	깔리피까씨온
성적인		sexual	섹수알
성직자	m	clérigo	끌레리고
성채	m	castillo	까스띠요
세계	m	mundo	문도
세계적인		mundial	문디알
세관	f	aduana	아두아나
세관의		aduanero/ra	아두아네로/라
세금	m	impuesto	임뿌에스또
	m	tributo	뜨리부또
세기(世紀)	m	siglo	시글로
세대	f	generación	헤네라씨온
세력	f	influencia	인플루엔씨아
세련된		refinado/da	ㄹ레피나도/다
세례(종교)	m	bautismo	바우띠스모
세로	f	longitud	롱히뚣
세면기	f	lavamanos	라바마노스
세 배의		triple	뜨리쁠
세 번째의		tercero/ra	떼르세로/라

세일즈맨	m/f	vendedor/ra	벤데도르/라
세입자	m/f	inquilino/na	인낄리노/나
세제	m	detergente	데떼르헨떼
세탁기	f	lavadora	라바도라
세포	f	célula	셀루라
센티미터(cm)	m	centímetro	센띠메뜨로
셔츠	f	camiseta	까미세따(티셔츠)
	f	camisa	까미사(와이셔츠)
소각하다		quemar	께마르
소개	f	introducción	인뜨로둑씨온
	f	presentación	쁘레센따씨온
소개하다		presentar	쁘레센따르
소규모의		pequeño/ña	뻬께뇨/냐
소극적인		pasivo/va	빠시보/바
소금	m	sal	살
소나기	m	chubasco	츄바스꼬
소나무	m	pino	삐노
소녀	f	chica	치까
소년	m	chico	치꼬
소독	f	desinfección	데스인펙씨온

소동	m	alboroto	알보로또
	m	trastorno	뜨라스또르노
소란	m	escándalo	에스깐달로
	f	revuelta	ㄹ레부엘따
소란 피우다		alborotar	알보로따르
소리	m	sonido	소니도
소리내다		sonar	소나르
(목)소리의		vocal	보깔
소망	f	aspiración	아스삐라씨온
	m	deseo	데세오
소매	f	manga	망가
소매치기	m/f	carterista	까르떼리스따
소멸시키다		extinguir	엑스띵기르
소멸하다		perecer	뻬레쎄르
소모시키다		agotar	아고따르
소문	m	rumor	ㄹ루모르
소박한		sencillo/lla	센씨요/야
소방대원	n	bombero/ra	봄베로/라
소변	f	orina	오리나
소변 보다		orinar	오리나르

ㄱ ㄴ ㄷ ㄹ ㅁ ㅂ ㅅ ㅇ ㅈ ㅊ ㅋ ㅌ ㅍ ㅎ

소비(량)	m	consumo	꼰수모
소비자	n	consumidor/ra	꼰수미도르/라
소비하다		consumir	꼰수미르
		gastar	가스따르
소설가	mf	novelista	노벨리스따
소스	f	salsa	살사
소아과	f	pediatría	뻬디아뜨리아
소유	f	posesión	뽀세시온
소유자(주인)		poseedor	뽀세에도르
	m	amo	아모
	n	dueño	두에뇨
소유하다		poseer	뽀세에르
		tener	떼네르
소인(消印)	m	matasellos	마따세요스
소중한		precioso/sa	쁘레씨오소/사
소질	m	talento	딸렌또
소집하다		convocar	꼰보까르
소파	m	sofá	소파
소포	m	bulto	불또
	m	paquete	빠께떼

소풍	f	excursión	엑스꾸르시온
소화불량	f	indigestión	인디헤스띠온
속눈썹	f	pestaña	뻬스따냐
속달	m	correo expreso	꼬ㄹ레오 엑스쁘레소
속담	m	proverbio	쁘로베르비오
속도	f	velocidad	벨로씨닫
속으로		adentro	아덴뜨로
속이다		burlar	부를라르
		engañar	엔가냐르
속임수	m	enredo	엔레도
손	f	mano	마노
손가락	m	dedo	데도
손바닥	f	palma	빨마
손상	f	lesión	레시온
손수건	m	pañuelo	빠뉴엘로
손으로 하는		manual	마누알
손자		nieto/ta	니에또/따
손톱	f	uña	우냐
손해	m	daño	다뇨
	m	perjuicio	뻬르후이씨오

한국어	성	스페인어	발음
솔선	f	iniciativa	이니씨아**띠**바
솔직	f	sinceridad	신쎄리**닫**
솔직한		franco/ca	프**랑**꼬/까
솜	m	algodón	알고**돈**
송금	m	envío	엔비오
송어	f	trucha	뜨**루**차
쇄도	m	torrente	또ㄹ**렌**떼
	m	tropel	뜨로**뻴**
쇠고기	f	ternera	떼르**네**라
쇠퇴	f	decadencia	데까**덴**씨아
쇠퇴한		decadente	데까**덴**떼
쇼핑	f	compra	**꼼**쁘라
쇼핑카트	m	carrito	까ㄹ**리**또
숄	m	chal	찰
수(數)	m	números	**누**메로스
수감하다		encarcelar	엔까르쎌**라**르
수갑	f	esposas	에스**뽀**사스
수건	f	toalla	또**아**야
수다	f	charla	**차**를라
수다스러운		hablador/ra	아블라**도**르/라

수단	m	medio	메디오
	m	remedio	ㄹ레메디오
수도	f	capital	까삐딸
수도꼭지	m	grifo	그리포
수도원	m	convento	꼰벤또
수동적인		pasivo/va	빠시보/바
수령하다		recibir	ㄹ레씨비르
수리	m	arreglo	아ㄹ레글로
	f	reparación	ㄹ레빠라씨온
수리하다		arreglar	아ㄹ레글라르
		reparar	ㄹ레빠라르
수면	m	sueño	수에뇨
수명	f	duración	두라씨온
수박	f	sandía	산디아
수복하다		reconstruir	ㄹ레꼰스뜨루이르
수비	f	defensa	데펜사
수사	f	investigación	인베스띠가씨온
수소(수컷 소)	m	toro	또로
수속	m	trámite	뜨라미떼
수송	f	conducción	꼰둑씨온

수수께끼	f	adivinanza	아디비난싸
	m	enigma	에니그마
수수료	f	comisión	꼬미씨온
수수한		sobrio/bria	소브리오/브리아
수순	m	procedimiento	쁘로쎄디미엔또
수술	f	operación	오뻬라씨온
수술하다		operar	오뻬라르
수업	f	clase	끌라세
	f	lección	렉씨온
수여하다		brindar	브린다르
		conferir	꼰페리르
수염	f	bárbara	바르바라
수영	f	natación	나따씨온
수영복	m	bañador	바냐도르
	m	traje de baño	뜨라헤 데 바뇨
수영장	f	piscina	삐스씨나
수영하다		nadar	나다르
수요일	m	miércoles	미에르꼴레스
수입(품)	f	importación	임뽀르따씨온
수정(修正)	f	corrección	꼬ㄹ렉씨온

수정(水晶)	m	cristal	끄리스딸
수정하다		corregir	꼬ㄹ레히르
수줍어하는		tímido/da	띠미도/다
수집	f	colección	꼴렉씨온
수집하다		coleccionar	꼴렉씨오나르
수축시키다		contraer	꼰뜨라에르
수출(품)	f	exportación	엑스뽀르따씨온
수출 금지	m	embargo	엠바르고
수출하다		exportar	엑스뽀르따르
수치	m	pudor	뿌도르
수치심	f	vergüenza	베르구엔싸
수컷	m	macho	마초
수탉	m	gallo	가요
수평선	m	horizonte	오리쏜떼
수표	m	cheque	체께
수프	m	caldo	깔도
	f	sopa	소빠
수필	m	ensayo	엔사요
수하물 보관소	f	consigna	꼰시그나
수학	f	matemática	마떼마띠까

수확	f	cosecha	꼬세차
수확물(포획)	f	presa	쁘레사
수확하다		cosechar	꼬세차르
숙고	f	meditación	메디따씨온
	f	reflexión	ㄹ레플렉씨온
숙고하다		considerar	꼰시데라르
숙달된		profesional	쁘로페시오날
숙모	f	tía	띠아
숙박(요금)	m	hospedaje	오스뻬다헤
숙박시설	m	alojamiento	알로하미엔또
숙박하다		alojar	알로하르
		dormir	도르미르
숙부	m	tío	띠오
숙제	mpl	deberes	데베레스
숙취	f	resaca	ㄹ레사까
순간	m	instante	인스딴떼
	m	momento	모멘또
순결한		virginal	비르히날
순교자	mf	mártir	마르띠르
순서	m	orden	오르덴

순수한	puro/ra	뿌로/라
순조롭다	ir bien	이르 비엔
순종하는	dócil	도씰
순진한	cándido/da	깐디도/다
	ingenuo/nua	인헤누오/누아
순찰	ⓕ ronda	ㄹ론다
순환	ⓜ ciclo	씨끌로
	ⓕ circulación	씨르꿀라씨온
순환하다	circular	씨르꿀라르
숟가락	ⓕ cuchara	꾸차라
술	ⓜ alcohol	알꼬올
술집	ⓜ bar	바르
술 창고	ⓕ bodega	보데가
술 취한	borracho/cha	보ㄹ라초/차
숫자	ⓕ cifra	씨프라
	ⓜ número	누메로
숭고한	sublime	수블리메
숭배	ⓕ adoración	아도라씨온
숭배하다	adorar	아도라르
	venerar	베네라르

한국어	성	스페인어	발음
숲	f	bosque	보스께
쉬다		descansar	데스깐사르
		reposar	ㄹ레뽀사르
쉬운		fácil	파실
쉽게		sencillamente	센씨야멘떼
		fácilmente	파씰멘떼
스며들게 하다		infiltrar	인필뜨라르
스모그	f	neblina	네블리나
스승	n	maestro/tra	마에스뜨로/라
스웨터	m	suéter	수에떼르
스위스		Suiza	수이싸
스위트룸	f	suite	수이떼
스치다		rozar(se)	ㄹ로싸르
		cruzar(se)	끄루싸르
스카프	f	bufanda	부판다
스캐너	m	escáner	에스까네르
스캔들	m	escándalo	에스깐달로
스쿠터	m	escúter	에스꾸떼르
스키	m	esquí	에스끼
스킨(화장품)	m	tónico	또니꼬

스타일	ⓜ estilo	에스띨로
스타킹	ⓕⓟⓛ medias	메디아스
스탠드	ⓕ lámpara	람빠라
스테이크	ⓜ bistec	비스텍
스테플러	ⓕ grapadora	그라빠도라
스튜어디스	ⓕ azafata	아싸파따
스트레칭	ⓜ estiramiento	에스띠라미엔또
스파게티	ⓜ espagueti	에스파게띠
스페이드	ⓜ pica	삐까
스페인	España	에스빠냐
스페인의	español/la	에스빠뇰/라
스포츠	ⓜ deporte	데뽀르떼
스포츠의	deportivo/va	데뽀르띠보/바
스피커	ⓜ altavoz	알따보쓰
슬리퍼	ⓕⓟⓛ chanclas	찬끌라스
슬립	ⓜ slip	슬립
슬퍼하는	triste	뜨리스떼
슬퍼하다	lamentar	라멘따르
슬프게 하다	entristecer	엔뜨리스떼쎄르
슬픔	ⓕ amargura	아마르구라

	f	**tristeza**	뜨리스**떼**싸
습격	m	**ataque**	아**따**께
습격하다		**acometer**	아꼬메**떼**르
습관	f	**costumbre**	꼬스**뚬**브레
	m	**hábito**	**아**비또
습관적인		**habitual**	아비뚜**알**
습기 찬		**mojado/da**	**모**하도/다
승낙	f	**aceptación**	아셉따씨**온**
승리	m	**triunfo**	뜨리**운**포
	f	**victoria**	빅**또**리아
승리의		**triunfal**	뜨리운**팔**
승리자	n	**vencedor/ra**	벤쎄**도**르/라
승리한		**triunfante**	뜨리운**판**떼
승마하다		**cabalgar**	까발**가**르
승인	f	**aprobación**	아쁘로바씨**온**
	f	**conformidad**	꼰포르미**닫**
승인하다		**aprobar**	아쁘로**바**르
승진	m	**ascenso**	아스**쎈**소
시(詩)	m	**poema**	뽀**에**마
	f	**poesía**	뽀에**시**아

한국어	성	스페인어	발음
	m	verso	베르소
시각(視覺)적		visual	비수알
시간	f	hora	오라
		tiempo	띠엠뽀
시간표	m	horario	오라리오
시계	m	reloj	ㄹ렐로흐
시골	m	campo	깜뽀
시골의		campesino/na	깜뻬시노/나
		rural	ㄹ루랄
시금치	f	espinaca	에스삐나까
시기, 시대	f	edad	에닫
	m	período	뻬리오도
	f	temporada	뗌뽀라다
시내	m	centro	쎈뜨로
시누이	f	cuñada	꾸냐다
시도	f	empresa	엠쁘레사
	f	prueba	쁘루에바
시동	m	arranque	아ㄹ랑께
시동생	m	cuñado	꾸냐도
시력	f	vista	비스따

ㄱ ㄴ ㄷ ㄹ ㅁ ㅂ ㅅ ㅇ ㅈ ㅊ ㅋ ㅌ ㅍ ㅎ

한국어	품사	스페인어	발음
시민	mf	ciudadano/na	씨우다다노/나
시민의		civil	씨빌
시사(示唆)	f	sugestión	수헤스띠온
시사하다		sugerir	수헤리르
시선	f	mirada	미라다
시아버지	m	suegro	수에그로
시어머니	f	suegra	수에그라
시원한		fresco/ca	프레스꼬/까
시월		octubre	옥뚜브레
시인	mf	poeta	뽀에따
시작	m	comienzo	꼬미엔쏘
	m	principio	쁘린씨삐오
시작하다		comenzar	꼬멘싸르
		empezar	엠뻬싸르
		emprender	엠쁘렌데르
시장(市場)	m	mercado	메르까도
	f	plaza	쁠라싸
시장(市長)		alcalde	알깔데
시점	m	punto	뿐또
시청	m	ayuntamiento	아윤따미엔또

시체	m	cadáver	까다베르
	m	cuerpo	꾸에르뽀
시험	m	ensayo	엔사요
시험하다		probar	쁘로바르
식당(대학, 호텔의)	m	comedor	꼬메도르
식량	m	víveres	비베레스
식물	f	planta	쁠란따
	f	vegetación	베헤따씨온
식민지	f	colonia	꼴로니아
식민지의		colonial	꼴로니알
식민지화	f	colonización	꼴로니싸씨온
식별	m	reconocimiento	ㄹ레꼬노씨미엔또
식별하다		reconocer	ㄹ레꼬노쎄르
식욕	m	apetito	아뻬띠또
	f	gana	가나
식욕을 돋우는		apetitoso/sa	아뻬띠또소/사
식용유	m	aceite	아쎄이떼
식용의		comestible	꼬메스띠블레
식초	m	vinagre	비나그레
식칼	m	cuchillo	꾸치요

ㄱ ㄴ ㄷ ㄹ ㅁ ㅂ ㅅ ㅇ ㅈ ㅊ ㅋ ㅌ ㅍ ㅎ

ㅅ

한국어	성	스페인어	발음
식히다		enfriar	엔프리아르
신(神)	m	Dios	디오스
신경	m	nervio	네르비오
신념	f	creencia	끄레엔씨아
신다(신발을)		calzar	깔싸르
신랑	m	novio	노비오
신뢰	f	confianza	꼰피안싸
신맛 나는		ácido/da	아씨도/다
		agrio/gria	아그리오/그리아
신문	f	prensa	쁘렌사
	m	periódico	뻬리오디꼬
신발	m	calzado	깔싸도
	mpl	zapatods	싸빠또스
신부(新婦)	f	novia	노비아
신비	m	misterio	미스떼리오
	m	sacramento	사끄라멘또
신비한		misterioso/sa	미스떼리오소/사
신선한		fresco/ca	프레스꼬/까
신성한		sagrado/da	사그라도/다
		santo/ta	산또/따

신성함	ⓕ	santidad	산띠닫
신속	ⓕ	prisa	쁘리사
신속한		rápido/da	ㄹ라삐도/다
신앙	ⓕ	devoción	데보씨온
	ⓕ	religión	ㄹ렐리히온
신용	ⓕ	confianza	꼰피안싸
	ⓜ	crédito	끄레디또
	ⓕ	fe	페
신의		divino/na	디비노/나
신장	ⓜ	riñón	ㄹ리뇬
신전	ⓜ	templo	뗌쁠로
신조	ⓜ	dogma	도그마
신중	ⓕ	prudencia	쁘루덴씨아
신중한		discreto/ta	디스끄레또/따
		prudente	쁘루덴떼
신중함	ⓕ	cordura	꼬르두라
신청	ⓕ	petición	뻬띠씨온
	ⓕ	proposición	쁘로뽀시씨온
	ⓕ	solicitud	솔리씨뚣
	ⓕ	suscripción	수스끄립씨온

신청하다		solicitar	솔리씨따르
신체	m	cuerpo	꾸에르뽀
신호	f	indicación	인디까씨온
	f	seña	세냐
신호등	m	semáforo	세마포로
신화	f	fábula	파불라
	m	mito	미또
싣다		cargar	까르가르
		poner	뽀네르
실	m	hilo	일로
실로폰	m	xilófono	실로포노
실루엣	f	silueta	실루에따
실망	m	desengaño	데센가뇨
	f	desesperación	데세스뻬라씨온
	f	desilusión	데실루시온
실망시키다		desengañar	데셍가냐르
실수하다		equivocar	에끼보까르
		errar	에ㄹ라르
		resbalar	ㄹ레스발라르
실시하다		ejecutar	에헤꾸따르

한국어	성	스페인어	발음
실용적인		práctico/ca	쁘락띠꼬/까
실종	f	desaparición	데사빠리씨온
실질적인		sustantivo/va	수스딴띠보/바
실패	f	derrota	데ㄹ로따
	m	fallo	파요
	m	fracaso	프라까소
실행	m	cumplimiento	꿈쁠리미엔또
	f	práctica	쁘락띠까
실행하다		cumplir	꿈쁠리르
		ejecutar	에헤꾸따르
실현하다		realizar	ㄹ레알리싸르
싫어하다		odiar	오디아르
심각한		grave	그라베
심다		plantar	쁠란따르
심리학	f	psicología	시꼴로히아
심문하다		interrogar	인떼ㄹ로가르
심사숙고하다		contemplar	꼰뗌쁠라르
심의	f	deliberación	델리베라씨온
심의하다		deliberar	델리베라르
심장	m	corazón	꼬라쏜

십(十, 10)		**diez**	디에쓰
십구(19)		**diecinueve**	디에씨누에베
십년(10년)	f	**década**	데까다
십만		**cien mil**	씨엔 밀
십분의 1	f	**décima**	데씨마
십사(14)		**catorce**	까또르쎄
십삼(13)		**trece**	뜨레쎄
십오(15)		**quince**	낀쎄
십육(16)		**dieciséis**	디에씨세이스
십이(12)		**doce**	도쎄
십이월(12월)		**diciembre**	디씨엠브레
십일(11)		**once**	온쎄
십일월(11월)		**noviembre**	노비엠브레
십자가	f	**cruz**	끄루쓰
십칠(17)		**diecisiete**	디에씨시에떼
십팔(18)		**dieciocho**	디에씨오초
싱싱한(야채가 푸릇푸릇)		**verde**	베르데
싱크대	m	**fregadero**	프레가데로
싸우다		**combatir**	꼼바띠르
		luchar	루차르

싸움		pelear	뻴레아르
		reñir	레니르
	f	batalla	바따야
	m	combate	꼼바떼
	f	guerra	게ㄹ라
	f	lucha	루차
쌀	m	arroz	아ㄹ로쓰
쌍둥이의		gemelo/la	헤멜로/라
쏘다		disparar	디스빠라르
		picar	삐까르 (벌이나 모기가)
쓰다(用)		consumir	꼰수미르
		gastar	가스따르
쓰다(書)		escribir	에스끄리비르
쓰러뜨리다		tumbar	뚬바르
쓰레기	f	basura	바수라
쓰레기통	f	papelera	빠뻴레라
쓰레받기	m	recogedor	ㄹ레꼬헤도르
쓴맛 나는		amargo/ga	아마르고/가
쓸쓸한		solitario/ria	쏠리따리오/리아
씨 뿌리다		plantar	쁠란따르

ㅅ

	sembrar	셈브라르
씨앗	ⓕ **semilla**	세미야
씻다, 세탁하다	**lavar**	라바르

ㅇ

아가미		branquia	브랑끼아
아가씨	f	señorita	세뇨리따
아기	m	bebé	베베
아내	f	mujer	무헤르
	f	esposa	에스뽀사
아니요		no	노
아들	m	chico	치꼬
	m	hijo	이호
아래		debajo	데바호
아래로		abajo	아바호
아래의		inferior	인페리오르
아랫부분	m	pie	삐에
아령	m	macuerna	마꾸에르나
아르헨티나		Argentina	아르헨띠나
아름다운		bello/lla	베요/야
		guapo/pa	구아뽀/빠
		hermoso/sa	에르모소/사

ㄱ ㄴ ㄷ ㄹ ㅁ ㅂ ㅅ ㅇ ㅈ ㅊ ㅋ ㅌ ㅍ ㅎ

ㅇ

아름다움	f	belleza	베예싸
아마도		quizá	끼싸
아몬드	f	almendra	알멘드라
아무도		nadie	나디에
아버지	m	padre	빠드레
아빠	m	papá	빠빠
아시아		Asia	아시아
아이콘	f	icono	이꼬노
아저씨	m	señor	세뇨르
	m	tío	띠오
아주머니	f	señora	세뇨라
	f	tía	띠아
아직 (~아니다); 비교급 강조		aún	아운
아직(도)		todavía	또다비아
아침	m	mañana	마냐나
아침 식사	m	desayuno	데사유노
아틀리에	m	taller	따예르
아파트	m	apartamento	아빠르따멘또
(신체 부위가 사람을) 아프게 하다		doler	돌레르

아픈	dolorido/da	돌로리도/다
악(惡)	m mal	말
악당	m bandido	반디도
악덕, 악습	m vicio	비씨오
악마	m demonio	데모니오
	m diablo	디아블로
악어	m cocodrilo	꼬꼬드릴로
악용	abuso	아부소
악용하다	abusar	아부사르
악의	f malicia	말리씨아
악천후	m tiempo horrible	띠엠뽀 오ㄹ리블레
안개	f neblina	네블리나
	f niebla	니에블라
안개꽃	m gipsófila	힙소필라
안경	mf lente	렌테
안내하다	guiar	기아르
안녕히!	adiós	아디오스
안락의자	f butaca	부따까
	m sillón	시용
안락한	muelle	무에예

한국어	성	스페인어	발음
안색	f	**tez**	떼쓰
안장	f	**silla**	시야
	m	**sillín**	시인
안전	f	**seguridad**	세구리닫
안전한		**seguro/ra**	세구로/라
안정	m	**equilibrio**	에낄리브리오
안정된		**estable**	에스따블레
안정성	f	**estabilidad**	에스따빌리닫
안주	m	**acompañamiento**	아꼼빠냐미엔또
앉히다		**asentar**	아센따르
		sentar	센따르
알다		**saber**	사베르
알람시계	m	**despertador**	데스뻬르따도르
알레르기 반응	f	**alergia**	알레르히아
알려주다		**informar**	인포르마르
알려지다		**trascender**	뜨라스센데르
알리다		**anunciar**	아눈씨아르
		avisar	아비사르
		enterar	엔떼라르
알림	m	**anuncio**	아눈씨오

한국어	성	스페인어	발음
	m	**aviso**	아**비**소
	f	**noticia**	노**띠**씨아
알약	f	**pastilla**	빠스**띠**야
알코올성의		**alcohólico**	알꼬**올**리꼬
알파벳	m	**alfabeto**	알파**베**또
암(癌)	m	**cáncer**	**깐**쎄르
암살	m	**asesinato**	아세시**나**또
암살하다		**asesinar**	아세시**나**르
암석	f	**peña**	**뻬**냐
	f	**piedra**	삐**에**드라
암소	f	**vaca**	**바**까
암시	f	**sugestión**	수헤스띠**온**
암시하다		**sugerir**	수헤**리**르
암컷	f	**hembra**	**엠**브라
암탉	f	**gallina**	가**이**나
암흑	f	**negrura**	네그**루**라
압력	f	**presión**	쁘레시**온**
압박하다		**apretar**	아쁘레**따**르
압정	f	**chincheta**	친**체**따
앞당기다		**anticipar**	안띠씨**빠**르

ㅇ

앞당김	*f*	anticipación	안띠씨빠씨온
앞마당	*m*	patio	빠띠오
앞에서		delante	델란떼
앞으로		adelante	아델란떼
애국심	*m*	patriotismo	빠뜨리오띠스모
애도	*m*	condolencia	꼰돌렌씨아
애매한		ambiguo/gua	암비구오/구아
애무	*f*	caricia	까리씨아
애벌레	*f*	larva	라르바
애인	*m*	novio/via	노비오/비아
애정	*m*	amor	아모르
	m	cariño	까리뇨
	f	pasión	빠시온
	f	ternura	떼르누라
애정 깊은		afectuoso/sa	아펙뚜오소/사
애피타이저	*m*	aperitivo	아뻬리띠보
액자	*m*	marco	마르꼬
액체	*m*	licor	리꼬르
	m	líquido	리끼도
앵무새	*m*	loro	로로

한국어	성	스페인어	발음
야간	f	**noche**	노체
야구	m	**béisbol**	베이스볼
야구모자	f	**gorra**	고ㄹ라
야구장	m	**estadio**	에스따디오
야당	f	**oposición**	오뽀시씨온
야만적인		**brutal**	브루딸
		salvaje	살바헤
야망	f	**ambición**	암비씨온
야생의		**silvestre**	실베스뜨레
야윈		**delgado/da**	델가도/다
		flaco/ca	플라꼬/까
야자수	f	**palmera**	빨메라
야채	f	**verdura**	베르두라
	f	**hortaliza**	오르딸리싸
약국	f	**farmacia**	파르마씨아
약도	m	**esquema**	에스께마
약속	m	**compromiso**	꼼쁘로미소
	f	**promesa**	쁘로메사
약속하다		**prometer**	쁘로메떼르
약점	f	**deficiencia**	데피씨엔씨아

ㄱ ㄴ ㄷ ㄹ ㅁ ㅂ ㅅ ㅇ ㅈ ㅊ ㅋ ㅌ ㅍ ㅎ

약지	m	dedo anular	데도 아눌라르
약혼	m	compromiso	꼼쁘로미소
얇게 하다		adelgazar	아델가싸르
얌전한		apacible	아빠씨블레
양고기	m	cordero	꼬르데로
양도	f	concesión	꼰쎄시온
양도하다		delegar	델레가르
양동이	m	cubo	꾸보
양말	m	calcetín	깔쎄띤
양보하다		ceder	쎄데르
양복점	n	sastre	사스뜨레
양상추	m	lechuga	레추가
양성반응	f	reacción positiva	ㄹ레악씨온 뽀지띠바
양식(樣式)	m	estilo	에스띨로
	f	fórmula	포르물라
양심	f	conciencia	꼰씨엔씨아
양심의 가책	m	escrúpulo	에스끄루뿔로
양자로 삼다		ahijar	아이하르
양쪽의		ambos/as	암보스/암바스
양파	f	cebolla	쎄보야

(물이) 얕은		**poco profundo**	뽀꼬 쁘로푼도
어금니	ⓕ	**muela**	무엘라
어깨	ⓜ	**hombro**	옴브로
어둠	ⓕ	**oscuridad**	오스꾸리닫
어둡게 하다		**ensombrecer**	엔솜브레쎄르
어두운		**oscuro/ra**	오스꾸로/라
어디에		**adónde**	아돈데
		dónde	돈데
어떤		**alguno**	알구노
		un	운
		una	우나
어떤 것		**algo**	알고
어떻게		**cómo**	꼬모
어려운		**difícil**	디피씰
어려움	ⓕ	**dificultad**	디피꿀따드
어류		**pescado**	뻬스까도
어른	ⓜ	**adulto**	아둘또
어리석은		**estúpido/da**	에스뚜삐도/다
		tonto/ta	똔또/따
어리석음	ⓕ	**tontería**	똔떼리아

ㄱ ㄴ ㄷ ㄹ ㅁ ㅂ ㅅ ㅇ ㅈ ㅊ ㅋ ㅌ ㅍ ㅎ

어린이	m/f	**niño/ña**	니뇨/냐
어릿광대	m/f	**payaso/sa**	빠야소/사
어머니	f	**madre**	마드레
어선	m	**pesquero**	뻬스께로
(옷 등이 사람에게 잘) 어울리다		**quedar bien (+a)**	께다르 비엔
어제		**ayer**	아예르
어젯밤		**anoche**	아노체
어조	f	**entonación**	엔또나씨온
	m	**tono**	또노
어지러움	m	**vértigo**	베르띠고
어지르다		**desarreglar**	데사ㄹ레글라르
어휘	m	**vocabulario**	보까불라리오
억압	f	**opresión**	오쁘레시온
억제하다		**detener**	데떼네르
		reprimir	ㄹ레쁘리미르
언급	f	**referencia**	ㄹ레페렌씨아
언급하기	f	**mención**	멘씨온
언덕	f	**colina**	꼴리나
	f	**cuesta**	꾸에스따
언명하다		**afirmar**	아피르마르

언어	m	idioma	이디**오**마
	m	lenguaje	**렝**구아헤
언제		cuándo	꾸**안**도
언제나		siempre	시**엠**쁘레
얻다		conseguir	꼰세**기**르
		ganar	가**나**르
		obtener	옵떼**네**르
얼굴	f	cara	**까**라
	f	figura	피**구**라
	m	rostro	ㄹ**로**스뜨로
얼룩말	m	cebra	**쎄**브라
얼리다		helar	엘**라**르
얼버무리다		disimular	디시물**라**르
얼음	m	hielo	이**엘**로
엄격	m	rigor	ㄹ리**고**르
엄격한		estricto/ta	에스뜨**릭**또/따
		riguroso/sa	ㄹ리구**로**소/사
		severo/ra	세베로/라
엄마	f	mamá	마**마**
엄밀한		exacto/ta	엑**삭**또/따

ㅇ

엄지	m	**pulgar**	뿔가르
엄청		**muy**	무이
엄청난		**enorme**	에노르메
		formidable	포르미다블레
		tremendo/da	뜨레멘도/다
업무	f	**labor**	라보르
	m	**oficio**	오피씨오
	m	**trabajo**	뜨라바호
업신여기다		**despreciar**	데스쁘레씨아르
엉덩이	f	**cadera**	까데라
엉터리	m	**disparate**	디스빠라떼
에메랄드	f	**esmeralda**	에스메랄다
에어로빅	m	**aeróbic**	아에로빅
엔진	m	**motor**	모또르
엘리베이터	m	**ascensor**	아스쎈소르
여객선	m	**ferri**	페ㄹ리
여권	m	**pasaporte**	빠사뽀르떼
여기로[에]		**aquí**	아끼
여덟 번째의		**octavo/va**	옥따보/바
여드름	m	**acné**	악네

여름	m	verano	베라노
여명	f	aurora	아우로라
	f	madrugada	마드루가다
여배우	f	actriz	악뜨리스
여백	m	margen	마르헨
여백의		marginal	마르히날
여분의		superfluo/flua	수뻬르플루오/플루아
여성	f	dama	다마
	f	mujer	무헤르
여성의		femenino/na	페메니노/나
여신	n	diosa	디오사
여왕	f	reina	ㄹ레이나
	f	emperatriz	엠뻬라뜨리쓰
여우	m	zorro	쏘ㄹ로
여정	m	camino	까미노
	m	recorrido	ㄹ레꼬ㄹ리도
여행	m	recorrido	ㄹ레꼬ㄹ리도
	m	viaje	비아헤
여행가방	f	maleta	말레따
역(驛)	f	estación	에스따씨온

역경	ⓕ **desgracia**	데스그라씨아
역사	ⓕ **historia**	이스또리아
역사적인	**histórico/ca**	이스또리꼬/까
역설	ⓕ **paradoja**	빠라도하
역학	ⓕ **dinámica**	디나미까
역할	**papel**	빠뻴
	rol	ㄹ롤
연간의(1년의)	**anual**	아누알
연결	ⓕ **conjunción**	꼰훈씨온
	ⓜ **enlace**	엔라세
	ⓜ **lazo**	라쏘
연결시키다	**atar**	아따르
	trabar	뜨라바르
	enlazar	엔라싸르
연결하다	**conectar**	꼬넥따르
연고	ⓕ **pomada**	뽀마다
연구	ⓕ **investigación**	인베스띠가씨온
연구소	ⓜ **instituto**	인스띠뚜또
	ⓜ **laboratorio**	라보라또리오
연극	ⓜ **drama**	드라마

한국어	성	스페인어	발음
	m	teatro	떼아뜨로
연금	f	pensión	뻰시온
	f	renta	ㄹ렌따
연기(演技)	f	actuación	악뚜아씨온
연기(煙氣)	m	humo	우모
연기(延期)하다		aplazar	아쁠라싸르
연꽃	m	loto	로또
연단	f	tribuna	뜨리부나
연대	f	conjugación	꼰후가씨온
연령	m	año	아뇨
연맹	f	confederación	꼰페데라씨온
	f	federación	페데라씨온
	f	liga	리가
연민	f	lástima	라스띠마
연상시키다		evocar	에보까르
연상의		mayor	마요르
연설	m	discurso	디스꾸르소
연설하다		pronunciar	쁘로눈씨아르
연속	f	serie	세리에
	f	sucesión	수쎄시온

ㅇ

연속성	*f*	**continuidad**	꼰띠누이닫
연속된		**continuo/nua**	꼰띠누오/누아
연수	*m*	**cursillo**	꾸르시요
연습	*m*	**ejercicio**	에헤르씨씨오
연습하다		**ensayar**	엔사야르
연약한		**frágil**	프라힐
연어	*m*	**salmón**	살몬
연예인	*mf*	**artista**	아르띠스따
연장	*f*	**ampliación**	암쁠리아씨온
연장하다		**prolongar**	쁘롤롱가르
연주자	*myf*	**músico/ca**	무시꼬/까
연주하다		**tocar**	또까르
연필	*f*	**lápiz**	라삐스
연하의		**menor**	메노르
열		**fiebre**	피에브레
열의		**febril**	페브릴
열거하다		**barajar**	바라하르
		enumerar	에누메라르
열광	*m*	**entusiasmo**	엔뚜시아스모
열다		**abrir**	아브리르

열대의	tropical	뜨로삐깔
열두 개 들이의	doceno/na	도쎄노/나
열등한	inferior	인페리오르
열등함	inferioridad	인페리오리닫
열렬한	caluroso/sa	깔루로소/사
열린	abierto/ta	아비에르또/따
열망	ⓜ afán	아판
	ⓜ anhelo	앙엘로
	ⓕ sed	섿
열망하는	deseoso/sa	데세오소/사
열망하다	soñar	소냐르
열매	ⓜ fruto	프루또
열 번째의	décimo/ma	데씨모/마
열쇠	ⓕ clave	끌라베
	ⓕ llave	야베
열심인	afanoso/sa	아파노소/사
열정	ⓜ fervor	페르보르
	ⓕ pasión	빠시온
열중케 하다	entusiasmar	엔뚜시아스마르
	apasionar	아빠시오나르

ㅇ

한국어	성	스페인어	발음
열중한(몰두한)		aficionado/da (+a)	아피씨오나도/다
열차	m	tren	뜨렌
엷은		fino/na	피노/나
염색하다		teñir	떼니르
염소	f	cabra	까브라
영(0)		cero	쎄로
영감(靈感)	f	inspiración	인스삐라씨온
영광	f	gloria	글로리아
영광스러운		glorioso/sa	글로리오소/사
영구적인		eterno/na	에떼르노/나
		perpetuo/tua	뻬르뻬뚜오/뚜아
영국		Inglaterra	잉글라떼ㄹ라
영리한		inteligente	인뗄리헨떼
		listo/ta	리스또/따
영상	f	imagen	이마헨
영수증	m	recibo	ㄹ레씨보
영양을 주다		alimentar	알리멘따르
		nutrir	누뜨리르
영어	m	inglés	잉글레스
영역	m	territorio	떼ㄹ리또리오

영웅	(m) **héroe**	**에**로에
영웅의	**heroico/ca**	에**로**이꼬/까
영원	(f) **eternidad**	에떼르니**닫**
영원히	**eternamente**	에**떼**르나멘떼
영향	(m) **influencia**	인플루**엔**씨아
영향을 미치다	**afectar**	아펙**따**르
영화	(m) **cine**	**씨**네
	(f) **película**	뻴**리**꿀라
영화 스크린	(f) **pantalla**	빤**따**야
옆	(m) **lado**	**라**도
예고	(f) **anunciación**	아눈씨아씨**온**
예금	(m) **ahorro**	아**오**ㄹ로
예금하다	**depositar**	데뽀시**따**르
예리한	**afilado/da**	아필**라**도/다
	agudo/da	아**구**도/다
예방	(f) **prevención**	쁘레벤씨**온**
예방하다	**prevenir**	쁘레베**니**르
예배	(m) **servicio**	세르**비**씨오
	(m) **culto**	**꿀**또
	(m) **ritual**	ㄹ리뚜**알**

ㄱ ㄴ ㄷ ㄹ ㅁ ㅂ ㅅ ㅇ ㅈ ㅊ ㅋ ㅌ ㅍ ㅎ

예배당	*f* capilla	까삐야
예쁜	bonito/ta	보니또/따
예산	*m* presupuesto	쁘레수뿌에스또
예상된	previsto/ta	쁘레비스또/따
예수	*m* Jesús	헤수스
예술(가)의	artístico/ca	아르띠스띠꼬/까
예식의	ceremonial	쎄레모니알
예약	*f* reserva	ㄹ레세르바
예약된	reservado/da	ㄹ레세르바도/다
예약하다	reservar	ㄹ레세르바르
예언	*f* adivinación	아디비나씨온
예언자	*m* profeta/tisa	프로페따/띠사
예외	*f* excepción	엑스쎕씨온
예의	*f* cortesía	꼬르떼시아
예의 바른	cortés	꼬르떼스
예정	*m* plan	쁠란
옛날	*f* antigüedad	안띠구에닫
옛날의	antiguo/gua	안띠구오/구아
옛날 이야기	*m* cuento	꾸엔또
오(五, 5)	cinco	씬꼬

오각형	m	pentágono	뻰따고노
오늘		hoy	오이
오두막	f	choza	초싸
오락	f	diversión	디베르시온
	m	juego	후에고
	m	recreo	ㄹ레끄레오
오렌지	f	naranja	나랑하
오로지		sólo	솔로
		únicamente	우니까멘떼
오르다		ascender	아스쎈데르
		remontar	ㄹ레몬따르
		subir	수비르
오른손잡이의		diestro/ra	디에스뜨로/라
오른쪽	f	derecha	데레차
오리	m	pato	빠또
오만	f	arrogancia	아ㄹ로간씨아
오븐	m	horno	오르노
오십(50)		cincuenta	씬꾸엔따
오월(5월)		mayo	마요
오이	m	pepino	뻬삐노

ㄱ ㄴ ㄷ ㄹ ㅁ ㅂ ㅅ ㅇ ㅈ ㅊ ㅋ ㅌ ㅍ ㅎ

오점	*f* **mancha**	만차
오줌	*f* **orina**	오리나
오징어	*m* **calamar**	깔라마르
오토바이	*f* **motocicleta**	모또씨끌레따
오후	*f* **tarde**	따르데
옥(玉)	*m* **jade**	하데
옥상	*f* **azotea**	아쏘떼아
	f **terraza**	떼ㄹ라싸
옥수수	*m* **maíz**	마이쓰
온건한	**moderado/da**	모데라도/다
온도	*f* **temperatura**	뗌뻬라뚜라
온라인	**en línea**	엔 리네아
	en red	엔 ㄹ레드
올리기	*f* **elevación**	엘레바씨온
올리다	**elevar**	엘레바르
	levantar	레반따르
옮겨 싣다	**transbordar**	뜨란스보르다르
옮기다	**transponer**	뜨란스뽀네르
옳지 않은	**erróneo/a**	에ㄹ로네오/아
옷	*f* **vestido**	베스띠도

	ⓕ	ropa	ㄹ로빠
옷 입히다		vestir	베스띠르
옷걸이	ⓕ	percha	빼르차
옷깃	ⓜ	cuello	꾸에요
옷장	ⓜ	armario	아르마리오
와인	ⓜ	vino	비노
완강한		tenaz	떼나쓰
완고한		terco/ca	떼르꼬/까
완곡어법	ⓜ	rodeo	ㄹ로데오
완료	ⓕ	terminación	떼르미나씨온
완벽	ⓕ	perfección	빼르펙씨온
완벽하게		perfectamente	빼르펙따멘떼
완벽한		perfecto/ta	빼르펙또/따
완성된		hecho/cha	에초/차
		acabado/da	아까바도/다
완성시키다		acabar	아까바르
		completar	꼼쁠레따르
완전한		completo/ta	꼼쁠레또/따
완전히		absolutamente	압솔루따멘떼
		completamente	꼼쁠레따멘떼

ㄱ ㄴ ㄷ ㄹ ㅁ ㅂ ㅅ ㅇ ㅈ ㅊ ㅋ ㅌ ㅍ ㅎ

ㅇ

	enterament	엔떼라멘떼
	totalmente	또딸멘떼
완화(통증의)	ⓜ alivio	알리비오
완화하다	aflojar	아플로하르
왕관	ⓕ corona	꼬로나
왕국	ⓜ reino	ㄹ레이노
왕궁	ⓜ alcázar	알까싸르
왕권	ⓜ trono	뜨로노
왕래	ⓜ tránsito	뜨란시또
왕의	regio/gia	ㄹ레히오/아
왕자	ⓜ príncipe	쁘린씨뻬
왜냐하면	porque	뽀르께
	pues	뿌에스
외견상	aparentemente	아빠렌떼멘떼
외과	ⓕ cirugía	씨루히아
외교의	diplomático/ca	디쁠로마띠꼬/까
외래의	extranjero/ra	엑스뜨란헤로/라
외로운	solitario/ria	쏠리따리오/리아
외모	ⓕ apariencia	아빠리엔씨아
	ⓜ aspecto	아스뻭또

외부의		exterior	엑스떼리오르
외출하다		salir	살리르
외치다		chillar	치야르
		gritar	그리따르
외투	m	abrigo	아브리고
	m	gabán	가반
외형	m	perfil	뻬르필
왼쪽	f	izquierda	이쓰끼에르다
요구	f	petición	뻬띠씨온
요구하다		reclamar	ㄹ레끌라마르
요금	f	cuota	꾸오따
요람	f	cuna	꾸나
요리	f	cocina	꼬씨나
	f	comida	꼬미다
요리사	m/f	cocinero/ra	꼬씨네로/라
요리하다		cocer	꼬쎄르
		cocinar	꼬씨나르
요망	m	ruego	ㄹ루에고
요소	m	elemento	엘레멘또
요약	m	resumen	ㄹ레수멘

요약된	sumario/ria	수마리오/리아
요인	m factor	팍또르
요청	f petición	뻬띠씨온
요트	m yate	야떼
욕구	f exigencia	엑시헨씨아
욕망	m deseo	데세오
	f gana	가나
욕조	f baño	바뇨
욕하다	insultar	인술따르
용감	m heroísmo	에로이스모
	f audacia	아우다씨아
용감한	valiente	발리엔떼
용기(勇氣)	f valentía	발렌띠아
	m valor	발로르
용기(容器)	m vaso	바소
용도	m uso	우소
용량	f capacidad	까빠씨닫
용서	m perdón	뻬르돈
용서하다	perdonar	뻬르도나르
용이한	fácil	파실

용인할 수 있는		admisible	아드미시블레
우리(가축의)	m	corral	꼬ㄹ랄
우리는		nosotro/as	노소뜨로스/라스
우리를		nos	노스
우리의		nuestro/ra	누에스뜨로/라
우물	m	pozo	뽀쏘
우박	m	granizo	그라니쏘
우상	m	ídolo	이돌로
우선	f	anterioridad	안떼리오리닫
우세	m	predominio	쁘레도미니오
	f	ventaja	벤따하
우수	f	excelencia	엑스쎌렌씨아
우수한		excelente	엑스쎌렌떼
우승컵	f	copa	꼬빠
우아한		elegante	엘레간떼
우아함	f	elegancia	엘레간씨아
우연	f	coincidencia	꼬인씨덴씨아
우연한		accidental	악씨덴딸
		casual	까수알
우연히		por casualidad	뽀르 까수알리닫

ㄱ ㄴ ㄷ ㄹ ㅁ ㅂ ㅅ ㅇ ㅈ ㅊ ㅋ ㅌ ㅍ ㅎ

우울	m	depresión	데쁘레시온
	f	melancolía	멜란꼴리아
우위의		superior	수뻬리오르
우유	f	leche	레체
우정	f	amistad	아미스딷
우주	m	universo	우니베르소
우주비행사	mf	astronauta	아스뜨로나우따
우주의		cósmico/ca	꼬스미꼬/까
우파의		derecho	데레초
우편(물)	m	correo	꼬ㄹ레오
우편번호	m	código postal	꼬디고 뽀스딸
우편함	m	buzón	부쏜
우표	m	sello	세요
	f	estampilla	에스땀삐야
우호	f	amistad	아미스딷
우호적인		amistoso/sa	아미스또소/사
우회	m	rodeo	ㄹ로데오
우회로	m	desvío	데스비오
운	f	ventura	벤뚜라
		fortuna	포르뚜나

		suerte	수에르떼
		ventura	벤뚜라
운동	m	ejercicio	에헤르씨씨오
운동선수	mf	atleta	아뜰레따
	mf	deportista	데뽀르띠스따
운동화	fpl	bambas	밤바스
운명	m	destino	데스띠노
	f	fatalidad	파딸리닫
운반, 운송료	m	porte	뽀르떼
운반하다		transportar	뜨란스뽀르따르
운전수	mf	chófer	초페르
	mf	conductor/ra	꼰둑또르/라
운전하다		conducir	꼰두씨르
		manejar	마네하르
울다		llorar	요라르
울려퍼지다		resonar	ㄹ레소나르
울음	m	llanto	얀또
울타리	f	valla	바야
움직이다		mover	모베르
움직임	m	movimiento	모비미엔또

웃기는		ridículo/la	ㄹ리디꿀로/라
웃다		reír	ㄹ레이르
		sonreír	손레이르
웃음	f	risa	ㄹ리사
	f	sonrisa	손리사
유년기	f	niñez	니녜쓰
원기둥	m	cilindro	씰린드로
	f	columna	꼴룸나
원룸	m	estudio	에스뚜디오
원숭이	m	mono/na	모노/나
원시적인		primitivo/va	쁘리미띠보/바
원예사	m/f	jardinero/ra	하르디네로/라
원인	f	causa	까우사
원자	m	átomo	아또모
원자의		atómico/ca	아또미꼬/까
원자력의		nuclear	누끌레아르
원정(대)	f	expedición	엑스뻬디씨온
원조(援助)	m	apoyo	아뽀요
	m	amparo	암빠로
원추형	m	cono	꼬노

원통형	ⓜ rollo	ㄹ로요
원피스	ⓕ vestido	베스띠도
월계수	ⓜ laurel	라우렐
월급	ⓜ sueldo mensual	수엘도 멘수알
월식, 일식	ⓜ eclipse	에끌립세
월요일	ⓜ lunes	루네스
웰던	bien echo	비엔 에초
위(上)	encima	엔씨마
위(胃)	ⓜ estómago	에스또마고
위기	ⓕ crisis	끄리시스
위대성	ⓕ grandeza	그란데싸
위대한	grande	그란데
위도	ⓕ latitud	라띠뚣
위로	ⓜ consuelo	꼰수엘로
위로하다	consolar	꼰솔라르
위로해 주는	consolador	꼰솔라도르
위반	ⓕ violación	비올라씨온
위반하다	violar	비올라르
위생	ⓕ higiene	이히에네
	ⓕ sanidad	사니닫

한국어	성	스페인어	발음
위선적인		hipócrita	이뽀끄리따
위성	m	satélite	사뗄리떼
위스키	m	whisky	위스끼
위신	m	prestigio	쁘레스띠히오
위압적인		imponente	임뽀넨떼
위엄	f	dignidad	딕니닫
	f	majestad	마헤스딷
위엄 있는		augusto/ta	아우구스또/따
위업	f	hazaña	아싸냐
위원회	m	comité	꼬미떼
	f	junta	훈따
위장하다		simular	시물라르
위쪽으로		arriba	아ㄹ리바
위치	f	posición	뽀시씨온
	m	puesto	뿌에스또
위탁하다		confiar	꼰피아르
		encomendar	엔꼬멘다르
위험	m	peligro	뻴리그로
	m	riesgo	ㄹ리에스고
위험을 무릅쓰다		aventurar	아벤뚜라르

위험한	**azaroso/sa**	아싸**로**소/사
위협	*m* **espanto**	에스**빤**또
	f **amenaza**	아메**나**싸
윗옷	*f* **chaqueta**	차**께**따
유괴	*m* **secuestro**	세꾸**에**스뜨로
유년기	*f* **infancia**	인**판**시아
유능한	**capaz**	까**빠**쓰
	hábil	**아**빌
유래하다	**derivar**	데리**바**르
유럽	**Europa**	에우**로**빠
유럽의	**europeo/a**	에우로**뻬**오/아
유령	*m* **espectro**	에스**뻭**뜨로
	m **fantasma**	판**따**스마
유리(제품)	*m* **vidrio**	**비**드리오
유리한	**favorable**	파보**라**블레
유명한	**conocido/da**	꼬노**씨**도/다
	famoso/sa	파**모**소/사
	notorio/ria	노**또**리오/리아
유모차	*m* **cochecito**	꼬체**씨**또
	carreola	까ㄹ레**올**라

ㄱ ㄴ ㄷ ㄹ ㅁ ㅂ ㅅ ㅇ ㅈ ㅊ ㅋ ㅌ ㅍ ㅎ

한국어	성	Español	발음
유사	f	analogía	아날로히아
유사한		semejante	세메한떼
		similar	시밀라르
유산	f	herencia	에렌씨아
	m	legado	레가도
유성	f	estrella fugaz	에스뜨레야 푸가스
유아	m	infante	인판떼
유언(장)	m	testamento	떼스따멘또
유연한		flexible	플렉시블레
유용성	f	utilidad	우띨리닫
유용하다		servir	세르비르
유용한		útil	우띨
유원지	m	parque	빠르께
유월(6월)		junio	후니오
유익한		útil	우띨
유일한		único/ca	우니꼬/까
유적지	m	monumento	모누멘또
유지하다		conservar	꼰세르바르
		mantener	만떼네르
유치원	m	parvulario	빠르불라리오

한국어	성	스페인어	발음
유쾌한		agradable	아그라다블레
유행	f	moda	모다
유형	m	tipo	띠뽀
유혹	f	seducción	세둑씨온
	f	tentación	뗀따시온
유혹하다		seducir	세두씨르
		tentar	뗀따르
유효범위	m	alcance	알깐쎄
유효한		efectivo/va	에펙띠보/바
		válido/da	발리도/다
육(六, 6)		seis	세이스
육각형	m	hexágono	엑사고노
육군 대령	mf	coronel	꼬로넬
육류	f	carne	까르네
육지	f	tierra	띠에ㄹ라
육체의		corporal	꼬르뽀랄
윤곽	m	perfil	뻬르필
	m	trazo	뜨라쏘
윤리	f	moralidad	모랄리닫
융통성 있는		flexible	플렉시블레

은(銀)	*f* **plata**	쁠라따
은둔자	*n* **ermitaño/ña**	에르미따뇨/냐
은밀한	**secreto/ta**	세끄레또/따
은퇴	*f* **jubilación**	후빌라씨온
은하계	*f* **galaxia**	갈락시아
은행	**banco**	방꼬
은행나무	*m* **gingko**	힝꼬
은행 직원	*m/f* **cajero/ra**	까헤로/라
은혜	*f* **gracia**	그라씨아
	f **merced**	메르쎄드
음료수	*f* **bebida**	베비다
음모를 꾸미다	**conspirar**	꼰스삐라르
음색	*m* **tono**	또노
음식	*m* **alimento**	알리멘또
음악	*f* **música**	무시까
음악회	*m* **concierto**	꼰씨에르또
음향	*m* **sonido**	소니도
응답하다	**responder**	ㄹ레스뽄데르
응시하다	**mirar**	미라르
응용	*f* **aplicación**	아쁠리까씨온

응용하다	aplicar	아쁠리까르
의견	ⓕ idea	이데아
	ⓕ opinión	오삐니온
의견을 말하다	opinar	오삐나르
의도	ⓕ intención	인뗀씨온
	ⓜ intento	인뗀또
	ⓜ propósito	쁘로뽀시또
의료의	médico/ca	메디꼬/까
의류	ⓕ prenda	쁘렌다
의무	ⓕ obligación	오블리가씨온
의무를 지우다	comprometer	꼼쁘로메떼르
	obligar	오블리가르
의무실	ⓕ clínica	끌리니까
의미	ⓜ sentido	센띠도
	ⓕ significación	시그니피까씨온
의미심장한	significativo/va	씨그니피까띠보/바
의미하다	significar	씨그니피까르
의복	ⓕ ropa	ㄹ로빠
의사	ⓜⓕ doctor/ra	독또르/라
의사소통	ⓕ comunicación	꼬무니까씨온

의식(儀式)	ⓕ	**celebración**	쎌레브라씨온
	ⓜ	**rito**	리또
	ⓕ	**ceremonia**	쎄레모니아
의심	ⓕ	**duda**	두다
	ⓕ	**sospecha**	소스뻬차
의심하다		**dudar**	두다르
		sospechar	소스뻬차르
의외	ⓕ	**sorpresa**	소르쁘레사
의외의		**accidental**	악씨덴딸
의욕	ⓜ	**afán**	아판
	ⓕ	**voluntad**	볼룬딷
의자	ⓕ	**silla**	시야
의존	ⓕ	**dependencia**	데뻰덴씨아
의존하다		**depender**	데뻰데르
의지	ⓕ	**voluntad**	볼룬딷
의향	ⓜ	**pensamiento**	뻰사미엔또
의회	ⓜ	**congreso**	꽁그레소
	ⓜ	**parlamento**	빠를라멘또
이(2)		**dos**	도스
이것		**esto**	에스또

이국적인	exótico/ca	엑소띠꼬/까
이기다	ganar	가나르
	triunfar	뜨리운파르
이기적인	egoísta	에고이스따
이기주의	*m* egoísmo	에고이스모
이끌다	conducir	꼰두씨르
	encabezar	엔까베싸르
	dirigir	디리히르
이단침대	*f* litera	리떼라
이동	*m* traslado	뜨라슬라도
이동시키다	mover	모베르
이렇게	así	아시
이렇게나	tan	딴
이력서	*m* currículum	꾸ㄹ리꿀룸
이론	*f* teoría	떼오리아
이론적인	teórico/ca	떼오리꼬/까
이륙하다	despegar	데스뻬가르
이른	temprano/na	뗌쁘라노/나
이름	*m* nombre	놈브레
이름 짓다	denominar	데노미나르

ㅇ

이마	ⓕ	frente	프렌떼
이미		ya	야
이민		inmigración	인미그라씨온
		emigración	에미그라씨온
이비인후과	ⓕ	otorrinolaringología	오또ㄹ리놀라링골로히아
이사	ⓕ	mudanza	무단싸
이상(理想)	ⓜ	ideal	이데알
이상주의의		idealista	이데알리스따
이상한		anormal	아노르말
		extraordinario/ria	엑스뜨라오르디나리오/리아
이성(理性)		razón	ㄹ라쏜
이성적인		razonable	ㄹ라쏘나블레
이스라엘		Israel	이스라엘
이슬	ⓜ	rocío	ㄹ로씨오
이슬람교	ⓜ	islam	이슬람
	ⓜ	mahometismo	마오메띠스모
이식하다		trasplantar	뜨라스쁠란따르
이십(20)		veinte	베인떼
이야기	ⓕ	narración	나ㄹ라씨온
	ⓜ	relato	ㄹ렐라또

한국어	스페인어	발음
이야기하다	relatar	ㄹ렐라따르
	contar	꼰따르
이용하다	aprovechar	아쁘로베차르
	utilizar	우띨리싸르
이웃	(m) prójimo	쁘로히모
	(m) vecino/na	베씨노/나
이월(2월)	(m) febrero	페브레로
이유	(f) causa	까우사
	(f) razón	ㄹ라쏜
이익	(m) beneficio	베네피씨오
	(m) provecho	쁘로베초
이전에	antes	안떼스
이전의	anterior	안떼리오르
이점	(f) bondad	본닫
이중의	doble	도블레
이쪽으로	acá	아까
이탈리아	Italia	이딸리아
이해	(f) comprensión	꼼쁘렌시온
이해된	entendido/da	엔뗀디도/다
이해력	(f) inteligencia	인뗄리헨씨아

ㄱ ㄴ ㄷ ㄹ ㅁ ㅂ ㅅ ㅇ ㅈ ㅊ ㅋ ㅌ ㅍ ㅎ

이해하다		comprender	꼼쁘렌데르
		entender	엔뗀데르
이해할 수 있는		comprensible	꼼쁘렌시블레
이혼	m	divorcio	디보르씨오
익명의		anómimo/ma	아노미모/마
익숙해진		acostumbrado/da	아꼬스뚬브라도/다
인간	f	criatura	끄리아뚜라
	m	hombre	옴브레
	m	humano	우마노
인간성	f	humanidad	우마니닫
인격	m	carácter	까락떼르
	f	personalidad	뻬르소날리닫
인공적인		artificial	아르띠피시알
인구	f	populación	뽀뿔라시온
인기	f	popularidad	뽀뿔라리닫
인내	f	paciencia	빠씨엔씨아
인내력	f	tolerancia	똘레란씨아
인내하다		aguantar	아구안따르
		tolerar	똘레라르
인도		la India	라 인디아

한국어	성	스페인어	발음
인류	f	humanidad	우마니닫
인물	n	individuo	인디비두오
	f	persona	뻬르소나
인사	m	saludo	살루도
인사하다		saludar	살루다르
인상(印象)	f	impresión	임쁘레시온
인색한		avaro/ra	아바로/라
		tacaño/ña	따까뇨/냐
인생	f	vida	비다
인쇄하다		imprimir	임쁘리미르
인용하다		citar	씨따르
인접하다		lindar	린다르
인정하다		consentir	꼰센띠르
		admitir	아드미띠르
인종	f	raza	ㄹ라싸
인터넷	mf	internet	인떼르넷
일		trabajo	뜨라바호
	f	tarea	따레아
일(1)		uno	우노
일람표	f	lista	리스따

한국어		스페인어	발음
일반적인		común	꼬문
		general	헤네랄
일본		Japón	하뽄
일본어(인)	n	japonés	하뽀네스
		japonesa	(일본 여성)
일부	f	parte	빠르떼
일상 업무	f	rutina	ㄹ루띠나
일상의		diario/ria	디아리오/리아
일시적인		temporal	뗌뽀랄
(일이) 일어나다		acontecer	아꼰떼쎄르
		ocurrir	오꾸ㄹ리르
일요일	m	domingo	도밍고
일월(1월)		enero	에네로
일으키다		aportar	아뽀르따르
		provocar	쁘로보까르
일인자	m	as	아스
일정(一定)	f	regularidad	ㄹ레굴라리닫
일주일	f	semana	세마나
일치된		conforme	꼰포르메
일치시키다		conformar	꼰포르마르

한국어	스페인어	발음
일치하다	coincidir	꼬인씨**디**르
일탈	f desviación	데스비아씨**온**
일하다	trabajar	뜨라바**하**르
일화	f anécdota	아**넥**도따
	m episodio	에삐**소**디오
읽다	leer	레**에**르
잃다	perder	뻬르**데**르
임대	m alquilamiento	알낄라미**엔**또
임대(임차)하다	alquilar	알낄**라**르
	arrendar	아렌**다**르
임명하다	designar	데시그**나**르
	nombrar	놈브**라**르
임무	m cometido	꼬메**띠**도
	m encargo	엔**까**르고
	f misión	미시**온**
임의의	espontáneo/a	에스뽄**따**네오/아
입(술)	f boca	**보**까
입구	f entrada	엔뜨**라**다
입맞춤	m beso	**베**소
입술	m labio	**라**비오

입어보다		probar(se)	쁘로바르
입장을 허가하다		admitir	아드미띠르
입증	f	prueba	쁘루에바
입증하다		verificar	베리피까르
입학	m	ingreso	인그레소
잇다		ligar	리가르
있다		estar	에스따르
있을법한		probable	쁘로바블레
잉어	f	carpa	까르빠
잉크	f	tinta	띤따
잊다		olvidar	올비다르
잊음	m	olvido	올비도

ㅈ

자	f	regla	ㄹ레글라
자각하는		consciente	꼰스씨엔떼
자각한		despierto/ta	데스삐에르또/따
자격	m	requisito	ㄹ레끼시또
자격 있는		competente	꼼뻬뗀떼
자극	m	estímulo	에스띠물로
자극적인		sensacional	센사씨오날
자극하다		excitar	엑스씨따르
자다		dormir(se)	도르미르
자동의		automático/ca	아우또마띠꼬/까
자동차	m	automóvil	아우또모빌
	m	coche	꼬체
	m	carro	까ㄹ로
자두	f	ciruela	씨루엘라
자라다		crecer	끄레쎄르
자료	m	dato	다또
	f	documentación	도꾸멘따씨온

한국어	성	스페인어	발음
자르다		cortar	꼬르따르
자리	m	sitio	**시**띠오
자만	f	jactancia	학**딴**씨아
자매	f	hermana	에르**마**나
자발적인		espontáneo/a	에스뽄따네오/아
		voluntario/ria	볼룬**따**리오/리아
자본주의의		capitalista	까삐딸**리**스따
자비심	f	caridad	까리**닫**
자살	m	suicidio	수이**씨**디오
자살하다		suicidar(se)	수이씨**다**르
자세	f	pose	**뽀**세
	f	posición	뽀시씨**온**
자손		descendiente	데스쎈디**엔**떼
자수(刺繡)	f	bordado	보르**다**도
자연	f	naturaleza	나뚜랄**레**싸
자연의		natural	나뚜**랄**
자유	f	libertad	리베르**딷**
자유주의의, 개방적인		liberal	리베**랄**
자작(子爵)	m	vizconde	비쓰**꼰**데
자전거	f	bicicleta	비씨끌**레**따

자존심	m	orgullo	오르구요
작가	mf	autor/ra	아우또르/라
		escritor/ra	에스끄리또르/라
작문	f	redacción	ㄹ레닥씨온
작성하다		confeccionar	꼰펙씨오나르
작업	f	obra	오브라
	f	tarea	따레아
작업장	m	taller	따예르
작은		pequeño/ña	뻬께뇨/냐
작품	f	obra	오브라
잔돈	f	moneda	모네다
잔디	m	césped	쎄스뻬드
잔인한		feroz	페로쓰
		atroz	아뜨로쓰
잔혹성	f	atrocidad	아뜨로씨닫
	f	crueldad	끄루엘닫
잔혹한		cruel	끄루엘
		terrible	떼ㄹ리블레
잘 믿는		confiado/da	꼰피아도/다
잘라내다		recortar	ㄹ레꼬르따르

잘못	m error	에ㄹ로르
	m pecado	뻬까도
잘못하다	errar	에ㄹ라르
잘생긴	guapo/pa	구아뽀/빠
잠	m sueño	수에뇨
잠그다	enganchar	엔간차르
잠들다	dormir(se)	도르미르
잠시	m momento	모멘또
	m rato	ㄹ라또
잠옷	m camisón	까미손
잠자리(곤충)	f libélula	리벨룰라
잠자리에 들다	acostar(se)	아코스따르
잠재적인	provisional	쁘로비시오날
잠정적인	tentativo/va	뗀따띠보/바
잡다	coger	꼬헤르
	tomar	또마르
잡담	f charla	차를라
잡담하다	charlar	차를라르
잡지	f prensa	쁘렌사
	f revista	ㄹ레비스따

잡초	*f*	**hierba**	이에르바
	f	**maleza**	말레싸
잡화	*m*	**accesorios**	악쎄소리오스
잣	*m*	**piñón**	삐뇬
장(腸)	*m*	**intestino**	인떼스띠노
장갑	*mpl*	**guantes**	구안떼스
장관	*n*	**ministro**	미니스뜨로
장기(臟器)	*m*	**órgano**	오르가노
장난	*f*	**broma**	브로마
장난감	*mpl*	**juguetes**	후게떼스
장려	*m*	**fomento**	포멘또
장려금	*f*	**subvención**	숩벤씨온
장례식	*m*	**entierro**	엔띠에ㄹ로
	m	**funeral**	푸네랄
장르	*m*	**género**	헤네로
장면	*f*	**escena**	에스쎄나
장모	*f*	**suegra**	수에그라
장미	*f*	**rosa**	ㄹ로사
장부	*m*	**cuaderno**	꾸아데르노
	m	**registro**	ㄹ레히스뜨로

한국어	성	스페인어	발음
장비	m	**equipo**	에끼뽀
장사	m	**comercio**	꼬메르씨오
장소	m	**lado**	라도
	m	**lugar**	루가르
	m	**puesto**	뿌에스또
장식	m	**adorno**	아도르노
장식(품)	f	**decoración**	데꼬라씨온
장식적인		**decorativo/va**	데꼬라띠보/바
장식하다		**adornar**	아도르나르
		decorar	데꼬라르
장애, 난관	f	**barrera**	바ㄹ레라
	f	**dificultad**	디피꿀따드
	m	**obstáculo**	옵스따꿀로
장어	f	**anguila**	앙길라
장엄한		**solemne**	솔렘네
장인	m	**suegro**	수에그로
장점	m	**mérito**	메리또
장치	m	**aparato**	아빠라또
장편소설	f	**novela**	노벨라
장학금	f	**beca**	베까

재(灰)	ⓕ	ceniza	쎄니싸
재개하다		reanudar	ㄹ레아누다르
재난	ⓜ	desastre	데사스뜨레
재능	ⓕ	dote	도떼
	ⓜ	genio	헤니오
재다		medir	메디르
재떨이	ⓜ	cenicero	쎄니세로
재미있는		distraído/da	디스뜨라이도/다
		gracioso/sa	그라시오소/사
재배	ⓜ	cultivo	꿀띠보
재산	ⓕ	propiedad	쁘로삐에닫
		riqueza	ㄹ리께싸 (부)
재생(play)	ⓕ	reproducción	ㄹ레쁘로둑씨온
재생하다		renacer	ㄹ레나쎄르
재앙	ⓜ	mal	말
재채기	ⓜ	estornudo	에스또르누도
재채기하다		estornudar	에스또르누다르
재촉하다		apresurar	아쁘레수라르
재치	ⓕ	agudeza	아구데싸
재킷	ⓕ	chaqueta	차께따

재판하다	juzgar	후쓰가르
재현	representación	ㄹ레쁘레센따씨온
저녁	ⓕ tarde	따르데
저녁 식사	ⓕ cena	쎄나
저녁 식사하다	cenar	쎄나르
저당 잡히다	empeñar	엠뻬냐르
저렴한	barato/ta	바라또/따
저명한	eminente	에미넨떼
저울	ⓕ balanza	발란싸
저장	almacenamiento	알마쎄나미엔또
	ⓕ conservación	꼰세르바씨온
저지르다	incurrir	인꾸ㄹ리르
저쪽	allí	아이
	allá	아야
저축	ⓜ ahorro	아오ㄹ로
저축하다	ahorrar	아오ㄹ라르
저택	ⓕ mansión	만시온
저항	ⓕ oposición	오뽀시씨온
	ⓕ resistencia	ㄹ레시스뗀씨아
적대적인	hostil	오스띨

적도	ⓜ **ecuador**	에꾸아**도**르
적성	ⓕ **aptitud**	압띠**뚣**
적시다	**mojar**	모하르
적어두다	**anotar**	아노**따**르
적용	ⓕ **aplicación**	아쁠리까씨**온**
적용하다	**aplicar**	아쁠리**까**르
적응	ⓕ **adaptación**	아답따씨**온**
적응시키다	**acomodar**	아꼬모**다**르
	adaptar	아답**따**르
적의(敵意)	ⓜ **enemistad**	에네미스**땃**
	ⓕ **hostilidad**	오스띨리**닫**
적중시키다	**acertar**	아쎄르**따**르
적합하다	**encajar**	엔까**하**르
적합한	**adecuado/da**	아데꾸**아**도/다
전갈	ⓜ **escorpión**	에스꼬르삐**온**
전경	ⓜ **panorama**	빠노**라**마
전기(傳記)	ⓕ **biografía**	비오그라**피**아
전기(電氣)	ⓕ **electricidad**	엘렉뜨리씨**닫**
전기의	ⓜ **eléctrico/ca**	엘**렉**뜨리꼬/까
전기콘센트	ⓜ **enchufe**	엔**추**페

전날	(f) **víspera**	비스뻬라
전달하다	**prestar**	쁘레스따르
	transmitir	뜨란스미띠르
전도자	(m) **apóstol**	아뽀스똘
전등	(f) **luz**	루쓰
전람회	(f) **exposición**	엑스뽀시씨온
전면적인	**integral**	인떼그랄
	total	또딸
전문가	(mf) **especialista**	에스뻬씨알리스따
전문적인	**especial**	에스뻬씨알
전문학교	(f) **academia**	아까데미아
전복	(m) **vuelco**	부엘꼬
전부	(f) **totalidad**	또딸리닫
전부의	**entero/ra**	엔떼로/라
전선(戰線)	(f) **frente**	프렌떼
전설	(f) **leyenda**	레옌다
	(m) **mito**	미또
전송(餞送)하다	**despedir**	데스뻬디르
전술(前述)한	**dicho/cha**	디초/차
전시(회)	(f) **exhibición**	엑시비씨온

한국어	성	스페인어	발음
	f	**exposición**	엑스뽀시씨온
전시하다		**exhibir**	엑시비르
전언	m	**mensaje**	멘사헤
	m	**recado**	ㄹ레까도
전염	m	**contagio**	꼰따히오
전염성의		**contagioso/sa**	꼰따히오소/사
전자레인지	m	**microondas**	미크로온다스
전쟁	f	**guerra**	게ㄹ라
전제군주	n	**tirano**	띠라노
전제정치	f	**tiranía**	띠라니아
전진	m	**adelanto**	아델란또
	m	**avance**	아반쎄
전진하다		**adelantar**	아델란따르
		avanzar	아반싸르
전체	m	**conjunto**	꼰훈또
전체의		**total**	또딸
전통	f	**costumbre**	꼬스뚬브레
	f	**tradición**	뜨라디씨온
전통적인		**tradicional**	뜨라디씨오날
전투	f	**batalla**	바따야

ㅈ

	ⓜ	combate	꼼바떼
	ⓕ	lucha	루차
전형적인		típico/ca	띠삐꼬/까
전화 걸다		telefonear	뗄레포네아르
전화기	ⓜ	teléfono	뗄레포노
절대적으로		absolutamente	압솔루따멘떼
절대적인		absoluto/ta	압솔루또/따
절도	ⓜ	robo	ㄹ로보
절망	ⓜ	depresión	데쁘레시온
	ⓕ	desesperación	데세스뻬라씨온
절망하다		desesperar	데세스뻬라르
절망한		desesperado/da	데세스뻬라도/다
절묘한		exquisito/ta	엑스끼시또/따
절박한		urgente	우르헨떼
절반	ⓕ	mitad	미딷
절벽	ⓜ	acantilado	아깐띨라도
절정	ⓜ	auge	아우헤
	ⓕ	cumbre	꿈브레
절제	ⓕ	sobriedad	소브리에닫
절제하는		sobrio/bria	소브리오/브리아

젊은		**joven**	호벤
젊은이	*n*	**mozo**	모쏘
점(피부의)	*f*	**peca**	뻬까
점검	*f*	**averiguación**	아베리구아씨온
점검하다		**revisar**	ㄹ레비사르
점령하다		**ocupar**	오꾸빠르
점심 먹다		**almorzar**	알모르싸르
점심 식사	*m*	**almuerzo**	알무에르쏘
점원		**tendero/ra**	뗀데로/라
점잖은		**quieto/ta**	끼에또/따
점퍼	*f*	**cazadora**	까싸도라
점화된		**encendido/da**	엔센디도/다
접견	*f*	**audiencia**	아우디엔시아
접근	*m*	**acceso**	악쎄소
	f	**aproximación**	아쁘록씨마씨온
접근시키다		**aproximar**	아쁘록씨마르
접근하다		**acercar**	아쎄르까르
접수 창구	*f*	**recepción**	ㄹ레셉씨온
접시	*m*	**plato**	쁠라또
접착제	*f*	**pegamento**	뻬가멘또

접촉	m	contacto	꼰딱또
		toque	또께
접합제	m	cemento	쎄멘또
젓가락	mpl	palillos	빨리요스
정거장	f	estación	에스따씨온 (지하철)
	f	parada	빠라다(버스)
정기적인		regular	ㄹ레굴라르
정당	m	partido	빠르띠도
정당성	f	justicia	후스띠씨아
정당한		honesto/ta	오네스또/따
정당화하다		justificar	후스띠피까르
정도(程度)	m	punto	뿐또
	m	nivel	니벨
정리(정돈)하다		arreglar	아ㄹ레글라르
		ordenar	오르데나르
정면	f	frente	프렌떼
	f	fachada	파차다
정보	f	información	인포르마씨온
정복	f	conquista	꼰끼스따
정복자	n	conquistador	꼰끼스따도르

한국어	성	스페인어	발음
정복하다		conquistar	꼰끼스따르
정부	m	gobierno	고비에르노
정부의		gubernamental	구베르나멘딸
정사각형	m	cuadrado	꾸아드라도
정상적인		normal	노르말
		sano/na	사노/나
정식의		oficial	오피씨알
정신	f	alma	알마
	f	mente	멘떼
정신(력)	m	espíritu	에스삐리뚜
정신과 의사	m/f	psiquiatra	시끼아뜨라
정신의		mental	멘딸
정신이상	f	locura	로꾸라
정신적인		espiritual	에스삐리뚜알
정어리	f	sardina	사르디나
정오	m	mediodía	메디오디아
정원(庭園)	m	jardín	하르딘
정육면체	m	cubo	꾸보
정육점	f	carnicería	까르니쎄리아
정의(正義)	f	justicia	후스띠씨아

ㄱ ㄴ ㄷ ㄹ ㅁ ㅂ ㅅ ㅇ ㅈ ㅊ ㅋ ㅌ ㅍ ㅎ

정의된	definido/da	데피니도/다
정의하다	definir	데피니르
정장	ⓜ traje	뜨라헤
정점	ⓜ auge	아우헤
정정(수정)하다	corregir	꼬ㄹ레히르
정제하다	refinar	ㄹ레피나르
정조	ⓕ honra	온라
정직	ⓕ honestidad	오네스띠닫
정직한	honesto/ta	오네스또/따
	honrado/da	온라도/다
정책	ⓕ política	뽈리띠까
정치	ⓕ política	뽈리띠까
정확	ⓜ rigor	ㄹ리고르
정확한	correcto/ta	꼬ㄹ렉또/따
	estricto/ta	에스뜨릭또/따
	riguroso/sa	ㄹ리구로소/사
정확히	correctamente	꼬ㄹ렉따멘떼
젖	ⓕ leche	레체
젖병	ⓜ biberón	비베론
젖은	mojado/da	모하도/다

한국어	성	스페인어	발음
		empapado/da	엠빠빠도/다
제거	f	**eliminación**	엘리미나씨온
제거하다		**eliminar**	엘리미나르
		quitar	끼따르
제공	f	**oferta**	오페르따
	m	**suministro**	수미니스뜨로
제공하다		**brindar**	브린다르
		ofrecer	오프레쎄르
제국	m	**imperio**	임뻬리오
제국의		**imperial**	z 임뻬리알
제단	m	**altar**	알따르
제도	m	**sistema**	시스떼마
제목	m	**título**	띠뚤로
제비	f	**golondrina**	골론드리나
제비꽃	f	**violeta**	비올레따
제비뽑기	m	**sorteo**	소르떼오
제빵사	m/f	**panadero/ra**	빠나데로/라
제시	f	**presentación**	쁘레센따씨온
제안	f	**proposición**	쁘로뽀시씨온
	f	**propuesta**	쁘로뿌에스따

제안하다		proponer	쁘로뽀네르
제외하다		exceptuar	엑스셉뚜아르
제자		alumno/na	알룸노/나
	n	discípulo	디스씨뿔로
제작하다		hacer	아쎄르
제조	f	fabricación	파브리까씨온
제조업자	mf	fabricante	파브리깐떼
제출하다		presentar	쁘레센따르
제품		producto	쁘로둑또
제한	f	restricción	ㄹ레스뜨릭씨온
제한하다		limitar	리미따르
조각, 파편	m	fragmento	프락멘또
	m	pedazo	뻬다쏘
조각상	f	estatua	에스따뚜아
조개(껍질)	f	concha	꼰차
조건	f	condición	꼰디씨온
조국	f	patria	빠뜨리아
조금씩 천천히		poco a poco	뽀꼬 아 뽀꼬
조급한		impaciente	임빠씨엔떼
조류(鳥類)	m	pájaro	빠하로

한국어	스페인어	발음
조미료	fpl especias	에스뻬씨아스
조반을 먹다	desayunar	데사유나르
조부모	mpl abuelos	아부엘로스
조사	m examen	엑싸멘
	f investigación	인베스띠가씨온
조사하다	averiguar	아베리구아르
	examinar	엑사미나르
조상	myf antepasado/da	안떼빠사도/다
조수	mf ayudante	아유단떼
조심	f precaución	쁘레까우씨온
	f prevención	쁘레벤씨온
조심하다	cuidar	꾸이다르
조용한	sereno/na	세레노/나
	silencioso/sa	실렌씨오소/사
	tranquilo/la	뜨랑낄로/라
조잡한	rudo/da	ㄹ루도/다
조정하다	ajustar	아후스따르
조종사	mf piloto	삘로또
조종실	f cabina	까비나
조직	organización	오르가니싸씨온

조치	m	procedimiento	쁘로쎄디미엔또
조카	mf	sobrino/na	소브리노/나
조커(JOKER, 트럼프에서)	m	comodín	꼬모딘
조화	f	armonía	아르모니아
존경	m	respeto	ㄹ레스뻬또
존경받는		estimado/da	에스띠마도/다
존경심	m	homenaje	오메나헤
존경하다		respetar	ㄹ레스뻬따르
존경할 만한		honorable	오노라블레
		respetable	ㄹ레스뻬따블레
존속하다		subsistir	숩시스띠르
존재	f	existencia	엑씨스뗀씨아
	f	presencia	쁘레센씨아
존재하는		existente	엑씨스뗀떼
존재하다		existir	엑씨스띠르
졸라매다		ceñir	쎄니르
졸업장	m	diploma	디쁠로마
좁은		estrecho/cha	에스뜨레초/차
종(교회의)	f	campana	깜빠나
종교	f	religión	ㄹ렐리히온

종달새	ⓕ	alondra	알론드라
종료	ⓕ	terminación	떼르미나씨온
종류	ⓕ	especie	에스뻬시에
종말	ⓜ	fin del mundo	핀 델 문도
종사하다		ejercer	에헤르쎄르
종속	ⓕ	dependencia	데뻰덴씨아
종신의		perpetuo/tua	뻬르뻬뚜오/뚜아
종아리	ⓕ	pantorrila	빤또ㄹ리야
종업원	ⓜ	camarero/ra	까마레로/라
	ⓜⓕ	personal	뻬르소날
종이		papel	빠뻴
종족	ⓕ	tribu	뜨리부
종합적인		sintético/ca	신떼띠꼬/까
좋아지다(사람이)		enamorar	에나모라르
좋아하는		aficionado/da	아픽씨오나도/다
좋아하다		amar	아마르
		preferir	쁘레페리르 (선호하다)
좌석	ⓜ	asiento	아시엔또
	ⓜ	sitio	시띠오
좌절	ⓜ	fracaso	프라까소

ㄱ ㄴ ㄷ ㄹ ㅁ ㅂ ㅅ ㅇ ㅈ ㅊ ㅋ ㅌ ㅍ ㅎ

좌절시키다	fracasar	프라까사르
좌측의	izquierdo/da	이쓰끼에르도/다
좌파	ⓕ izquierda	이쓰끼에르다
죄가 있는	culpable	꿀빠블레
죄수	ⓝ prisionero	쁘리시오네로
죄악	ⓜ pecado	뻬까도
죄인	criminal	끄리미날
	ⓜⓕ reo	ㄹ레오
주간의	semanal	세마날
주관적인	subjetivo/va	수브헤띠보/바
주근깨	ⓕ peca	뻬까
주다	dar	다르
	proveer	쁘로베에르
	conceder	꼰쎄데르
주된	principal	쁘린씨빨
주름	ⓕ arruga	아ㄹ루가
주머니	ⓕ bolsillo	볼시요
	ⓜ saco	사꼬
주먹	ⓜ puño	뿌뇨
주목	ⓕ atención	아뗀씨온

주문(품)	ⓜ pedido	뻬디도
주민	ⓜⓕ habitante	아비딴떼
주방	ⓕ cocina	꼬씨나
주방용품	ⓜ menaje	메나헤
주변에	alrededor	알레데도르
주부	ⓕ ama	아마
주사	ⓕ inyección	인옉시온
주소	ⓕ dirección	디렉씨온
주스	ⓜ zumo	쑤모
	jugo	후고
주역	ⓜ galán	갈란
주요한	ⓕ capital	까삐딸
	central	쎈뜨랄
	rector	ㄹ렉또르
주위	ⓜ contorno	꼰또르노
주의(력)	ⓕ atención	아뗀씨온
주의 깊은	atento/ta	아뗀또/따
	prudente	쁘루덴떼
주입하다	infiltrar	인필뜨라르
주장	ⓕ afirmación	아피르마씨온

ㅈ

주전자	*f* **tetera**	떼떼라
주제	*m* **tema**	떼마
주차장	*m* **aparcamiento**	아빠르까미엔또
주소	*m* **domicilio**	도미씰리오
주황색(오렌지)	*f* **naranja**	나랑하
죽다	**morir**	모리르
죽은	**muerto/ta**	무에르또/따
죽음	*f* **muerte**	무에르떼
죽이다	**matar**	마따르
준비	*f* **preparación**	쁘레빠라씨온
준비된	**dispuesto/ta**	디스뿌에스또/따
	preparado/da	쁘레빠라도/다
	listo/ta	리스또/따
준비하다	**preparar**	쁘레빠라르
준비함(저장, 비축)	*f* **provisión**	쁘로비시온
준수하다	**seguir**	세기르
줄기(덩굴)	*m* **tallo**	따요
줄기(식물)	*f* **caña**	까냐
줄이다	**encoger**	엔꼬헤르
	reducir	ㄹ레두씨르

한국어	스페인어	발음
줍다	recoger	ㄹ레꼬헤르
중간적인	neutro/ra	네우뜨로/라
중고의	usado/da	우사도/다
중국	China	치나
중년의	de mediana edad	데 메디아나 에닫
중대한	magno/na	마그노/나
중성의	neutro/ra	네우뜨로/라
중심부의	céntrico/ca	쎈뜨리꼬/까
중앙	(m) medio	메디오
중앙의	central	쎈뜨랄
중얼거리다	murmurar	무르무라르
중요(성)	(f) importancia	임뽀르딴씨아
중요성	(f) consecuencia	꼰세꾸엔씨아
	(f) significación	시그니피까씨온
	(f) trascendencia	뜨라스쎈덴씨아
중요한	considerable	꼰시데라블레
	importante	임뽀르딴떼
중지(中指)	(m) dedo corazón	데도 꼬라손
중학교	(f) escuela secundaria	에스꾸엘라 세꾼다리아
쥐	(m) ratón	ㄹ라똔

ㄱ ㄴ ㄷ ㄹ ㅁ ㅂ ㅅ ㅇ ㅈ ㅊ ㅋ ㅌ ㅍ ㅎ

즉석에서		inmediatamente	인메디아따멘떼
즉석의		improviso/sa	임쁘로비소/사
즐거운		agradable	아그라다블레
		divertido/da	디베르띠도/다
즐거움		agrado	아그라도
	f	alegría	알레그리아
	m	consuelo	꼰수엘로
	m	deleite	델레이떼
	m	placer	쁠라쎄르
즐겁게 하다		divertir	디베르띠르
즐기다		saborear	사보레아르
즙	f	agua	아구아
	m	jugo	후고
증가	m	aumento	아우멘또
	m	crecimiento	끄레씨미엔또
	m	incremento	인끄레멘또
증가시키다		acrecentar	아끄레쎈따르
증거	f	evidencia	에비덴씨아
	f	prueba	쁘루에바
	f	señal	세냘

증기	m	**vapor**	바뽀르
증명서	m	**certificado**	쎄르띠피까도
증명하다		**certificar**	쎄르띠피까르
		demostrar	데모스뜨라르
증상	m	**síntoma**	신또마
증언	m	**testimonio**	떼스띠모니오
증오	m	**enemistad**	에네미스딷
	f	**hincha**	인차
	f	**repulsión**	ㄹ레뿔시온
지각(遲刻)	f	**tardanza**	따르단싸
지갑	f	**cartera**	까르떼라
지구(地球)	m	**mundo**	문도
	f	**tierra**	띠에ㄹ라
지구(地區)	m	**barrio**	바ㄹ리오
지구본	m	**globo**	글로보
지금		**ahora**	아오라
지급	m	**suministro**	수미니스뜨로
지난		**pasado/da**	빠사도/다
지느러미	f	**aleta**	알레따
지도	m	**mapa**	마빠

지렁이	ⓕ	lombriz	롬브리스
지루한		aburrido/da	아부ㄹ리도/다
지름길		atajo	아따호
지리	ⓕ	geografía	헤오그라피아
지면	ⓜ	suelo	수엘로
지방	ⓕ	comarca	꼬마르까
	ⓕ	provincia	쁘로빈씨아
	ⓕ	región	ㄹ레히온
지방(脂肪)	ⓕ	manteca	만떼까
		grasa	그라사
지방의		local	로깔
지배	ⓕ	dominación	도미나씨온
	ⓜ	dominio	도미니오
지배권	ⓕ	rienda	ㄹ리엔다
지배적인		dominante	도미난떼
		rector	ㄹ렉또르
지배하다		dominar	도미나르
		imperar	임뻬라르
		reinar	ㄹ레이나르
지불	ⓜ	pago	빠고

지불하다		pagar	빠가르
지붕	m	techo	떼초
지사(支社)	f	sucursal	수꾸르살
지상의		terrestre	떼ㄹ레스뜨레
지성	f	inteligencia	인뗄리헨씨아
지속적인		persistente	뻬르시스뗀떼
지속하다		continuar	꼰띠누아르
		durar	두라르
지시	m	mandato	만다또
지시하다		indicar	인디까르
지식	m	conocimiento	꼬노씨미엔또
	f	información	인포르마씨온
지역	f	comarca	꼬마르까
	m	distrito	디스뜨리또
	f	región	ㄹ레히온
	f	zona	쏘나
지연된		tardío/a	따르디오/아
지옥	m	infierno	인피에르노
지우개	f	goma	고마
	m	borrador	보ㄹ라도르

ㄱ ㄴ ㄷ ㄹ ㅁ ㅂ ㅅ ㅇ ㅈ ㅊ ㅋ ㅌ ㅍ ㅎ

한국어	성	스페인어	발음
지우다		borrar	보ㄹ라르
		eliminar	엘리미나르 (제거하다)
지원자	mf	aspirante	아스삐란떼
지위	m	lugar	루가르 (장소)
지적(知的)인		cerebral	쎄레브랄
		intelectual	인뗄렉뚜알
지점	f	agencia	아헨씨아
지주(支柱)	m	sostén	소스뗀
지지	m	apoyo	아뽀요
	m	favor	파보르
지지하다		apoyar	아뽀야르
지진	m	terremoto	떼ㄹ레모또
	m	sismo	시스모
지체	m	retraso	ㄹ레뜨라소
	f	tardanza	따르단싸
지체시키다		retrasar	ㄹ레뜨라사르
지출	m	gasto	가스또
지치게 하다		cansar	깐사르
지키다		abrigar	아브리가르
		defender	데펜데르

		guardar	구아르**다**르
지퍼	f	cremallera	끄레마**예**라
지평선	m	horizonte	오리**쏜**떼
지폐	m	billete	비**예**떼
지하실	m	sótano	**소**따노
지하의		subterráneo/a	숩떼ㄹ**라**네오/아
지하철	m	metro	**메**뜨로
지혜	f	sabiduría	사비두**리**아
지혜로운		sabio/bia	**사**비오/비아
지휘관	mf	capitán	까삐**딴**
	mf	comandante	꼬만**단**떼
지휘대	m	estrado	에스뜨**라**도
지휘봉	f	batuta	바**뚜**따
직관	f	intuición	인뚜이씨**온**
직면하다		afrontar	아프론**따**르
직무	m	cargo	**까**르고
직물	f	tela	**뗄**라
직불카드	f	tarjeta de débito	따르**헤**따 데 데비또
직사각형	m	rectángulo	ㄹ렉**땅**굴로
직선의		recto/ta	ㄹ**렉**또/따

직업	f	**ocupación**	오꾸빠씨온
	f	**profesión**	쁘로페시온
직원	m/f	**empleado/da**	엠쁠레아도/다
직장	f	**oficina**	오피씨나
직접		**directamente**	디렉따멘떼
직접적인		**directo/ta**	디렉또/따
진공청소기	f	**aspiradora**	아스삐라도라
진달래	f	**azalea**	아쌀레아
진동	f	**vibración**	비브라씨온
진로	m	**rumbo**	ㄹ룸보
	f	**ruta**	ㄹ루따
진보		**progreso**	쁘로그레소
진보적인		**progresivo/va**	쁘로그레시보/바
진보하다		**avanzar**	아반싸르
진술하다		**decir**	데씨르
진실	f	**verdad**	베르닫
진심	f	**cordialidad**	꼬르디알리닫
진심어린		**cordial**	꼬르디알
진심의		**sincero/ra**	신쎄로/라
진열실	m	**gabinete**	가비네떼

	m	escaparate	에스까빠라떼
진영	m	partido	빠르띠도
진전	m	desarrollo	데사ㄹ로요
진정시키다		ablandar	아블란다르
		calmar	깔마르
		serenar	세레나르
		tranquilizar	뜨란낄리싸르
진주	f	perla	뻬를라
진지하게		seriamente	세리아멘떼
진지한		serio/ria	세리오/리아
진짜	f	verdad	베르닫
진짜의		auténtico/ca	아우뗀띠꼬/까
		real	ㄹ레알
진통제	m	calmante	깔만떼
진화	f	evolución	에볼루씨온
진흙	m	barro	바ㄹ로
질리게 하다		aburrir	아부ㄹ리르
질린		cansado/da	깐사도/다
질문	f	cuestión	꾸에스띠온
	f	pregunta	쁘레군따

질문하다		interrogar	인떼ㄹ로가르
		preguntar	쁘레군따르
질병	f	enfermedad	엔페르메닫
질서	m	orden	오르덴
질식시키다		ahogar	아오가르
		sofocar	소포까르
질투	m	celo	쎌로
	f	envidia	엔비디아
질투하는		celoso/sa	쎌로소/사
짊어지다		asumir	아수미르
집	f	casa	까사
집게손가락	m	dedo índice	데도 인디세
집단	f	banda	반다
	m	grupo	그루뽀
	f	masa	마사
집배원	myf	cartero/ra	까르떼로/라
집세	m	alquiler	알낄레르
집요한		persistente	뻬르시스뗀떼
		terco/ca	떼르꼬/까
집주인	myf	propietario/ria	쁘로삐에따리오/리아

집중	*f* concentración	꼰센뜨라씨온
집중시키다	concentrar	꼰센뜨라르
집착	obsesión	옵세시온
집착하다	apegar(se) a	아뻬가르
집합	*m* conjunto	꼰훈또
집합시키다	congregar	꼰그레가르
	juntar	훈따르
집행	*f* ejecución	에헤꾸씨온
집회, 모임	*f* asamblea	아삼블레아
	f junta	훈따
	m mitin	미띤
	f reunión	ㄹ레우니온
징수	*m* cobro	꼬브로
징조	*m* síntoma	신또마
짖다	ladrar	라드라르
짙은	denso/sa	덴소/사
짜다(옷감)	tejer	떼헤르
짠	salado/da	살라도/다
짧은	breve	브레베
	sucinto/ta	수씬또/따

	corto/ta	꼬르또/따
찌르기	ⓜ **empujón**	엠뿌혼
	clavar	끌라바르
	picar	삐까르
	pinchar	삔차르

ㅊ

차(茶)	m	té	떼
차가운		frío/a	프리오/아
차고	m	garage	가라헤
차도	f	calzada	깔싸다
차례	m	turno	뚜르노
차례로		sucesivo/va	수쎄시보/바
차이	f	diferencia	디페렌씨아
착각	m	engaño	엔가뇨
	m	error	에ㄹ로르
착각하다		equivocar	에끼보까르
착륙하다		aterrizar	아떼ㄹ리싸르
착상	f	concepción	꼰셉씨온
착수하다		emprender	엠쁘렌데르
찬사	f	alabanza	알라반싸
	m	elogio	엘로히오
	f	exaltación	엑살따씨온
찬송가	m	himno	임노
찬장	m	aparador	아빠라도르

참가자	ⓕ	concurrencia	꼰꾸렌씨아
	ⓕ	participante	빠르띠씨빤떼
참가하다		concurrir	꼰꾸ㄹ리르
		participar	빠르띠씨빠르
참가한		asociado/da	아소씨아도/다
참다		aguantar	아구안따르
		tolerar	똘레라르
참사	ⓜ	desastre	데사스뜨레
참새	ⓜ	gorrión	고ㄹ리온
참신함	ⓕ	novedad	노베닫
참을성	ⓕ	paciencia	빠씨엔씨아
참을성 있는		paciente	빠시엔떼
참치	ⓜ	atún	아뚠
창고	ⓜ	almacén	알마쎈
창구	ⓕ	ventanilla	벤따니야
창문	ⓕ	ventana	벤따나
창설하다		fundar	푼다르
창조	ⓕ	creación	끄레아씨온
창조물	ⓕ	criatura	끄리아뚜라
창조적인		creativo/va	끄레아띠보/바

창조하다		crear	끄레아르
창피한		vergonzoso/sa	베르곤쏘소/사
찾아내다		encontrar	엔꼰뜨라르
		hallar	아야르
채소	m	verdura	베르두라
채용		empleo	엠쁠레오
채용하다		adoptar	아돕따르
채우다		llenar	예나르
채취하다		extraer	엑스뜨라에르
채택	f	adopción	아돕씨온
책방 주인		librero	리브레로
책상	m	escritorio	에스끄리또리오
책임	f	culpa	꿀빠(잘못)
	f	obligación	오블리가씨온(의무)
	f	responsabilidad	ㄹ레스뽄사빌리닫
책임전가하다		achacar	아차까르
책임지는		responsable	ㄹ레스뽄사블레
챔피언	mf	campeón/na	깜뻬온/오나
처남	m	cuñado	꾸냐도
처리, 손님 응대	m	despacho	데스빠초

ㄱ ㄴ ㄷ ㄹ ㅁ ㅂ ㅅ ㅇ ㅈ ㅊ ㅋ ㅌ ㅍ ㅎ

처리하다		despachar	데스빠차르
처방전	ⓕ	receta	ㄹ레쎄따
처벌	ⓜ	castigo	까스띠고
처벌하다		castigar	까스띠가르
척추	ⓕ	espina	에스삐나
천	ⓕ	tela	뗄라
천(千)		mil	밀
천국	ⓜ	cielo	씨엘로
	ⓜ	paraíso	빠라이소
천국의		celestial	쎌레스띠알
천둥	ⓜ	trueno	뜨루에노
천막	ⓕ	tienda	띠엔다
천만(千萬)		diez millones	디에스 미요네스
천문학	ⓕ	astronomía	아스뜨로노미아
천박한		frívolo/la	프리볼로/라
천사	ⓜ	ángel	앙헬
천성	ⓜ	temperamento	뗌뻬라멘또
천장	ⓜ	techo	떼초
천재적인		genial	헤니알
천주교	ⓜ	catolicismo	까똘리씨스모

천주교 신자	m/f	**católico/ca**	까똘리꼬/까
천직	f	**vocación**	보까씨온
철	m	**hierro**	이에ㄹ로
철도	m	**ferrocarril**	페ㄹ로까릴
	f	**vía**	비아
철분	m	**hierro**	이에ㄹ로
철사	m	**alambre**	알람브레
철야하다		**trasnochar**	뜨라스노차르
철책	f	**reja**	ㄹ레하
철학	f	**filosofía**	필로소피아
철학자	m/f	**filósofo/fa**	필로소포/파
첨부 파일		**documentos adjuntos**	도꾸멘또스 아드훈또스
첨삭	f	**corrección**	꼬ㄹ렉씨온
		revisión	ㄹ레비시온
청각	m	**sensación auditiva**	센사씨온 아우디띠바
청결한		**limpio/pia**	림삐오/삐아
청구	f	**demanda**	데만다
	f	**solicitud**	솔리씨뚣
청구서	f	**factura**	팍뚜라
청구하다		**reclamar**	레끌라마르

ㄱ ㄴ ㄷ ㄹ ㅁ ㅂ ㅅ ㅇ ㅈ ㅊ ㅋ ㅌ ㅍ ㅎ

		solicitar	솔리씨따르
청량음료	m	refresco	ㄹ레프레스꼬
청바지	m	tejano	떼하노
청산	m	saldo	살도
청산하다		liquidar	리끼다르
청소하다		asear	아세아르 (깨끗이 하다)
		limpiar	림삐아르
청춘	f	juventud	후벤뚣
청춘기	f	mocedad	모쎄닫
청춘의		adolescente	아돌레스쎈떼
		juvenil	후베닐
청하다		pedir	뻬디르
체계	m	sistema	시스떼마
체계적인		sistemático/ca	시스떼마띠꼬/까
체력	f	fuerza	푸에르싸
체류 기간	f	estancia	에스딴씨아
체면	m	decoro	데꼬로
체벌	mpl	castigos corporales	까스띠고스 꼬르뽀랄레스
체스	m	ajedrez	아헤드레스
체온계	m	termómetro	떼르모메뜨로

한국어	성	스페인어	발음
체육관	m	**gimnasio**	힘나시오
체인	f	**cadena**	까데나
체조	f	**gimnasia**	힘나시아
체포	f	**detención**	데뗀씨온
체포된		**detenido/da**	데떼니도/다
체형	m	**talle**	따예
초(秒)	f	**segundo**	세군도
초과	f	**sobra**	소브라
초과하다		**superar**	수뻬라르
초기		**principio**	쁘린씨삐오
초기의		**inicial**	이니씨알
초대	f	**invitación**	인비따씨온
초대받은		**invitado/da**	인비따도/다
초대하다		**convidar**	꼰비다르
		invitar	인비따르
		llamar	야마르
초등학교	f	**escuela primaria**	에스꾸엘라 쁘리마리아
초보자	mf	**aprendiz**	아쁘렌디쓰
초원	m	**prado**	쁘라도
초인종	m	**timbre**	띰브레

ㄱ ㄴ ㄷ ㄹ ㅁ ㅂ ㅅ ㅇ ㅈ ㅊ ㅋ ㅌ ㅍ ㅎ

초점	ⓜ **foco**	포꼬
초조	ⓕ **ansiedad**	안시에닫
초콜릿	ⓜ **chocolate**	초꼴라떼
촉각	ⓜ **tacto**	딱또
촉진	ⓜ **fomento**	포멘또
촉진시키다	**acelerar**	아셀레라르
	promover	쁘로모베르
총계	**total**	또딸
총애하는	**favorito/ta**	파보리또/따
총애하다	**distinguir**	디스띵기르
최고의	**supremo/ma**	수쁘레모/마
최근	**últimamente**	울띠마멘떼
최근의	**reciente**	ㄹ레씨엔떼
최대의	**máximo/ma**	막시모/마
최소의	**mínimo/ma**	미니모/마
최초의	**primero/ra**	쁘리메로/라
최후의	**final**	피날
추가하다	**agregar**	아그레가르
추구하다	**perseguir**	뻬르세기르
추기경	ⓜ **cardenal**	까르데날

추락	*f*	caída	까이다
추방하다		expulsar	엑스뿔사르
추세	*f*	tendencia	뗀덴씨아
추억, 기억	*f*	memoria	메모리아
	m	recuerdo	ㄹ레꾸에르도
추적	*f*	persecución	뻬르세꾸씨온
추정하다		deducir	데두씨르
추천하다		recomendar	ㄹ레꼬멘다르
추측	*f*	suposición	수뽀시씨온
추측하다		presumir	쁘레수미르
추한		feo/a	페오/아
축구	*m*	futbol	풋볼
축복	*f*	bendición	벤디씨온
축복받은		bendito/ta	벤디또/따
축복하다		felicitar	펠리씨따르
축소	*f*	disminución	디스미누씨온
	f	reducción	ㄹ레둑씨온
축적시키다		acumular	아꾸물라르
축제	*f*	fiesta	피에스따
	f	feria	페리아

ㄱ ㄴ ㄷ ㄹ ㅁ ㅂ ㅅ ㅇ ㅈ ㅊ ㅋ ㅌ ㅍ ㅎ

축하하다		celebrar	쎌레브**라**르
축하합니다!		enhorabuena	엔오라부**에**나
		¡Felicidades!	펠리씨다데스
출구	*f*	salida	살**리**다
출력	*f*	potencia	뽀**뗀**씨아
출발	*f*	partida	빠르**띠**다
출발하다		partir	빠르**띠**르
출산	*m*	parto	**빠**르또
출생	*m*	nacimiento	나씨미**엔**또
출석	*f*	asistencia	아시스**뗀**씨아
	f	presencia	쁘레**센**씨아
출석하다		asistir	아시스**띠**르
출세(성공)	*m*	éxito	**엑**시또
출신	*f*	procedencia	쁘로쎄**덴**씨아
출입(접근)	*m*	acceso	악**쎄**소
출입구		entrada y salida	엔뜨**라**다 이 살**리**다
출장	*m*	viaje de trabajo	비**아**헤 데 뜨라**바**호
출중한		sobresaliente	소브레살리**엔**떼
출판	*f*	edición	에디씨**온**
	f	publicación	뿌블리까씨**온**

출판의	editorial	에디또리알
출판하다	publicar	뿌블리까르
출현	ⓕ aparición	아빠리씨온
춤	ⓕ danza	단싸
춤추다	bailar	바일라르
충고	ⓜ consejo	꼰세호
충고하다	aconsejar	아꼰세하르
충돌	ⓕ choque	초께
충돌하다	chocar	초까르
	topar	또빠르
	tropezar	뜨로뻬싸르
충동	ⓜ antojo	안또호
	ⓜ capricho	까쁘리초
	ⓜ impulso	임뿔소
	ⓜ repente	ㄹ레뻰떼
충동적인	súbito/ta	수비또/따
충분하다	bastar	바스따르
충분한	bastante	바스딴떼
	cabal	까발
	suficiente	수피씨엔떼
충실한	fiel	피엘

충치	fpl	**caries**	까리에스
취급(법)	m	**trato**	뜨라또
취급주의 (깨지기 쉬운)		**frágil**	프라힐
취득	f	**adquisición**	아드끼시씨온
취미	m	**pasatiempo**	빠사띠엠뽀
취소하다		**anular**	아눌라르
취직하다		**colocar(se)**	꼴로까르
측면	m	**lado**	라도
측정	f	**medida**	메디다
측정하다		**medir**	메디르
층(건물)	m	**piso**	삐소
치과의사	m/f	**dentista**	덴띠스따
치다		**batir**	바띠르
치료	f	**curación**	꾸라씨온
	m	**remedio**	ㄹ레메디오
	m	**tratamiento**	뜨라따미엔또
치료하다		**curar**	꾸라르
		remediar	ㄹ레메디아르
치마	f	**falda**	팔다
치명적인		**mortal**	모르딸

한국어	스페인어	발음
치아	m diente	디엔떼
치환(置換)하다	sustituir	수스띠뚜이르
친구	mf amigo	아미고
	mf colega	꼴레가
친밀한	íntimo/ma	인띠모/마
친밀함	f intimidad	인띠미닫
친절	f amabilidad	아마빌리닫
	m favor	파보르
	f merced	메르쎄드
친절한	amable	아마블레
	cordial	꼬르디알
	gentil	헨띨
친척	mf pariente	빠리엔떼
칠(七, 7)	siete	시에떼
칠월(7월)	julio	훌리오
칠하다	pintar	삔따르
침(곤충의)	m aguijón	아기혼
침대	f cama	까마
침대보	f sábana	사바나
침략	f invasión	인바시온

ㅊ

침략자	invasor/ra	인바소르/라
침략하다	invadir	인바디르
침묵	(m) silencio	실렌씨오
침묵을 지키다	ocultar	오꿀따르
침묵하는	callado/da	까야도/다
	silencioso/sa	실렌씨오소/사
침묵하다	callar	까야르
침수	(f) inundación	이눈다씨온
침수시키다	inundar	이눈다르
침실	(m) dormitorio	도르미또리오
침입하다	penetrar	뻬네뜨라르
침착	(m) sosiego	소시에고
	(f) tranquilidad	뜨란낄리닫
침착한	plácido/da	쁠라씨도/다
침투시키다	infiltrar	인필뜨라르
침해	violación	비올라씨온
칭찬	(m) elogio	엘로히오
칭찬하다	admirar	아드미라르
	alabar	알라바르
	exaltar	엑살따르

ㅋ

카네이션	ⓜ clavel	끌라벨
카레라이스	ⓜ arroz al curry	아ㄹ로스 알 꾸리
카메라	ⓕ cámara	까마라
카펫	ⓕ alfombra	알폼브라
칵테일	ⓜ cóctel	꼭뗄
칼	ⓕ espada	에스빠다
칼날	ⓜ filo	필로
캐나다	Canadá	까나다
캠페인	ⓕ campaña	깜빠냐
캡슐	ⓕ cápsula	깝술라
커서	ⓜ cursor	꾸르소르
커튼	ⓕ cortina	꼬르띠나
커피	ⓕ café	까페
컴퓨터	ⓕ computadora	꼼뿌따도라
	ⓜ ordenador	오르데나도르
컵	ⓕ taza	따싸
	ⓜ vaso	바소

케이크	ⓕ **torta**	또르따
케첩	ⓜ **kétchup**	케춥
켜다	**encender**	엔쎈데르
코	ⓕ **nariz**	나리스
코끼리	ⓜ **elefante**	엘레판떼
코너	ⓕ **sección**	섹씨온
	ⓕ **esquina**	에스끼나(모퉁이)
	ⓜ **rincón**	ㄹ링꼰(방구석)
코미디	ⓕ **comedia**	꼬메디아
코스모스	ⓜ **cosmos**	꼬스모스
콘돌(조류)	ⓜ **cóndor**	꼰도르
콜라	ⓕ **cola**	꼴라
콧물	ⓜ **moco**	모꼬
콧수염	ⓜ **bigote**	비고떼
콩	ⓕ **legumbre**	레굼브레
	ⓕ **soja**	소하
콩팥	ⓜ **riñón**	ㄹ리뇬
쾌락	ⓜ **deleite**	델레이떼
쾌적한	**ameno/na**	아메노/나
쾌활한	**alegre**	알레그레

한국어	스페인어	발음
크기	*f* **dimensión**	디멘시온
	m **tamaño**	따마뇨
크리스마스	*f* **navidad**	나비닫
크림	*f* **crema**	끄레마
클로버(포커)	*mpl* **tréboles**	뜨레볼레스
클릭	*m* **clic**	끌릭
키	*f* **altura**	알뚜라
	f **estatura**	에스따뚜라
키보드	*m* **teclado**	떼끌라도
키스하다	**besar**	베사르
키위	*m* **kiwi**	끼위
킬로그램	*m* **kilogramo**	킬로그라모
킬로미터(km)	*m* **kilómetro**	낄로메뜨로

ㄱ ㄴ ㄷ ㄹ ㅁ ㅂ ㅅ ㅇ ㅈ ㅊ ㅋ ㅌ ㅍ ㅎ

ㅌ

한국어	성	스페인어	발음
타격	m	golpe	골뻬
타고 가다		montar	몬따르
타도하다		derribar	데ㄹ리바르
타박상	m	morado	모라도
타액	f	saliva	살리바
타원형	m	óvalo	오발로
타이어	f	llanta	얀따
타조	m	avestruz	아베스뜨루스
탁월한		ilustre	일루스뜨레
탁월함	m	relieve	ㄹ렐리에베
탄환	f	bala	발라
탈출	f	evasión	에바시온
탈환	f	reconquista	ㄹ레꼰끼스따
탐내다		desear	데세아르
탐욕	f	avaricia	아바리씨아
	f	avidez	아비데쓰
탐욕스러운		ávido/da	아비도/다

한국어	스페인어	발음
탑	ⓕ torre	또ㄹ레
탑승	ⓜ embarque	엠바르께
탑승시키다	embarcar	엠바르까르
태도	ⓕ actitud	악띠뚣
	ademán	아데만
	ⓕ pose	뽀세
태양	ⓜ sol	솔
태어나다	nacer	나쎄르
태우다(燒)	quemar	께마르
택시	ⓜ taxi	딱씨
택시 기사	ⓜⓕ taxista	딱씨스따
탱고	ⓜ tango	땅고
터널	ⓜ túnel	뚜넬
턱	mandíbula	만디불라
턱수염	ⓕ barba	바르바
테너(음악)	ⓜ tenor	떼노르
테니스	ⓜ tenis	떼니스
테라스	ⓕ terraza	떼ㄹ라싸
테러	ⓜ terrorismo	떼ㄹ로리스모
테이블	ⓕ mesa	메사

한국어	성	스페인어	발음
텔레비전	f	televisión	뗄레비시온
토끼	m	conejo	꼬네호
토대	f	base	바세
	m	fundamento	푼다멘또
토론	m	debate	데바떼
	f	discusión	디스꾸시온
토론하다		discutir	디스꾸띠르
토마토	m	tomate	또마떼
토스터	f	tostadora	또스따도라
토양	f	tierra	띠에ㄹ라
토요일	m	sábado	사바도
토하다		vomitar	보미따르
톤(t)	f	tonelada	또넬라다
톨게이트	m	peaje	뻬아헤
톱	f	sierra	시에ㄹ라
통계(표)	f	estadística	에스따디스띠까
통계그래프	f	curva	꾸르바
통과	m	traspaso	뜨라스빠소
통보	m	aviso	아비소
통보하다		anunciar	아눈씨아르

	avisar	아비사르
통속적인	**vulgar**	불가르
통신	ⓕ **comunicación**	꼬무니까씨온
통역사	ⓜⓕ **intérprete**	인떼르쁘레떼
통장	ⓕ **cuenta de ahorros**	꾸엔따 데 아오ㄹ로스
	libreta	리브레따
통제	ⓜ **control**	꼰뜨롤
통조림, 캔	ⓕ **lata**	라따
통증	ⓜ **dolor**	돌로르
통지하다	**comunicar**	꼬무니까르
통찰력	ⓕ **agudeza**	아구데싸
통치	ⓕ **gobernación**	고베르나씨온
통치하다	**gobernar**	고베르나르
통합	ⓕ **síntesis**	신떼시스
통합하다	**unificar**	우니피까르
통행	ⓜ **paso**	빠소
통행인	ⓜⓕ **transeúnte**	뜨란세운떼
퇴직	ⓕ **renuncia**	ㄹ레눈씨아
퇴직금	ⓕ **jubilación**	후빌라씨온
퇴폐적인	**delicuescente**	델리꾸에스쎈떼

ㄱ ㄴ ㄷ ㄹ ㅁ ㅂ ㅅ ㅇ ㅈ ㅊ ㅋ ㅌ ㅍ ㅎ

투기	ⓕ **especulación**	에스뻬꿀라씨온
투명도	ⓕ **transparencia**	뜨란스빠렌씨아
투명한	**transparente**	뜨란스빠렌떼
투사(投射)	ⓕ **proyección**	쁘로옉씨온
투우	ⓕ **corrida**	꼬ㄹ리다
투쟁적인	**batallón**	바따욘
투쟁하다	**combatir**	꼼바띠르
	luchar	루차르
투표(권)	ⓜ **voto**	보또
튀어나온	**saliente**	살리엔떼
튤립	ⓕ **tulipa**	뚤리빠
트럭	ⓜ **camión**	까미온
트럼프(한 세트)	ⓕ **carta**	까르따
	ⓕ **baraja**	바라하
특권	ⓜ **privilegio**	쁘리빌레히오
특별한	**especial**	에스뻬시알
	particular	빠르띠꿀라르
특색	ⓕ **característica**	까락떼리스띠까
특유의	**característico/ca**	까락떼리스띠꼬/까
	propio/pia	쁘로삐오/삐아

특정하다		determinar	데떼르미나르
특징	f	cualidad	꾸알리닫
	m	rasgo	ㄹ라스고
특파원	mf	corresponsal	꼬ㄹ레스뽄살
튼튼한		robusto/ta	로부스또/따
튼튼함	f	solidez	솔리데쓰
팀	m	equipo	에끼뽀
팀장, 조직의 장	n	jefe	헤페
팁	f	propina	쁘로삐나

ㅍ

파	*f*	cebolleta	쎄보**예**따
파괴	*f*	destrucción	데스뜨룩씨온
파괴하다		arruinar	아ㄹ루이**나**르
		destruir	데스뜨루**이**르
파도	*f*	ola	**올**라
	f	onda	**온**다
파랑	*m*	azul	아**쑬**
파리(벌레)	*f*	mosca	**모**스까
파리(도시)		París	빠리스
파마머리	*f*	permanente	뻬르마**넨**떼
파벌	*f*	facción	팍씨온
파업	*f*	huelga	우**엘**가
파이프	*m*	tubo	**뚜**보
파인애플	*f*	piña	**삐**냐
판결	*f*	sentencia	센**뗀**씨아
판결을 받은		condenado/da	꼰데**나**도/다
판단	*m*	juicio	후**이**씨오

판로	m	mercado	메르까도
판매	f	venta	벤따
판사	mf	juez	후에쓰
판자	f	tabla	따블라
팔	m	brazo	브라쏘
팔(八)		ocho	오초
팔굽혀펴기	fpl	flexiones	플렉시오네스
팔꿈치	m	codo	꼬도
팔다		vender	벤데르
팔십(80)		ochenta	오첸따
팔월(8월)		agosto	아고스또
팔찌	f	pulsera	뿔세라
패배	f	derrota	데ㄹ로따
패스트푸드		comida rápida	꼬미다 ㄹ라삐다
팩시밀리	m	telefax	뗄레팍스
팬티	m	calzoncillo	깔쏜씨요
팽창		expansión	엑스빤시온
팽팽한		tenso/sa	뗀소/사
퍼즐 맞추기	m	puzle	뿌쓸레
페달	m	pedal	뻬달

파트너	ⓕ **pareja**	빠레하
페이지	ⓕ **página**	빠히나
펜치	ⓜ **alicate**	알리까떼
펭귄	ⓜ **pingüino**	삥구이노
편견	ⓜ **prejuicio**	쁘레후이씨오
편리	ⓕ **conveniencia**	꼰베니엔씨아
편리성	ⓕ **comodidad**	꼬모디닫
편리한	**cómodo**	꼬모도
	conveniente	꼰베니엔떼
편지	ⓕ **carta**	까르따
편차	ⓕ **variación**	바리아씨온
평가	ⓕ **apreciación**	아쁘레씨아씨온
	ⓕ **evaluación**	에발루아씨온
평가하다	**estimar**	에스띠마르
	evaluar	에발루아르
평균	ⓜ **promedio**	쁘로메디오
평등	ⓕ **igualdad**	이구알닫
평방미터	ⓜ **metro cuadrado**	메뜨로 꾸아드라도
평범한	**mediocre**	메디오끄레
	ordinario/ria	오르디나리오/리아

평온	ⓕ	**calma**	깔마
	ⓕ	**tranquilidad**	뜨란낄리닫
평온한		**sereno/na**	세레노/나
		tranquilo/la	뜨란낄로/라
평판	ⓕ	**reputación**	ㄹ레뿌따씨온
평평하게 하다		**igualar**	이구알라르
평평한		**liso/sa**	리소/사
		llano/na	야노/나
		plano/na	쁠라노/나
		raso/sa	ㄹ라소/사
평행한		**paralelo/la**	빠라렐로/라
평화	ⓕ	**paz**	빠쓰
폐, 귀찮은 일	ⓕ	**molestia**	몰레스띠아
폐기하다		**desechar**	데세차르
폐쇄	ⓜ	**cierre**	씨에ㄹ레
폐쇄된		**cerrado/da**	쎄ㄹ라도/다
폐하	ⓕ	**majestad**	마헤스딷
포기	ⓜ	**abandono**	아반도노
포기하다		**abandonar**	아반도나르
포기한		**desesperado/da**	데세스뻬라도/다

ㄱ ㄴ ㄷ ㄹ ㅁ ㅂ ㅅ ㅇ ㅈ ㅊ ㅋ ㅌ ㅍ ㅎ

포도	ⓕ	uva	우바
포로의	ⓜⓕ	cautivo/va	까우띠보/바
포상	ⓜ	premio	쁘레미오
포옹	ⓜ	abrazo	아브라쏘
포옹하다		abrazar	아브라싸르
포위하다		rodear	ㄹ로데아르
포장하다		envolver	엔볼베르
포크	ⓕ	tenedor	떼네도르
포플러	ⓜ	álamo	알라모
포함된		incluso/sa	인끌루소/사
포함하다		abarcar	아바르까르
		abrazar	아브라싸르
		contener	꼰떼네르
		incluir	인끌루이르
폭격	ⓜ	bombardeo	봄바르데오
폭군	ⓝ	tirano	띠라노
폭동	ⓜ	alboroto	알보로또
	ⓕ	insurgencia	인수르헨씨아
폭력	ⓕ	violencia	비올렌씨아
폭력적인		violento/ta	비올렌또/따

한국어	성	스페인어	발음
폭로	f	revelación	ㄹ레벨라씨온
폭발	f	explosión	엑스쁠로시온
폭발하다		explotar	엑스쁠로따르
폭소	f	carcajada	까르까하다
폭이 좁은		angosto/ta	앙고스또/따
폭정	f	tiranía	띠라니아
폭탄	f	bomba	봄바
폭포	f	cascada	까스까다
폭풍우	f	tempestad	뗌뻬스땃
	f	tormenta	또르멘따
폭행	f	agresión	아그레시온
표결	f	votación	보따씨온
표면	f	superficie	수뻬르피시에
표면적인		superficial	수뻬르피씨알
표시	f	demostración	데모스뜨라씨온
	m	indicio	인디씨오
	f	señal	세냘
	m	signo	씨그노
표시하다		manifestar	마니페스따르
		marcar	마르까르

		señalar	세냘라르
표식	m	rótulo	ㄹ로뚤로
표절	m	plagio	쁠라히오
	f	piratería	삐라떼리아
표절하다	mf	plagiar	쁠라히아르
표정	f	cara	까라
	m	semblante	셈블란떼
표제	m	título	띠뚤로
표현	f	expresión	엑스프레시온
	f	representación	ㄹ레쁘레센따씨온
표현하다		expresar	엑스프레사르
푹신한		algodonoso/sa	알고도노소/사
풀어주다		soltar	솔따르
품격	m	decoro	데꼬로
품위	f	decencia	데쎈씨아
	f	distinción	디스띤씨온
품종	f	casta	까스따(가축의 품종)
	f	especie	에스뻬씨에(종류)
	m	género	헤네로 (종류)
품질	f	calidad	깔리닫

풍경	m	paisaje	빠이사헤
풍부	f	abundancia	아분단씨아
풍부하다		abundar	아분다르
풍부한		abundante	아분단떼
풍선	m	balón	발론
	m	globo	글로보
풍자		sátira	사띠라
프라이드치킨	m	pollo frito	뽀요 프리또
프라이팬	f	sartén	사르뗀
프랑스		Francia	프란시아
프로그램	m	programa	쁘로그라마
프로펠러	f	lancha	란차
프리랜서	mf	freelance	프리란쎄
		~ independiente	인데뻰디엔떼
프린터	f	impresora	임쁘레소라
플라타너스	m	plátano	쁠라따노
	m	platanus	쁠라따누스
플래카드	f	pancarta	빤까르따
플랫폼	m	andén	안덴
피(血)	f	sangre	상그레

피곤	ⓕ fatiga	파띠가
피곤한	cansado/da	깐사도/다
피난	ⓕ evasión	에바시온
피난처	ⓜ refugio	ㄹ레푸히오
피라미드	ⓕ pirámide	삐라미데
피망	ⓜ pimiento	삐미엔또
피면접자	ⓜⓕ entrevistado/da	엔뜨레비스따도/다
피부	ⓕ piel	삐엘
피부과	ⓕ dermatología	데르마똘로히아
피서	ⓜ veraneo	베라네오
피아노	ⓜ piano	삐아노
피하다	esquivar	에스끼바르
피해	ⓜ daño	다뇨
피해자	ⓕ víctima	빅띠마
핀	ⓜ alfiler	알필레르
핀트	ⓜ enfoque	엔포께
필수적인	fundamental	푼다멘딸
필수품	ⓕ necesidad	네쎄시닫
필연의	inevitable	인에비따블
필요성	ⓕ necesidad	네쎄시닫

필요조건	ⓜ	**requisito**	ㄹ레끼**시**또
필요하다		**necesitar**	네쎄시**따**르
필요한		**necesario/ria**	네세**사**리오/리아
필적하는		**comparable**	꼼빠**라**블레
핑계	ⓜ	**pretexto**	쁘레**떽**스또
	ⓕ	**excusa**	엑스**꾸**사

| 스페인어 필수 단어 |

ㅎ

하나의		un	운
		una	우나
하늘	m	cielo	씨엘로
하늘의		celeste	쎌레스떼
하락	f	baja	바하
		caída	까이다
하락하다		descender	데스쎈데르
하이힐	m	zapatos de tacón	싸빠또스 데 따꼰
하품	m	bostezo	보스떼쏘
하품하다		bostezar	보스떼싸르
학교	m	colegio	꼴레히오
	f	escuela	에스꾸엘라
학기	m	semestre	세메스뜨레
학년	m	grado	그라도
학생		alumno	알룸노
	mf	estudiante	에스뚜디안떼
학설	f	doctrina	독뜨리나

	ⓜ **dogma**	도그마
학식	ⓕ **erudición**	에루디씨온
학식 있는	**erudito/ta**	에루디또/따
한 알	ⓜ **grano**	그라노
한계	ⓕ **limitación**	리미따씨온
한국	**Corea del sur** (*북한 Corea del norte)	꼬레아 델 수르
한국의	**coreano/na**	꼬레아노/나
한숨	ⓜ **suspiro**	수스삐로
한숨 쉬다	**suspirar**	수스삐라르
한쌍	ⓜ **par**	빠르
	ⓕ **pareja**	빠레하
할당량	ⓕ **ración**	ㄹ라씨온
할당하다	**asignar**	아시그나르
할머니	ⓕ **abuela**	아부엘라
할아버지	ⓜ **abuelo**	아부엘로
할인	ⓜ **descuento**	데스꾸엔또
	ⓕ **rebaja**	ㄹ레바하
할퀸	ⓜ **arañazo**	아라냐쏘
함께 살다	**convivir**	꼰비비르
함께의	**junto/ta**	훈또/따

ㄱ ㄴ ㄷ ㄹ ㅁ ㅂ ㅅ ㅇ ㅈ ㅊ ㅋ ㅌ ㅍ ㅎ

함대	f	**flota**	플**로**따
함정	f	**trampa**	뜨**람**빠
합격	f	**admisión**	아드미시**온**
합성의		**sintético/ca**	신**떼**띠꼬/까
합의	m	**convenio**	꼰**베**니오
합의하다		**acordar**	아꼬르**다**르
합창단	m	**coro**	**꼬**로
항구	m	**puerto**	뿌**에**르또
항의, 항의문	f	**protesta**	쁘로**떼**스따
항해의		**naval**	나**발**
항해하다		**navegar**	나베**가**르
해결	m	**arreglo**	아ㄹ**레**글로
	f	**resolución**	ㄹ레솔루씨**온**
해결하다		**resolver**	ㄹ레솔**베**르
해골	m	**esqueleto**	에스껠**레**또
해군	f	**fuerzas navales**	푸**에**르싸스 나**발**레스
해답	f	**solución**	솔루씨**온**
해명	f	**aclaración**	아끌라라씨**온**
해명하는		**aclaratorio/ria**	아끌라라**또**리오/리아
해명하다		**aclarar**	아끌라**라**르

		explicar	엑스쁠리**까**르
해바라기	m	**girasol**	히라**솔**
해방	f	**liberación**	리베라씨**온**
	f	**libertad**	리베르**딸**
해방된		**suelto/ta**	수**엘**또/따
해방하다		**soltar**	솔**따**르
해변	f	**costa**	**꼬**스따
	f	**playa**	쁠**라**야
해산	f	**disolución**	디솔루씨**온**
해산물	m	**marisco**	마**리**스꼬
해설	m	**comentario**	꼬멘**따**리오
해설하다		**comentar**	꼬멘**따**르
		ilustrar	일루스뜨**라**르
해수욕객	mf	**bañista**	바**니**스따
해안	f	**costa**	**꼬**스따
해적	mf	**pirata**	삐**라**따
해조류	f	**alga**	**알**가
해치다		**atacar**	아따**까**르
해협	m	**canal**	까**날**
핵	m	**núcleo**	**누**끌레오

핵심	*m* **eje**	**에**헤(핵심축)
	f **esencia**	에**센**씨아
핸들 (차, 오토바이의)	*m* **manillar**	마니**야**르
핸디캡	*f* **desventaja**	데스벤**따**하
햄버거	*f* **hamburguesa**	암부르**게**사
행(문장의)	*m* **renglón**	ㄹ렌글**론**
행동	*f* **acción**	악씨**온**
	f **conducta**	꼰**둑**따
행렬	*f* **fila**	**필**라
행복	*f* **felicidad**	펠리씨**닫**
행복한	**dichoso/sa**	디**초**소/사
	feliz	펠**리**쓰
행사	*m* **rito**	ㄹ**리**또
행성	*f* **planeta**	쁠라**네**따
행운	*f* **suerte**	수**에**르떼
	f **fortuna**	포르**뚜**나
행운의	**afortunado/da**	아포르뚜**나**도/다
행위	*m* **acto**	**악**또
	f **actuación**	악뚜아씨**온**
행진	*m* **desfile**	데스**필**레

	ⓕ	marcha	마르차
행진하다		desfilar	데스필라르
향기	ⓜ	aroma	아로마
	ⓜ	olor	올로르
향수	ⓜ	perfume	뻬르푸메
향하다		acudir	아꾸디르
허가	ⓕ	licencia	리쎈씨아
	ⓜ	permiso	뻬르미소
	ⓕ	autorización	아우또리싸씨온
허가하다		autorizar	아우또리싸르
		permitir	뻬르미띠르
허구	ⓕ	ficción	픽씨온
허락	ⓕ	licencia	리쎈씨아
	ⓜ	perdón	뻬르돈
허락하다		consentir	꼰센띠르
허리	ⓕ	cintura	씬뚜라
허무한		vano/na	바노/나
허벅지	ⓜ	muslo	무슬로
허약	ⓕ	debilidad	데빌리닫
허약한		debíl	데빌

허영(심)	f	**vanidad**	바니닫
허파	m	**pulmón**	뿔몬
헌법	f	**constitución**	꼰스띠뚜씨온
헌법의		**constitucional**	꼰스띠뚜씨오날
헐렁한(옷이)		**(vestido) amplio**	암쁠리오
헝겊	m	**paño**	빠뇨
헤어드라이어	f	**secadora**	세까도라
헬리콥터	m	**helicóptero**	엘리꼽떼로
헬멧	m	**casco**	까스꼬
헷갈리다		**confundir(se)**	꼰푼디르
혀	f	**lengua**	렝구아
혁명	f	**revolución**	ㄹ레볼루씨온
혁신	f	**innovación**	인노바씨온
현관	m	**porche**	뽀르체
	m	**vestíbulo**	베스띠불로
현금	m	**efectivo**	에펙띠보
현금자동출금기	m	**cajero automático**	까헤로 아우또마띠꼬
현기증	m	**vértigo**	베르띠고
현대의		**contemporáneo/a**	꼰뗌뽀라네오/아
현대적인		**moderno/na**	모데르노/나

현대화하다		modernizer	모데르니싸르
		actualizar	악뚜알리싸르
현명한		sabio/bia	사비오/비아
현상(사진)	m	revelado	ㄹ레벨라도
현실	f	realidad	ㄹ레알리닫
현실의		real	ㄹ레알
현실주의의		realista	ㄹ레알리스따
현안의		pendiente	뻰디엔떼
현재	f	actualidad	악뚜알리닫
		hoy	오이
	m	presente	쁘레센떼
현재의		actual	악뚜알
		presente	쁘레센떼
현저한		notable	노따블레
현지 출신의		nativo/va	나띠보/바
현혹하다		fascinar	파스씨나르
혈관	m	vaso sanguíneo	바소 상기네오
	f	vena	베나
혈액	f	sangre	상그레
혈통	m	linaje	리나헤

혐오	ⓕ	**antipatía**	안띠빠띠아
	ⓜ	**fastidio**	파스띠디오
	ⓜ	**odio**	오디오
혐오감	ⓜ	**asco**	아스꼬
혐오스러운		**repugnante**	ㄹ레뿌그난떼
혐오하다		**detestar**	데떼스따르
혐의	ⓕ	**sospecha**	소스뻬차
혐의가 있는		**sospechoso/sa**	소스뻬초소/사
협곡	ⓜ	**desfiladero**	데스필라데로
협동조합	ⓕ	**cooperativa**	꼬오뻬라띠바
협력	ⓕ	**colaboración**	꼴라보라씨온
	ⓕ	**cooperación**	꼬오뻬라씨온
협력하다		**colaborar**	꼴라보라르
협박	ⓕ	**amenaza**	아메나싸
협박하다		**amenazar**	아메나싸르
협상	ⓕ	**negociación**	네고씨아씨온
협정	ⓜ	**pacto**	빡또
	ⓜ	**tratado**	뜨라따도
협회	ⓕ	**asociación**	아소씨아씨온
	ⓕ	**institución**	인스띠뚜씨온

	ⓕ	sociedad	소씨에닫
형무소	ⓕ	cárcel	까르셀
형사	ⓜⓕ	detective	데떽띠베
형성하다		formar	포르마르
형태	ⓕ	forma	포르마
	ⓜ	tipo	띠뽀
호감	ⓕ	simpatía	심빠띠아
호기	ⓕ	oportunidad	오뽀르뚜니닫
호기심	ⓕ	curiosidad	꾸리오시닫
호두	ⓕ	nuez	누에스
호랑이	ⓜ	tigre	띠그레
호박	ⓕ	calabaza	깔라바싸
호박(琥珀)	ⓜ	ámbar	암바르
호소	ⓕ	apelación	아뻴라씨온
호소하다		apelar	아뻴라르
호수	ⓜ	lago	라고
호의	ⓕ	bondad	본닫
호의적인		favorable	파보라블레
		simpático/ca	심빠띠꼬/까
호전적인		combativo/va	꼼바띠보/바

호주		**Australia**	아우스뜨**랄**리아
호텔	m	**hotel**	오**뗄**
호화	m	**lujo**	**루**호
호흡	m	**aliento**	알리**엔**또
	m	**respiro**	ㄹ레스**삐**로
호흡하다		**respirar**	ㄹ레스삐**라**르
혹서	m	**ardor**	아르**도**르
혹시나		**acaso**	아**까**소
혼동하다		**confundir**	꼰푼**디**르
혼란	f	**confusión**	꼰푸시**온**
혼란스러운		**confuso/sa**	꼰**푸**소/사
혼잡	m	**desorden**	데**소**르덴
	m	**tropel**	뜨로**뻴**
혼합된		**mixto/ta**	**믹**스또/따
홍수	f	**inundación**	이눈다씨**온**
화가 난		**airado/da**	아이**라**도/다
화나게 하다		**enfadar**	엔파**다**르
		enojar	에노**하**르
		irritar	이ㄹ리**따**르
화랑	f	**galería**	갈레**리**아

화려한		**brillante**	브리얀떼
		espléndido/da	에스쁠렌디도/다
		vistoso/sa	비스또소/사
화려함	m	**esplendor**	에스쁠렌도르
화물	f	**carga**	까르가
화물선	m	**carguero**	까르게로
화산	m	**volcán**	볼깐
화살	f	**flecha**	플레차
화상	f	**quemadura**	께마두라
화성	m	**marte**	마르떼
화요일	m	**martes**	마르떼스
화장(化粧)	m	**maquillaje**	마끼야헤
화장(火葬)	f	**incineración**	인씨네라시온
화장대	m	**tocador**	또까도르
화장실	m	**lavabo**	라바보
	m	**baño**	바뇨
	m	**sanitario**	사니따리오
화장품	m	**cosmético**	꼬스메띠꼬
화재	m	**fuego**	푸에고
	m	**incendio**	인쎈디오

ㄱ ㄴ ㄷ ㄹ ㅁ ㅂ ㅅ ㅇ ㅈ ㅊ ㅋ ㅌ ㅍ ㅎ

화학	ⓕ química	끼미까
화합	ⓕ armonía	아르모니아
화해	ⓕ reconciliación	ㄹ레꼰씰리아씨온
확대하다	ensanchar	엔산차르
확보하다	asegurar	아세구라르
확산시키다	difundir	디푼디르
확신	ⓕ certeza	쎄르떼싸
	ⓜ convencimiento	꼰벤씨미엔또
	ⓕ convicción	꼰빅씨온
확신하는	seguro/ra	세구로/라
확실한	cierto/ta	씨에르또/따
확실히	ciertamente	씨에르따멘떼
	claramente	끌라라멘떼
	seguramente	세구라멘떼
확인하다	comprobar	꼼쁘로바르
	confirmar	꼰피르마르
	reconocer	ㄹ레꼬노쎄르
확장	ⓕ ampliación	암쁠리아씨온
확장하다	extender	엑스뗀데르
환경	ⓜ ambiente	암비엔떼

환멸	m desengaño	데센가뇨
	f desilusión	데실루시온
환불	m reembolso	ㄹ레엠볼소
환상	f ilusión	일루시온
	f fantasía	판따시아
환영(歡迎)	f acogida	아꼬히다
환영(幻影)	m fantasma	판따스마
	f ilusión	일루시온
환영받는	bienvenido/da	비엔베니도/다
환영하다	acoger	아꼬헤르
환자	m/f paciente	빠씨엔떼
환전	m cambio	깜비오
환희	m júbilo	후빌로
	m regocijo	ㄹ레고씨호
활	m arco	아르꼬
활기 있는	animado/da	아니마도/다
활동	f acción	악씨온
	f actividad	악띠비닫
	f operación	오뻬라씨온
활동적인	activo/va	악띠보/바

ㄱ ㄴ ㄷ ㄹ ㅁ ㅂ ㅅ ㅇ ㅈ ㅊ ㅋ ㅌ ㅍ ㅎ

		dinámico/ca	디나미꼬/까
활동하다		operar	오뻬라르
활력	f	animación	아니마씨온
	f	energía	에네르히아
	m	vigor	비고르
활력 있는		enérgico/ca	에네르히꼬/까
활로	m	escape	에스까뻬
활발한		vivo/va	비보/바
활용하다		aprovechar	아쁘로베차르
활주로	f	pista	삐스따
황금의		dorado/da	도라도/다
황제	m	emperador	엠뻬라도르
황태자, 왕자	m	príncipe	쁘린씨뻬
황폐한		ruinoso/sa	ㄹ루이노소/사
회(回)	f	vez	베쓰
회견	m	encuentro	엔꾸엔뜨로
회계사	mf	contable	꼰따블레
	mf	contador/ra	꼰따도르/라
회복하다		recobrar	ㄹ레꼬브라르
회사	f	compañía	꼼빠니아

	ⓕ	empresa	엠쁘레사
회색	ⓜ	gris	그리스
회오리바람	ⓜ	torbellino	또르베이노
회원	ⓜ	miembro	미엠브로
회의	ⓕ	junta	훈따
	ⓕ	asemblea	아삼블레아
회장	ⓜⓕ	presidente/ta	쁘레시덴떼/따
회전	ⓜ	giro	히로
	ⓕ	rotación	ㄹ로따씨온
	ⓕ	vuelta	부엘따
회전목마	ⓜ	tiovivo	띠오비보
	ⓜ	carrusel	까ㄹ루셀
회전하다		girar	히라르
회피하다		evadir	에바디르
		evitar	에비따르
획득하다		adquirir	아드끼리르
		conseguir	꼰세기르
		lograr	로그라르
횟수(빈도)	ⓕ	frecuencia	프레꾸엔씨아
횡단	ⓜ	traspaso	뜨라스빠소

ㅎ

횡단하다	atravesar	아뜨라베**사**르
	cruzar	끄루**싸**르
	pasar	빠**사**르
효과	(m) efecto	에**펙**또
효력	(m) valor	발**로**르
후각	(m) olfato	올**파**또
후계자	(n) sucesor	수쎄**소**르
후원	(m) auspicio	아우스**삐**씨오
후추	(f) pimienta	삐미**엔**따
후퇴하다	retroceder	ㄹ레뜨로쎄**데**르
후회	(m) arrepentimiento	아ㄹ레뻰띠미**엔**또
후회하다	arrepentir(se)	아ㄹ레뻰**띠**르
훈련	(f) instrucción	인스뜨룩씨**온**
	entrenamiento	엔뜨레나미**엔**또
훈련하다	entrenar	엔뜨레**나**르
훈장	(f) medalla	메**다**야
훌륭하게	admirablemente	아드미**라**블레멘떼
훌륭한	espléndido/da	에스**뿔**렌디도/다
	estupendo/da	에스뚜**뻰**도/다
	fenómeno/na	페**노**메노/나

훑어보다		recorrer	ㄹ레꼬ㄹ레르
훔치다		robar	ㄹ로바르
휘발유	f	gasolina	가솔리나
휴가	m	día libre	디아 리브레
	f	vacación	바까씨온
휴대폰	m	móvil	모빌
휴대하다		portar	뽀르따르
휴식	m	descanso	데스깐소
	m	reposo	ㄹ레뽀소
휴식하다		descansar	데스깐사르
		reposar	ㄹ레뽀사르
휴전(협정)	f	tregua	뜨레구아
흉내	f	imitación	이미따시온
흉내내다		imitar	이미따르
흐름	m	corrimiento	꼬ㄹ리미엔또
	f	fluencia	플루엔씨아
	f	flujo	플루호
흔들다		agitar	아히따르
		sacudir	사꾸디르
흔들리다		temblar	뗌블라르

ㄱ ㄴ ㄷ ㄹ ㅁ ㅂ ㅅ ㅇ ㅈ ㅊ ㅋ ㅌ ㅍ ㅎ

		vacilar	바씰라르
흔들림	f	vibración	비브라씨온
흔한		típico/ca	띠삐꼬/까
흘리다		derramar	데ㄹ라마르
흡수하는		absorbente	압소르벤떼
흡수하다		absorber	압소르베르
흥미	m	interés	인떼레스
흥분	f	excitación	엑스씨따씨온
흥분시키다		calentar	깔렌따르
		exaltar	엑쌀따르
		excitar	엑씨따르
흥정하다		regatear	ㄹ레가떼아르
희소함		escasez	에스까세쓰
희극적인		cómico/ca	꼬미꼬/까
희망	f	esperanza	에스뻬란싸
희망하다		esperar	에스뻬라르
희미한		indistinto/ta	인디스띤또/따
		penumbroso/sa	뻬눔브로소/사
희생자	mf	víctima	빅띠마
흰색	m	blanco	블랑꼬

	ⓕ **blancura**	블랑꾸라
힘	ⓕ **fuerza**	푸에르싸
	ⓕ **potencia**	뽀뗀씨아

| 부록 |

기본 용어

숫자

1	Uno, un, una 우노, 운, 우나
2	Dos 도스
3	Tres 뜨레스
4	Cuatro 꾸아뜨로
5	Cinco 씽꼬
6	Seis 세이스
7	Siete 시에떼
8	Ocho 오초
9	Nueve 누에베
10	Diez 디에쓰
11	Once 온쎄
12	Doce 도쎄
13	Trece 뜨레쎄
14	Catorce 까또르쎄
15	Quince 낀쎄
16	Dieciseis 디에씨세이스
17	Diecisiete 디에씨시에떼
18	Dieciocho 디에씨오초
19	Diecinueve 디에씨누에베
20	Veinte 베인떼
21	Veintiuno 베인띠우노
22	Veintidós 베인띠도스
23	Veintitrés 베인띠뜨레스
30	Treinta 뜨레인따
31	Treinta y uno 뜨레인따 이 우노
32	Treinta y dos 뜨레인따 이 도스
33	Treinta y tres 뜨레인따 이뜨레스
40	Cuarenta 꾸아렌따
50	Cincuenta 씽꾸엔따
60	Sesenta 세센따
70	Setenta 세뗀따
80	Ochenta 오첸따
90	Noventa 노벤따
100	Cien 씨엔
200	Doscientos 도스씨엔또스
300	Trescientos 뜨레스씨엔또스
400	Cuatrocientos 꾸아뜨로씨엔또스
500	Quinientos 끼니엔또스
600	Seiscientos 세이스씨엔또스
700	Setecientos 세떼씨엔또스
800	Ochocientos 오초씨엔또스
900	Novecientos 노베씨엔또스
1000	Mil 밀
10.000	Diez mil 디에쓰 밀
100.000	Cien mil 씨엔 밀
1.000.000	Millón 미욘
10.000.000	Diez millones 디에쓰 미요네스
100.000.000	Cien millones 씨엔 미요네스
123.456.789	Ciento veintitrés millones, cuatrocientos cincuenta y seis mil, setecientos ochenta y nueve 씨엔또 베인띠뜨레스 미요네스, 꾸아뜨로씨엔또스 씽꾸엔따 이 세이스 밀, 세떼씨엔또스 오첸따 이 누에베

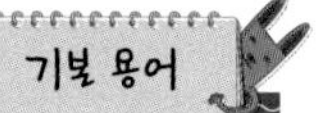

단위

□ distancia
디스딴씨아 **거리**

□ anchura, extensión
안추라, 엑스뗀시온 **넓이, 면적**

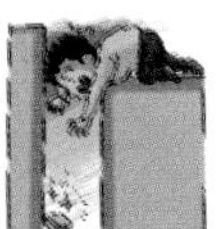

□ profundidad
프로푼디닫 **깊이**

□ altura 알뚜라
높이

□ peso 뻬소
무게

□ grueso, espesor
그루에소,에스뻬소르 **두께**

□ volumen 볼루멘 **부피**

□ metro 메뜨로 **미터** (m)
□ kilómetro 낄로메뜨로 **킬로미터**(km)
□ metro cuadrado 메뜨로 꾸아드라도 **제곱미터** (㎡)
□ metro cúbico 메뜨로 꾸비꼬 **세제곱미터** (m³)
□ gramo 그라모 **그램** (g)
□ kilogramo 낄로그라모 **킬로그램** (kg)
□ libra 리브라 **파운드** (Pfd.)
□ tonelada 또넬라다 **톤** (t)
□ litro 리뜨로 **리터** (ℓ)

방향 · 위치

- □ el este (oriente) 엘 에스떼 (오르엔떼) 동
- □ el oeste (occidente) 엘 오에스떼 (옥씨덴떼) 서
- □ el sur 엘 수르 남
- □ el norte 엘 노르떼 북

- □ El vaso (컵) está encima de la mesa (탁자) 위에
- □ El vaso (컵) está debajo de la mesa (탁자) 아래에
- □ El vaso (컵) está a la izquierda de la mesa (탁자) 왼쪽에
- □ El vaso (컵) está a la derecha de la mesa (탁자) 오른쪽에.
- □ La silla (의자) está delante de la mesa (탁자) 앞에
- □ La silla (의자) está detrás de la mesa (탁자) 뒤에
- □ La silla (의자) está entre la mesa (탁자) y la pared (벽) 사이에
- □ La silla (의자) está al lado de la mesa (탁자) 옆에

계절 · 월 · 요일

□ la primavera 쁘리마베라 봄

□ el verano 베라노 여름

□ el otoño 오또뇨 가을

□ el invierno 인비에르노 겨울

□ enero 에네로 1월
□ febrero 페브레로 2월
□ marzo 마르쏘 3월
□ abril 아브릴 4월
□ mayo 마요 5월
□ junio 후니오 6월
□ julio 훌리오 7월
□ agosto 아고스또 8월
□ septiembre 셉띠엠브레 9월
□ octubre 옥뚜브레 10월
□ noviembre 노비엠브레 11월
□ diciembre 디씨엠브레 12월

□ domingo 도밍고 일요일
□ lunes 루네스 월요일
□ martes 마르떼스 화요일
□ miércoles 미에르꼴레스 수요일
□ jueves 후에베스 목요일
□ viernes 비에르네스 금요일
□ sábado 사바도 토요일

시간 · 날짜

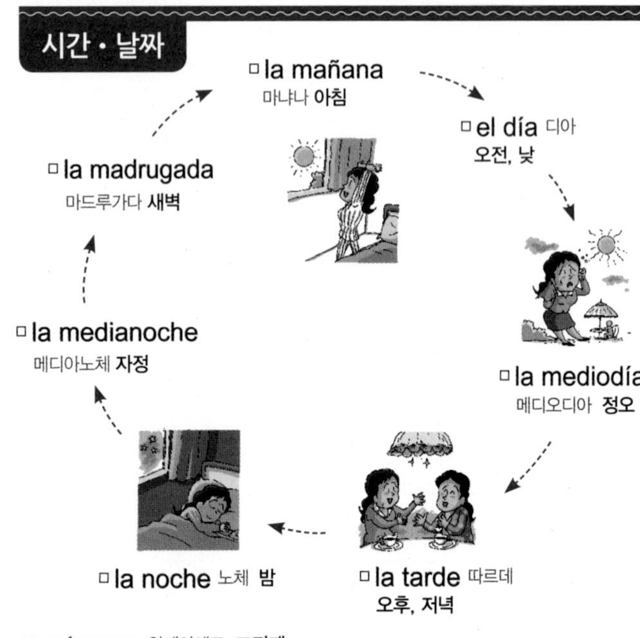

□ **anteayer** 안떼아예르 **그저께**

□ **ayer** 아예르 **어제**

□ **hoy** 오이 **오늘**

□ **mañana** 마냐나 **내일**

□ **pasado mañana** 빠사도 마냐나 **모레**

□ **semana pasada** 세마나 빠사다 **지난주**

□ **esta semana** 에스따 세마나 **이번 주**

□ **próxima semana** 쁘록씨마 세마나 **다음 주**

□ **todos los días/ cada día** 또도스 로스 디아스/까다 디아 **매일**

□ **todas las semanas/ cada semana**
또다스 라스 세마나스/까다 세마나 **매주**

□ **todos los meses/ cada mes** 또도스 로스 메세스/까다 메스 **매월**

□ **todos los años/cada año** 또도스 로스 아뇨스/까다 아뇨 **매년**

초보자를 위한 컴팩트 스페인어 단어

초판 5쇄 발행 | 2023년 2월 10일

엮은이 | 최사라
편 집 | 이말숙
디자인 | 유형숙

제 작 | 선경프린테크
펴낸곳 | Vitamin Book
펴낸이 | 박영진

등 록 | 제318-2004-00072호
주 소 | 07251 서울특별시 영등포구 영신로 40길 18 윤성빌딩 405호
전 화 | 02) 2677-1064
팩 스 | 02) 2677-1026
이메일 | vitaminbooks@naver.com

ISBN 978-89-92683-75-3(13770)